中国电力行业市场化改革与可持续发展研究

秦萍 谢伦裕 于子超 李俊 ◆ 著

四川大学出版社

图书在版编目（CIP）数据

中国电力行业市场化改革与可持续发展研究 / 秦萍等著. 一成都：四川大学出版社，2022.5
ISBN 978-7-5690-5557-3

Ⅰ.①中… Ⅱ.①秦… Ⅲ.①电力工业－市场改革－研究－中国 Ⅳ.①F426.61

中国版本图书馆CIP数据核字（2022）第114602号

书　　名：中国电力行业市场化改革与可持续发展研究
　　　　　 Zhongguo Dianli Hangye Shichanghua Gaige yu Kechixu Fazhan Yanjiu
著　　者：秦　萍　谢伦裕　于子超　李　俊

选题策划：杨　果
责任编辑：梁　平
责任校对：杨　果
装帧设计：璞信文化
责任印制：王　炜

出版发行：四川大学出版社有限责任公司
　　　　　地址：成都市一环路南一段24号（610065）
　　　　　电话：（028）85408311（发行部）、85400276（总编室）
　　　　　电子邮箱：scupress@vip.163.com
　　　　　网址：https://press.scu.edu.cn
印前制作：四川胜翔数码印务设计有限公司
印刷装订：四川五洲彩印有限责任公司

成品尺寸：170 mm×240 mm
印　　张：17.75
字　　数：335千字

版　　次：2022年10月 第1版
印　　次：2022年10月 第1次印刷
定　　价：88.00元

本社图书如有印装质量问题，请联系发行部调换

版权所有 ◆ 侵权必究

四川大学出版社
微信公众号

内容简介

为了进一步了解中国电力行业发展过程中的制度实践以及政策效果，本书回顾并总结了中国电力行业一系列市场化改革举措、绿色化转型成效以及面临的问题、挑战，对电力市场建设以及相关政策发展进行了全面、系统的梳理，并进一步通过实证和案例研究，评估了这些政策对中国电力行业的影响。本书的研究成果具有一定的理论和政策意义：一方面，本书较为全面地梳理了我国电力行业的发展现状和挑战，对相关学术热点问题进行了深入探讨，为学术研究提供了翔实的分析材料与研究方向；另一方面，本书对目前政府部门所关注的电力市场化改革、火电行业的效率与污染物控制、新能源消纳等问题进行了实证分析或者案例探讨，可为推动我国能源转型与优化能源结构提供一定的参考。

本书可供政府部门决策者和相关领域研究人员参考，也可供教师、学生、普通读者阅读。

序　言

过去 30 年，中国经济出现了前所未有的快速增长。在这期间，GDP 总量增加了 18 倍，中国成为世界第二大经济体。经济增长过程中，能源消费的快速增加为中国经济腾飞提供了巨大驱动力。从 1984 年到 2002 年 18 年间，中国能源消费总量翻了一番；此后，从 2002 年到 2010 年仅仅 8 年，中国能源消费总量再次翻一番。2010 年中国超过美国成为世界第一大能源消费国；2018 年中国能源消费总量已经达到 46.4 亿吨标准煤，占全球能源消费总量的 24%。

但是，能源需求的急剧增加、能源安全问题的不断升级以及能源消费所带来的环境污染等一系列问题日益突出，始终威胁着社会经济的进一步发展。相较于煤炭、石油、天然气等能源，电能具有更便捷、更安全和更清洁的优势，大力发展电力行业对于优化我国能源结构、保障能源安全、改善气候问题意义重大。

然而，作为煤炭消耗大户与碳排放大户，电力行业的快速发展和扩张也带来了目前备受关注的空气污染和二氧化碳排放问题。从国际角度看，中国承诺在 2030 年前实现碳达峰，2060 年前实现碳中和，但现实是，我国近年来成为全球二氧化碳排放第一大国，电力行业是二氧化碳排放量最大的来源。同时，根据《全球 1.5℃增暖特别报告》，有 77 个国家已经调高了碳排放的自主贡献目标，欧洲宣布到 2050 年实现碳中和，许多国家公布了"弃煤"的时间表。这意味着我国减排工作在经济发展和道义上面临着日益严峻的国际压力。从国内角度看，能源供给革命的本质是主体能源的更替或开发利用方式的根本性改变，但现实是，虽然中国可再生能源增长速度在全球位居前列，但我国新能源发电量占全社会用电量的比例长期处于低位。2017 年我国新能源发电量占全国发电量的比例为 6.64%，低于美国、英国、日本等发达国家。因此，我国在能源转型以及能源结构转变上面临着来自国内和国外的双重压力。

为实现能源转型和减排目标，中国在电力行业进行了一系列市场化改革的实践以及可再生能源制度的探索，但这一过程充满了各种挑战和争议。鉴于此，本书尝试梳理总结中国电力市场化改革以及电力行业相关政策，对学术界和政府部门所关注的电力市场化改革、火电行业的效率与污染物控制、新能源消纳等重要问题进行实证分析或者案例探讨，为进一步推动我国电力市场化建设和促进电力行业可持续发展提供政策建议。

第一章概括性回顾和总结了中国电力行业发展的现状以及面临的主要挑战，由秦萍、李俊、于子超撰写。

第二章梳理和解读"厂网分开"后发电领域的市场政策，并对电力市场化改革的影响进行评估，由于子超、秦萍、谢伦裕撰写。

第三章分析碳排放权交易对火电厂碳减排的影响，由朱磊、秦萍、张晓兵、梁壮撰写。

第四章研究分析中国燃煤发电厂的能源效率等，由李俊、秦萍、王春华撰写。

第五章分析了中国电力市场化改革与火电行业的资源配置效率，由秦萍、余津嫺、李星皓撰写。

第六章梳理和总结了中国火电行业大气污染物排放控制的相关政策，由彭巧云、秦萍撰写。

第七章估算和分析了中国火电厂二氧化硫的影子价格，由秦萍、彭巧云、陈晓兰、张晓兵撰写。

第八章实证分析了电力价格变动对工业污染物排放的影响，由李俊、Jie-Sheng Tan-Soo、秦萍、张晓兵、谢伦裕撰写。

第九章分析了火电装机空间分布及其影响因素，由谢伦裕、吴双、傅秋子撰写。

第十章以甘肃为例，探讨分析了风电消纳情况，由李俊、于子超、秦萍撰写。

第十一章以广东为例，探讨分析了电力市场建设情况，由于子超、秦萍、周文鹏撰写。

全书由秦萍、李俊统稿。由于作者能力有限，本书难免存在不足，恳请专家和读者批评指正。

目　录

第一篇　中国电力行业发展

第一章　中国电力行业发展：现状与挑战 ……………………………（ 3 ）
　第一节　研究背景 ………………………………………………………（ 4 ）
　第二节　主要结论 ………………………………………………………（ 26 ）

第二篇　市场建设及其影响评估

第二章　电力市场化改革及其影响评估 ………………………………（ 31 ）
　第一节　简介 ……………………………………………………………（ 31 ）
　第二节　我国的电力产业重组和市场化改革 …………………………（ 32 ）
　第三节　"厂网分开"后发电领域的市场政策 …………………………（ 34 ）
　第四节　市场化背景下发电领域的制度环境 …………………………（ 41 ）
　第五节　市场化改革对我国燃煤发电厂调度运行的影响 ……………（ 43 ）
　第六节　主要结论 ………………………………………………………（ 54 ）

第三章　碳排放权交易对火电厂碳减排的影响评估 …………………（ 56 ）
　第一节　引言 ……………………………………………………………（ 56 ）
　第二节　文献综述 ………………………………………………………（ 57 ）
　第三节　研究方法与数据 ………………………………………………（ 58 ）
　第四节　结果分析 ………………………………………………………（ 64 ）
　第五节　主要结论 ………………………………………………………（ 72 ）

第三篇　中国火电行业：效率评价

第四章　中国燃煤发电厂能源效率分析 ………………………………（ 75 ）
　第一节　中国煤炭消耗和发电特征 ……………………………………（ 75 ）

第二节　文献综述……………………………………………………（79）
　第三节　数据描述……………………………………………………（80）
　第四节　煤炭强度的分解结果………………………………………（83）
　第五节　燃煤发电厂煤炭强度对比分析……………………………（87）
　第六节　稳健性检验…………………………………………………（89）
　第七节　反事实分析…………………………………………………（90）
　第八节　主要结论……………………………………………………（95）

第五章　电力市场化改革与火电行业资源配置效率研究……………（97）
　第一节　回顾：电力市场化改革进程………………………………（97）
　第二节　文献综述……………………………………………………（99）
　第三节　资源错配理论框架与数据说明……………………………（101）
　第四节　电力市场化改革下的火电行业资源配置效率……………（105）
　第五节　主要结论……………………………………………………（111）

第四篇　中国火电行业：大气污染物排放控制与影子价格估算

第六章　中国火电行业大气污染物排放控制……………………………（115）
　第一节　国内火电行业发展概况……………………………………（115）
　第二节　大气污染物排放控制政策评述……………………………（123）
　第三节　主要结论……………………………………………………（135）

第七章　中国火电厂二氧化硫影子价格估算……………………………（136）
　第一节　研究背景……………………………………………………（136）
　第二节　文献综述……………………………………………………（138）
　第三节　二氧化硫影子价格的估算模型……………………………（143）
　第四节　数据描述……………………………………………………（147）
　第五节　二氧化硫影子价格的估计结果……………………………（153）
　第六节　二氧化硫影子价格的分类比较……………………………（155）
　第七节　主要结论……………………………………………………（160）

第五篇　电价影响和火电装机空间分布

第八章　电价对工业污染物排放的影响…………………………………（163）
　第一节　工业污染与分时电价………………………………………（163）

第二节　文献综述 ··· (165)
　　第三节　电价对污染物排放影响的估算方法 ·· (167)
　　第四节　样本及数据描述 ·· (170)
　　第五节　电价对工业污染物排放影响的估计结果 ······································ (176)
　　第六节　主要结论 ·· (184)
第九章　火电装机空间分布及其影响因素 ·· (186)
　　第一节　火电装机空间分布变迁 ·· (186)
　　第二节　火电装机空间分布影响因素分析 ·· (188)
　　第三节　主要结论 ·· (197)

第六篇　案例分析：甘肃风电消纳和广东电力市场

第十章　案例：甘肃风电消纳 ·· (201)
　　第一节　案例背景 ·· (204)
　　第二节　案例分析 ·· (220)
　　第三节　主要结论 ·· (233)
第十一章　案例：广东电力市场 ·· (236)
　　第一节　广东电力市场化改革的背景 ·· (237)
　　第二节　广东电力市场的总体设计 ·· (245)
　　第三节　广东电力市场的建设运行情况 ·· (249)
　　第四节　问题与挑战 ·· (259)
　　第五节　主要结论 ·· (260)

参考文献 ··· (262)

第一篇
中国电力行业发展

第一章　中国电力行业发展：现状与挑战

面对能源发展带来的问题，节能减排已成为全球应对气候压力、实现可持续发展的重要发展目标。中国是世界上最大的能源生产和消费国，以煤炭为主的能源结构导致了严重的环境问题。根据西方国家的经验，市场机制是促进节能减排最有效的方法。对此，我国在碳市场建设、促进新能源的发展上进行了探索，2018年，中国取得了GDP单位碳排放比2005年下降40%~45%，非化石能源占一次能源比例15%，一次能源结构中煤炭所占比重首次降至60%以下的巨大成绩，"十三五"能源和气候变化目标提前实现。然而，要实现2030年左右碳排放达到峰值，单位GDP碳排放比2005年下降60%~65%，非化石能源占一次能源消费比重达到20%自主贡献目标，中国在能源转型、节能减排上还需要付出更多的努力。电力行业作为煤炭消耗大户和碳排放大户，在推动我国能源转型、应对气候变化的过程中承担着义不容辞的责任。

从中央统筹统建到参与主体多元化，从逐步放开发配售电计划到各交易市场机制的成形，我国已在电力市场化道路上走过20多个年头，并取得了显著成效。2015年3月《中共中央　国务院关于进一步深化电力体制改革的若干意见》（中发〔2015〕9号）发布，开启了新一轮电力体制改革，改革的主要目标是形成市场决定能源价格的价格机制，实现电力向清洁化发展，进一步扩大清洁能源比例。新一轮电力体制改革启动以来，数以万计的用户参与电力直接交易，电力现货交易试点工作平稳运行，电力市场交易规模再破纪录，这一系列举世瞩目的成绩令人可喜。但是在改革进程中，由于存在一些历史遗留问题和较大的利益调整，实操中出现了一些偏差，如电力规划重电源轻电网、央地关系不协调、市场建设顶层设计不明晰、市场监管不完善等。这些问题的产生对电力行业的发展提出了新挑战。

为进一步完善市场建设和完成节能减排目标，电力行业还需以史为鉴、砥砺前行。本章主要回顾和总结中国电力行业的发展与面临的挑战，后面的章节则根据科学严谨的理论分析与实证研究为电力行业的发展提供建设性意见。这对于推动我国能源转型、实现可持续发展具有深刻的现实意义。

第一节 研究背景

一、电力行业发展现状

(一) 电力生产和消费量快速增加，规模位居世界第一

过去数十年，在我国经济高速发展的同时电力行业实现了快速扩张，电力生产和消费增速惊人，目前我国是世界上最大的电力生产和消费国。如图1-1所示，2010年及以前，我国电力生产量仅次于美国，位居世界第二，但增速长期保持世界第一，年均增速达9.7%。2011年起，我国电力生产量超过美国跃居世界第一。图1-2是世界及主要大国电力消费量的历史变化情况。与电力生产量的变化类似，2000—2010年，我国电力消费量仅次于美国，位居世界第二，但增速远高于世界及其他国家水平，长期保持世界第一。从2011年起，我国电力消费量保持世界第一。

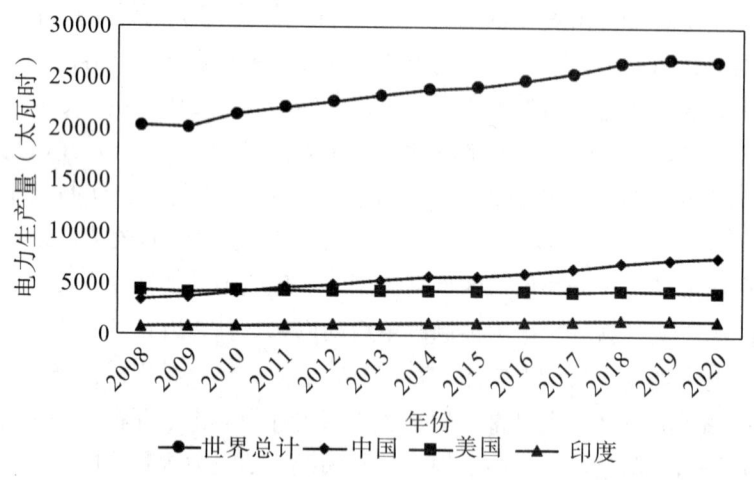

图1-1 2008—2020年世界及主要大国电力生产量变化①

---

① 2008—2018年数据收集整理自英国石油公司（BP）：《BP世界能源统计年鉴（2020）》，https://www.bp.com/content/dam/bp/business-sites/en/global/corporate/pdfs/energy-economics/statistical-review/bp-stats-review-2020-full-report.pdf。2019—2020年数据收集整理自英国石油公司（BP）：《BP世界能源统计年鉴（2021）》，https://www.bp.com/content/dam/bp/country-sites/de_de/germany/home/presse/broschueren/bp-stats-review-2021-full-report.pdf。

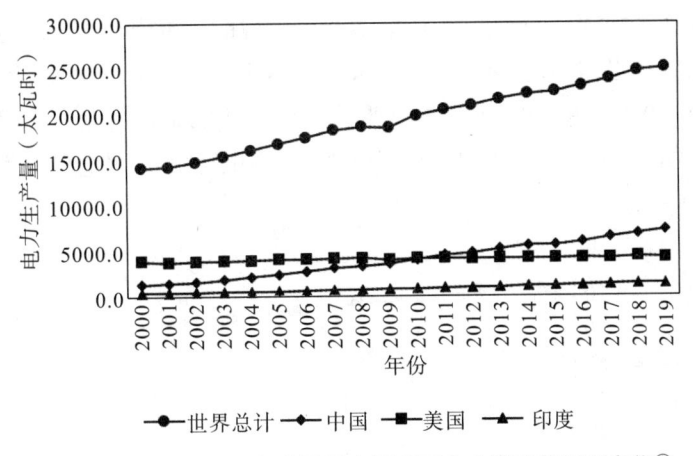

图 1-2　2000—2019 年世界及主要大国电力消费量发展变化①

（二）电源规模增速有所放缓，电源结构绿色化趋势明显

我国累计发电装机容量逐年提高，但增速呈放缓趋势。如图 1-3，2010—2020 年，我国累计发电装机容量从 96641 万千瓦增至 220058 万千瓦，装机容量位居世界第一。但从增速来看，2015 年后，累计发电装机容量增速呈下降趋势，2019 年我国累计装机容量同比增速为 5.78%，比 2015 年 10.62% 的增速下降了近一半。

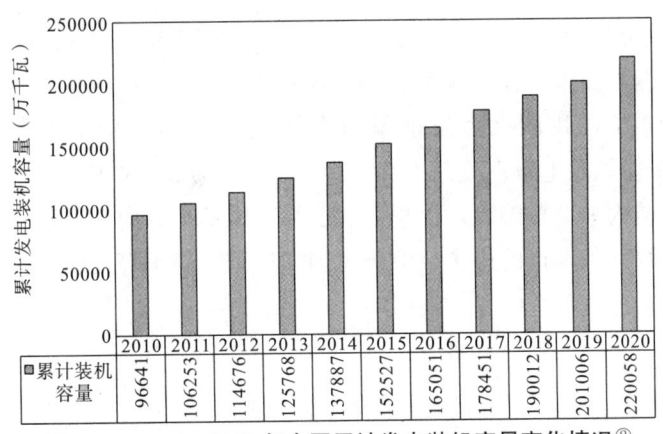

年份	累计装机容量
2010	96641
2011	106253
2012	114676
2013	125768
2014	137887
2015	152527
2016	165051
2017	178451
2018	190012
2019	201006
2020	220058

图 1-3　2010—2020 年全国累计发电装机容量变化情况②

---

① 数据收集整理自国际能源署，https://www.iea.org/data-and-statistics/data-browser?country=WORLD&fuel=Electricity%20and%20heat&indicator=TotElecCons。
② 2010—2019 年数据来自中国电力企业联合会电力统计与数据中心：《二○一九年电力工业统计资料汇编》，2020 年。2020 年数据来自国家能源局：《国家能源局发布 2020 年全国电力工业统计数据》，http://www.nea.gov.cn/2021-01/20/c_139683739.htm。

从装机结构来看，风能、太阳能等清洁能源的发展推动了我国电源结构的绿色化转型。如图1-4所示，全国火电累计装机容量占比从2011年的72.3%逐年下降至2020年的56.6%，与此形成鲜明对比的是，风电、太阳能发电装机占比呈逐年上升趋势。目前，我国风电、太阳能发电、水电单项累计装机容量均位居世界第一。

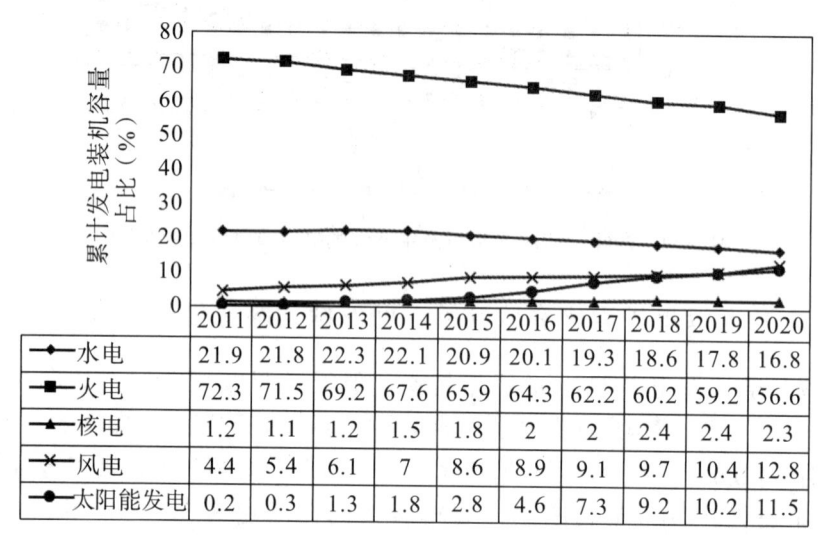

年份	2011	2012	2013	2014	2015	2016	2017	2018	2019	2020
水电	21.9	21.8	22.3	22.1	20.9	20.1	19.3	18.6	17.8	16.8
火电	72.3	71.5	69.2	67.6	65.9	64.3	62.2	60.2	59.2	56.6
核电	1.2	1.1	1.2	1.5	1.8	2	2	2.4	2.4	2.3
风电	4.4	5.4	6.1	7	8.6	8.9	9.1	9.7	10.4	12.8
太阳能发电	0.2	0.3	1.3	1.8	2.8	4.6	7.3	9.2	10.2	11.5

图1-4 2010—2020年全国累计发电装机容量结构[①]

从发电结构来看，我国火力发电量占比呈下降趋势，新能源发电量[②]占比保持上升，但与美国、德国等发达国家还存在一定差距。如表1-1所示，从2008至2019年，我国火力发电量占全国发电量的比例从81.22%下降至68.88%，新能源发电量占比从0.38%上升至8.59%。然而，在美国、英国、德国的发电结构中，新能源发电量占比更高。因此，纵向来看，我国电力结构绿色化转型取得了不错的进步，但与美国、英国、德国等发达国家横向比较时仍存在差距。

---

① 2010—2019年数据来自中国电力企业联合会电力统计与数据中心：《二〇一九年电力工业统计资料汇编》，2020年。2020年数据来自国家能源局：《国家能源局发布2020年全国电力工业统计数据》，http://www.nea.gov.cn/2021-01/20/c_139683739.htm。

② 我国新能源发电主要由风电和太阳能发电组成，所以无特殊说明，本书的新能源发电指风电和太阳能发电。

表1-1 2008—2019年部分国家发电结构情况（%）①

年份	中国 火电	中国 新能源	美国 火电	美国 新能源	印度 火电	印度 新能源	英国 火电	英国 新能源	日本 火电	日本 新能源	德国 火电	德国 新能源
2008	81.22	0.38	70.98	1.30	81.49	1.64	79.37	1.84	65.16	0.46	60.18	7.03
2009	81.81	0.75	69.07	1.81	82.26	2.06	73.51	2.47	62.31	0.58	59.17	7.59
2010	80.81	1.17	71.84	2.24	81.06	2.02	79.67	2.70	62.87	0.65	66.36	7.82
2011	82.44	1.58	68.06	2.90	79.67	2.42	70.40	4.40	77.02	0.86	59.83	11.17
2012	78.72	2.13	68.55	3.52	81.13	2.88	67.90	5.83	85.05	1.04	59.10	12.23
2013	78.58	2.73	67.52	4.29	79.61	3.13	64.08	8.49	84.83	1.64	58.70	12.95
2014	75.76	3.22	67.13	4.77	80.83	3.33	57.01	10.04	84.15	2.62	56.20	14.88
2015	73.71	3.92	66.77	5.21	81.58	3.79	52.78	14.11	81.34	3.81	54.56	18.23
2016	71.85	5.10	64.94	6.39	80.60	4.36	52.07	14.05	80.02	4.89	55.67	17.98
2017	71.10	6.55	62.79	7.57	80.25	5.03	47.78	18.19	76.75	5.76	52.94	22.19
2018	70.41	7.76	63,61	8.01	79.69	6.56	45.32	20.94	73.39	6.57	50.95	24.22
2019	68.88	8.59	62.51	8.93	77.09	7.42	43.28	23.93	71.85	7.33	45.54	28.29

（三）电力行业二氧化碳排放形势严峻

图1-5是1990—2020年世界主要大国二氧化碳排放量的变化情况。2006年中国的二氧化碳排放量为5962万吨，超过美国成为全球二氧化碳排放第一大国。此后，在其他国家二氧化碳排放量增长趋势有所减缓甚至下降的同时，中国的二氧化碳排放量却呈上升趋势，一直位居世界第一。

同样，我国电力行业二氧化碳排放量也面临着严峻的形势。2010—2019年，电力、热力的生产行业二氧化碳排放量累计增加了1759百万吨（见图1-6）。2010年，我国电力、热力的生产行业二氧化碳排放量占全国二氧化碳排放量的比例为44.58%，到2019年这一比例上升至53.11%。由此可见，电力行业对于我国碳减排目标的实现具有十分重大的意义。

---

① 中国的数据来自中国电力企业联合会电力统计与数据中心：《二〇一九年电力工业统计资料汇编》，2020年。其余数据收集整理自国际能源署，https://www.iea.org/data-and-statistics/data-tables?country=USA&energy=Electricity&year=2019。

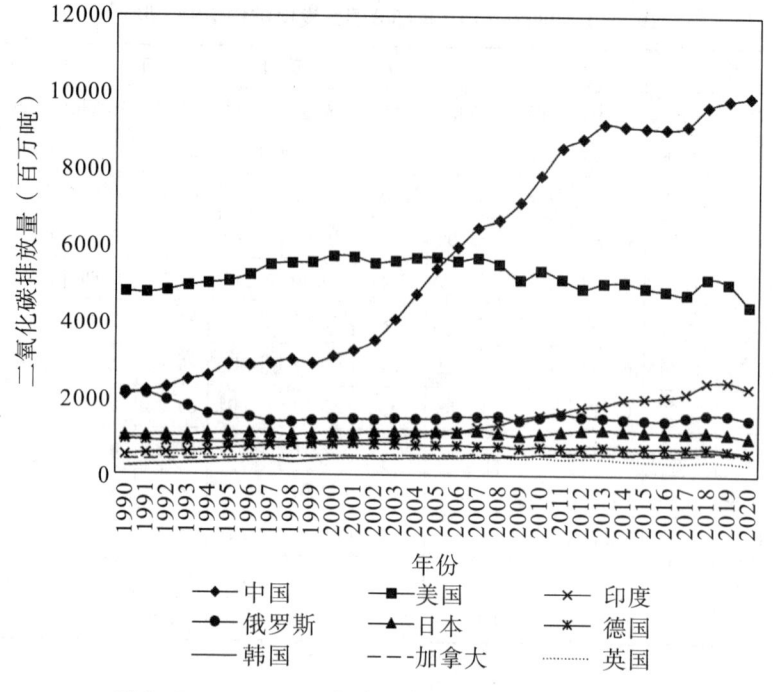

图 1-5　1990—2020 年主要大国二氧化碳排放趋势①

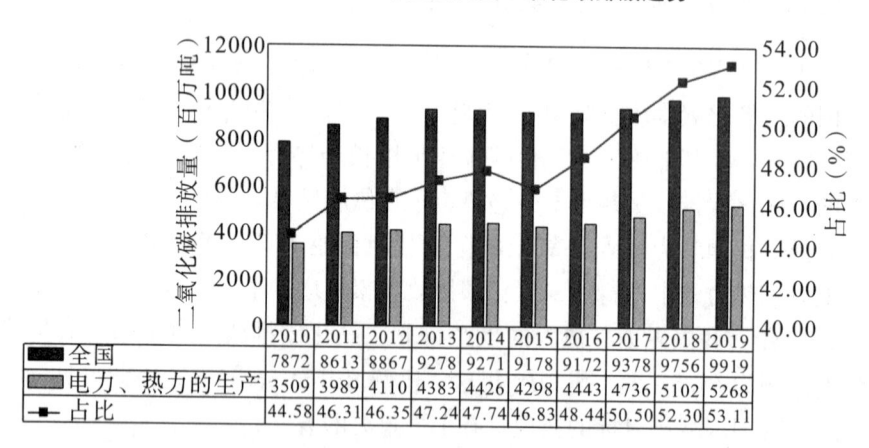

	2010	2011	2012	2013	2014	2015	2016	2017	2018	2019
全国	7872	8613	8867	9278	9271	9178	9172	9378	9756	9919
电力、热力的生产	3509	3989	4110	4383	4426	4298	4443	4736	5102	5268
占比	44.58	46.31	46.35	47.24	47.74	46.83	48.44	50.50	52.30	53.11

图 1-6　2010—2019 年我国二氧化碳排放情况②

---

① 1990—2017 年数据来自国际能源署，https://www.iea.org/data-and-statistics/data-browser?country=CHINA&fuel=CO2%20emissions&indicator=TotCO2。2018—2020 年数据来自英国石油公司（BP）：《BP 世界能源统计年鉴（2021）》，https://www.bp.com/content/dam/bp/country-sites/de_de/germany/home/presse/broschueren/bp-stats-review-2021-full-report.pdf。

② 数据收集整理自国际能源署：https://www.iea.org/data-and-statistics/data-browser/?country=CHINAREG&fuel=CO2%20emissions&indicator=CO2BySector。

（四） 主要能耗指标下降

据统计，全国发电厂供电标准煤耗从 2009 年的 340.0 克/千瓦时下降至 2020 年的 304.9 克/千瓦时，累计下降 35.1 克/千瓦时（见图 1-7），基本达到发达国家平均水平（谢龙，2016）。从线路损失率（简称"线损率"）来看，2009—2020 年全国线损率累计仅下降了 16.7%，降幅较小。但由于我国用电基数大，以 6 万亿千瓦时的全社会用电量来计算，相当于每年节约电量 900 亿千瓦时。全国发电厂用电率的总下降趋势保持不变。2018 年全国发电厂用电率为 4.69%，与美国等发达国家基本持平。

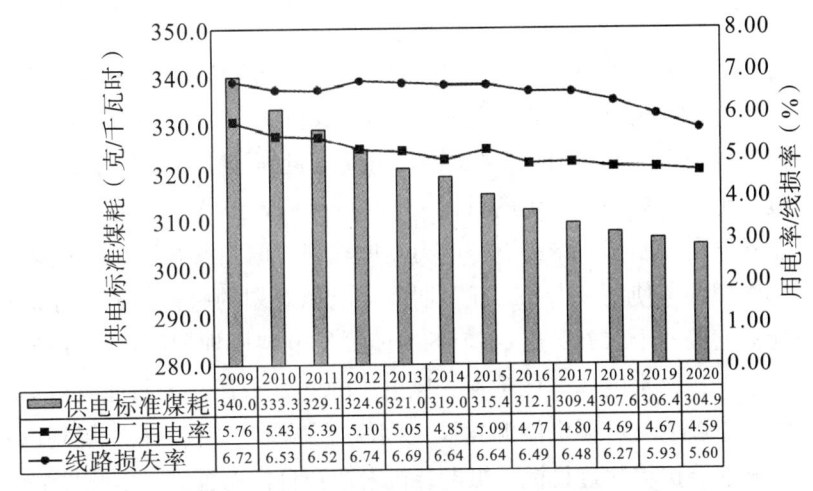

年份	2009	2010	2011	2012	2013	2014	2015	2016	2017	2018	2019	2020
供电标准煤耗	340.0	333.3	329.1	324.6	321.0	319.0	315.4	312.1	309.4	307.6	306.4	304.9
发电厂用电率	5.76	5.43	5.39	5.10	5.05	4.85	5.09	4.77	4.80	4.69	4.67	4.59
线路损失率	6.72	6.53	6.52	6.74	6.69	6.64	6.64	6.49	6.48	6.27	5.93	5.60

图 1-7　2009—2020 年我国电力行业能耗情况[①]

二、电力行业发展挑战

（一） 基于整体视角的电力规划和协同决策

市场经济建设的目标是使市场在资源配置中起决定性作用，同时更好地发挥政府的宏观调控职能。同样，我国的电力体制改革也遵循类似的规律，在放开电力市场的同时，整体电力规划的宏观把控必不可少。但由于各种主客观因素的影响，我国电力规划的系统性与市场建设的协同决策出现了一些矛盾。

[①] 数据收集整理自中国电力企业联合会电力统计与数据中心：《二〇二〇年电力工业统计资料汇编》，2021 年。

1. 电力规划

2002 年的"厂网分开"改革拉开了我国电力市场化改革的序幕，此后，我国电力行业在市场化道路上持续前进。在电力行业呈现参与主体逐渐多元化、市场环境愈加复杂化的局面下，中央政府及其相关部门的宏观调控、整体把控作用愈加重要，这也正是全国性电力规划的重要所在。按照电力产业的环节划分，电力规划主要包括源、网、荷三部分。电源、电网、用电之间的协调发展对整个电力系统的运行具有十分重要的作用。然而，从"十五"规划到"十三五"规划的 20 年间，我国的电力规划在系统性和整体性上一直存在不足。

首先，电源规划的有效性、整体性欠佳。"十五"期间，各地为了缓解严重缺电的压力，在进行项目审批时并未考虑规划要求，导致一大批违规项目在短时间内持续出现。据统计，2003 年我国发电量高达 19052 亿千瓦时，提前两年超过"十五"规划所设定的目标[①]。2005 年底，虽然国家能源局组织相关机构、企业共同编制了"十一五"电力发展规划，但并没有将其公开发布，仅作为内部管理参考使用。"十二五"期间，电源规划的整体协调性矛盾凸显。根据《能源发展"十二五"规划》，各类能源发电装机规划的目标分别是煤电装机 9.6 亿千瓦、水电 2.9 亿千瓦、风电 10000 万千瓦、太阳能发电 2100 万千瓦。但由于煤电与可再生能源发展之间缺乏协调，"十二五"规划以水电、风电、太阳能装机均超过目标，煤电装机未达到目标而告终，由此导致风电大省持续陷入消纳困境。"十三五"规划在电源规划上有了一定进步，为缓解"十二五"规划遗留的能源结构性过剩问题，《能源发展"十三五"规划》明确提出了各能源占比的发展目标，并以此为基础设定了各类电源的装机规模，但仍缺乏电源之间如何协调运作的规划。最终，调峰空间不足、调峰电源与新能源发电之间的利益博弈问题并未得到有效解决。

其次，电源和电网规划不同步导致电力外送能力不足以及部分线路利用率低下。我国能源资源的分布特征所决定的西电东送、北电南送的格局会在长期内保持不变。并且，随着新能源的不断开发，西电东送、北电南送的规模将会进一步扩大。然而，由于缺乏电网规划，我国部分地区多次出现电力输送受限的问题。在电源总量上，"十一五"期间，我国累计装机规模持续高速增长，

[①] 中国电力企业联合会电力统计与数据中心：《二〇一九年电力工业统计资料汇编》，2020 年。

截至2010年底，全国发电装机规模达96641万千瓦[1]。但由于缺乏合理的电网规划，出现了500千伏电网高度密集、短路电流超标等问题，随后两次规划中关于电网总量规划的设计也基本属于空白。在电源结构上，新能源装机占比越来越高。其中，风电、太阳能发电一直是我国清洁能源发展的主力军，截至2019年底，我国风电、太阳能装机占比分别约为10.4%、10.2%[2]。但风能、太阳能出力具有随机性、间歇性，导致新能源电力的输送对电网的调峰调频能力、输电容量以及区域间的协调能力都有更高要求。虽然《风电发展"十二五"规划》明确指出"在风电项目集中开发并出现并网运行困难的内蒙古、新疆、甘肃和东北地区，加强配套电网建设"，但相应的工程规划和建设却严重滞后。

表1-2是"十二五"规划的大型风电基地及其配套输电线路的规划情况，可以看出，电源的规划及建设远远领先于输电项目的规划和建设。

表1-2 "十二五"规划的大型风电基地及其配套设施[3]

风电基地	规划装机容量（万千瓦）	消纳市场	配套设施建设
河北	1100	京津唐主网、河北南网	没有规划
蒙东	800	东北电网	没有规划
蒙西	1300	蒙西电网、华北电网	建设中
吉林	600	吉林省电网、东北电网	没有规划
江苏沿海	600	江苏省电网、华东电网	—
甘肃	1100	甘肃省电网、西北电网	建设中
新疆	1100	新疆电网	已完工
山东	800	山东省电网	—
黑龙江	600	黑龙江省电网、东北电网	没有规划

最后，我国发电侧与用电侧规划欠缺协调。电力需求侧管理引入中国已近30年，但并未取得显著成效，电力生产革命与消费革命未能实现协同发展。在政策鼓励和明确规划目标的推动下，我国新能源发电装机规模与比重均实现了高速增长，电力供给绿色化趋势明显，2020年底我国新能源累计发电装机

---

[1] 中国电力企业联合会电力统计与数据中心：《二〇一九年电力工业统计资料汇编》，2020年。
[2] 中国电力企业联合会电力统计与数据中心：《二〇一九年电力工业统计资料汇编》，2020年。
[3] 宋枫：《新能源消纳问题研究》，科学出版社，2019年，第31页。

规模占比为 24.3%（见图 1-4）。相比之下，电力消费绿色清洁化的相关规划基本处于缺位状态，部分新能源消纳困难地区推出的清洁供暖、重点领域电能替代、风电厂替代自备发电厂发电等项目也未得到有效推广。所以，在如今电力供给侧绿色化转型趋势明显的背景下，需求侧不对等的发展状态不利于我国能源转型目标的实现。

2. 协同决策

以电力市场替代电力计划，中央政府职能由计划控制转向宏观调控和经济监管，一直是我国电力市场化改革的总体思路。经过多年的探索，我国电力行业的发电、输配电以及售电环节的市场潜力得到了释放，电力市场化改革迈入新阶段。然而，市场规模的不断扩大和运行机制的复杂化也给我国的电力市场带来了一些问题和阻力。

一方面，中国电力市场化改革的最大特点是计划与市场双轨制运行，计划与市场的关系主要体现为电力规划、行政管理、产业政策与市场机制之间的协调。首先，按照电力市场化的路径，电力规划的重点应是电网规划，电源投资则应由市场价格信号引导完成。照目前的情况来看，电源建设是我国电力规划的重点，而电网建设却极少出现在国家整体规划之内。其次，在行政管理方面，电力市场化改革进程中，政府职能应向宏观调控、市场服务转变。但我国电力市场建设以省（区、市）为单位进行，地方政府为了发展本地经济，限制外省（区、市）电力进入本地市场、指定当地企业建设新增配电网等过度干预市场的措施层出不穷，严重影响了市场在资源配置中发挥决定性作用。最后，在产业政策方面，市场经济中的产业政策应发挥打破地区封锁和市场分割、调节供需平衡的作用。但是，我国近年屡次出现政策性降电价优先于市场形成价格的现象。如受经济下行压力影响，一般工商业企业成本压力过大、生存艰难。为此，国家逐年推出降低一般工商业电价的政策，2018、2019 年一般工商业电价连续两年降低 10%。这种做法有好的初衷，但是与市场决定价格的逻辑相悖，长此以往将打击行业主体对市场化的信心。

另一方面，电力体制改革必将伴随着权力和利益的调整，而中央与地方的关系则是其重要维度之一。自 1987 年"政企分开，省为实体，联合电网，统一调度，集资办电"方针的提出，省（区、市）为实体便成为此后中国电力改革最重要的特征。具体包括：中央政府负责基本法律（如《中华人民共和国电力法》和《中华人民共和国可再生能源法》）和总体改革方案的制定（如《中共中央 国务院关于进一步深化电力体制改革的若干意见》），各地方政府负责实施改革（如各类交易市场的建立、具体方案的制定）。诚然，中央政府权力的下放提高了地方的积极性，使得各项改革得以因地制宜的实施，但是，电力改革进程中凸显的央地矛盾也不容忽视。如在去产能背景下，一些地方政府人为压低风能、太阳能发电小时数，造成了严重的"弃风"和"弃光"问题。一些地方政府利用新下放的项目审批权增加火电投资，提振地方经济，这都严重违背中央节能减排、发展可再生能源的政策初衷。再比如，地方政府为保护本地经济，限制外来电力进入本地市场，阻碍了资源的优化配置，与中央建立全国性电力市场的终极目标相悖。电力体制改革中，中央与地方的不协调会导致政策实施效果偏离正轨。随着电力行业市场化程度的增加，更多地方企业会参与其中，地方势力将逐渐壮大，如何协调央地关系，使中央与地方协同发展是进一步深化电力体制改革亟待解决的困扰。

（二）电力发展与市场化的推进

构建由市场决定能源价格的机制是我国电力体制改革的一个重要方向。自20世纪80年代起，我国电力体制改革先后经历了集资办厂、政企分开、厂网分开、电力市场初步发展以及深化阶段。1978至1986年间，通过联合办厂、集资办电等形式，我国电力供应短缺问题得到了改善。1987至2002年间，通过政企分开和公司制改革，实现了全国电力事业的公司化和独立经营，但也形成了国家电力公司控制着全国绝大部分电网资产和近一半的发电资产的垄断局面。2002年《电力体制改革方案》（国发〔2002〕5号）的下发标志着中国第一轮电力市场化改革的开始。此次改革实现了厂网分开，并在发电侧引入了竞争，实现单位千瓦造价下降。后续的十多年里，我国并未进行大规模的电力市场化改革，电力市场也只是得到了初步的发展。2015年3月《中共中央 国务院关于进一步深化电力体制改革的若干意见》（中发〔2015〕9号）启动了新一轮电力体制改革。至今，中国电力市场建设取得了举世瞩目的成就，但改革也步入深水区，面临着前所未有的挑战。

1. 利益调整需要更大的决心和努力

总体而言，在发电侧引入竞争的基础上，有序向社会资本放开配售电业务是新一轮电力体制改革的一大亮点。其中，增量配电是新一轮电力改革的产物，国家旨在引入电网企业之外的其他社会资本进入配电业务，以提高配电效率。然而，增量配电的发展不仅会侵占电网企业的份额，影响电网企业利益，处置存量资产也加大了电网企业的成本压力。因此，在我国增量配电试点工作的推进过程中，大多数电网公司拒绝配合，要求控股试点。根据国家发布的增量配电试点单位名单，截至2019年，我国已建成的增量配电试点工程大部分由电网企业控股或参股，而电网企业未参与的试点也多因电网企业的不配合、系统接入设置障碍等原因未开工或施工完成后未投入使用①，这有违增量配电改革的初衷。由此可见，增量配电与电网企业之间的利益问题是增量配电业务改革顺利进行的一大阻碍。

新一轮电力体制改革在进一步完善政企分开、厂网分开、主辅分开的基础上打破了售电侧电网垄断的格局，使得电力供（发）需（用）双方得以自主选择交易主体，买卖双方自行确定电量和电价。2015年11月，广东成为我国第一批售电侧改革试点单位，受广东售电公司获得高额利润的吸引以及政策的鼓励，其他地区也陆续加入售电侧改革。各地纷纷出现发电企业甚至其他与电力行业无关的资本纷纷组建售电公司的情况，截至2019年6月30日，全国累计公示售电公司7595家②。目前，我国售电公司的类型丰富多元，包括电网企业的售电公司、各大发电企业的售电公司、有条件的电力用户自己组建的售电公司以及既没有电量也没有客户资源的零售型售电公司。售电公司的最终利润主要由购销差价再减去输电成本构成，在买卖双方得以直接交易、售电公司数目庞大的情况下，售电公司的议价能力会随着用户选择权和议价能力的提升而大幅下降，再加上各售电公司为抢用户发起价格战，售电市场的红利也在逐渐褪去。比如，2018年，广东电力市场出现了严重的批零倒挂现象，全年让利价差高达−65.5厘/千瓦时③，售电公司严重亏损。根据广东电力中心公布的《广东电力市场2020年年度报告》，2020年广东电力市场售电公司整体亏损面为2.1%，亏损公司数相较2019年有所增长④。更有甚者，部分省（区、市）陆续传出售电公司退出市场的消息。售电侧改革旨在通过竞争降低用户用电成本，但我国多数的售电公司仍未建立长期有效的商业模式，这给售电行业的可持续发展带来了挑战。因此，在电力市场化改革进行的同时如何保持售电市场良性发展是售电侧改革亟待解决的问题。

---

① 封红丽：《增量配电业务改革进展及问题与对策研究》，《电器工业》，2019年第10期，第45~58页。

② 李泽宏、曾杨超、朱烨扬等：《售电公司的现状及发展策略》，《吉林电力》，2019年第5期，第9~11页。

③ 郑宏城、吴泽杰、罗键鸿等：《我国电力市场发展与售电经营策略探讨》，《中国电力企业管理》，2019年第31期，第48~51页。

④ 广东电力交易中心：《广东电力市场2020年年度报告》，https://pm.gd.csg.cn/views/page/xwzxCont−10660.html。

最后，结合市场建设情况分析，各省（区、市）电力市场化方案的陆续推出以及股份制电力交易中心的成立反映出各利益主体影响力的提升和利益主体间激烈博弈的事实。这主要体现在两方面：一是电力市场化改革的主体由南方电网公司延伸至国家电网公司；二是国家电网公司开始让步，成立了首家股份制交易机构——重庆市电力交易中心。此前，国家电网公司成立的27家电力交易中心均为国家电网独资，但重庆电力交易中心则是由国家电网公司出资70%、重庆电力市场主体代表和第三方机构共同出资30%成立的股份制交易机构。随后，湖北省、北京市等地电力市场化改革试点方案也提出组建电网企业相对控股的电力交易机构。随着电力市场化改革的深入进行，电力市场的竞争还将更加激烈，各类市场主体将更积极主动参与和影响行业变革，主体间的利益博弈也将更加激烈。

如何在推进增量配电改革的同时协调增配电网与现有电网公司之间的利益？如何在放开售电侧维护用户利益的同时保障售电公司的生存？如何在各利益主体影响力逐渐强大的同时保障公平公正和强化电力统筹规划？以上问题的存在阻碍了我国电力市场化改革的深入推进，需要相关部门以更大的动力和决心来解决。

2. 电力市场体系的顶层设计需要更加明晰

新一轮电力体制改革的一大特点是分省（区、市）建立市场机制，不断丰富电力交易品种：除主要的中长期交易外，电力现货市场试点工作在浙江等8个省（区、市）先后开展起来；部分省（区、市）的发电权转让交易全面展开，跨省跨区富余可再生能源电力现货交易也取得了较大的进展，部分省（区、市）调峰调频辅助服务初见成效。根据中国电力企业联合会的统计数据，2021年，全国各电力交易中心累计组织完成市场交易电量37787.4亿千瓦时，同比增长19.3%，占全社会用电量的比重为45.5%[1]。

以省（区、市）为单位进行电力市场建设是我国从多年的电力体制改革中探索出来的经验，因为分省（区、市）渐进式的发展路径符合我国电力市场规模庞大、结构复杂的现实情况。然而，如何在分省（区、市）推进电力市场化改革试点的同时具备一个明晰的顶层设计对于实现全国范围内的电力资源配置十分关键。

---

[1] 中电联规划发展部：《2021年全国电力市场交易简况》，https://cec.org.cn/detail/index.html?3-306005。

首先，新一轮电力体制改革在放开发用电计划的同时通过建立优先发电购电制度保留了一部分发用电计划。新能源被纳入优先发电计划中，存量装机享有固定上网电价保价和保障性上网小时数保量的政策，这与由市场决定能源价格的改革目标是不符的，不利于市场竞争的公平性。

其次，以省（区、市）为单位建设电力市场导致各省（区、市）在电力交易规则上存在差异，再加上省（区、市）间博弈、行政壁垒等制约因素的存在，建立全国范围内的电力市场的难度大幅增加。虽然发电和购电计划可由省（区、市）级层面落实，市场规则可由省（区、市）级部门制定，市场主体也可以由省（区、市）级部门决定，但协调市场与计划的关系以及加强电力市场的省（区、市）间融合等问题需要中央层面提出更为明确的指导意见。

目前，我国在分省（区、市）建立电力市场方面已取得了有效进展，下一阶段的重点工作应是推进省间融合，促进全国电力市场的协调发展，这就需要中央层面制定更加清晰的电力市场顶层设计。

3. 市场监管需要更加完善

构建灵活开放、有序竞争的电力市场不仅需要合理的规则设计，更需要完善的市场监管作为支撑。就实际情况分析，我国目前的电力市场监管体系还难以为电力市场化改革的持续推进提供强有力的保障。

第一，市场监管工具单一，监管效力不足。在2013年电力监管委员会并入国家能源局之前，负责全国电力监管工作的电力监管委员会属于正部级机构，拥有独立的规则制定权，可以通过发布相关部门规章与行政法规多方面行使监管职能。再加上每年发布的、以披露并严厉批评电力企业和相关部门存在的违法违规问题为主的《电力监管年度报告》所起到的舆论监督作用，电力监管委员会在市场监管方面取得的成绩有目共睹。2013年电力监管委员会并入国家能源局后，新建的国家能源局属于部委管理的国家机构，不具有部门规章或行政法规的制定权。如今，国家能源局的监管手段局限于约谈、罚款、监管信息披露等基本措施，这些手段无法产生强有力的影响，特别是对于大型电力国企，监管效率大不如前。再者，根据"三定"方案①的安排，派出机构是国家能源局领导下履行一线监管职责的主体。但除了在电力市场监管方面具有明确的职责划分外，派出机构对中央能源计划或政策在地方的落实与执行情况均无监管权限。并且，与国家能源局类似，派出机构的监管工具也局限于约谈、

---

① "三定"方案是我国对某一单位进行确定职能、机构、人员编制的管理方案。

罚款、披露等基本措施。此外，由国家能源局新设立的市场监管司和安全监管司所发布的以正面肯定为主的《电力监管报告》能起到的监督作用也更为有限。

第二，监管部门易受行政机关和被监管者的干预。行政寻租是行业垄断的弊端之一。大企业为获得优势地位和政策资源，可能通过各种途径向监管部门输送利益。到目前为止，除了寻租以外，相关部门也存在主动设置行业壁垒和地区壁垒的动机。电力行业是关系国计民生、国家经济命脉的行业，部分地方政府为了提升当地经济绩效，主动设置行业壁垒与地区壁垒，如限制合法合规企业进入本地市场竞争、强制交易、偏袒大型国企等。

第三，法律法规保障不完善，具体表现在立法不完善和执法程序不完善两个方面。一方面，我国电力领域的法律建设亟待完善。《中华人民共和国电力法》是我国唯一的一部电力基本法，其主要功能是保障电力基础设施安全运行，与电力行业监管、规范市场主体行为相关的内容少之又少。此外，1993年颁布的《电网调度管理条例》，2005年颁布的《电力监管条例》《电力监管信息公开办法》是与电力监管联系较为密切的行政法规或部门规章，但其权威性较低，难以在监管中发挥实质性的作用。另一方面，我国电力行业的执法程序不完善。电力行业是一个关系公共安全和公共利益的行业，电力企业的经营决策与社会各领域的正常运行息息相关。由于电网设施产权不明、用户用电素质和安全意识不高等，电力行业极易发生损害赔偿、劳动合同争议等民事纠纷。如因电力企业开除、辞退职工而引发的争议；电力企业员工因工伤而引发的争议；用户自身的违章行为引发触电，造成自身和他人的损害；电费拖欠、窃电等。但目前我国电力行业还未设立明确的纠纷仲裁和司法救济程序，使得大量电力行业发生的民事纠纷游离于法律程序之外，各市场主体的利益难以得到维护。

（三）电力发展与能源绿色化转型

第三轮能源革命的重要特征是推动能源结构向绿色化转型。目前中国的能源结构仍处于以煤炭为主的第二轮能源革命阶段，以煤炭为主的能源结构还将在一段时期内保持不变。电力行业是中国煤炭消费量最大的部门，推动电力行业朝绿色化方向发展对于推动我国能源转型具有十分重要的意义，这也是现阶段我国电力发展正在攻克的难题。

虽然目前我国的风电、光电、水电单项累计装机容量均位居世界第一，电源结构绿色化趋势明显，但新能源替代化石能源的速度仍不够快。图1-8是我国2011—2020年新能源发电量与全社会用电量的变化情况。可以看出，虽然2019年我国新能源累计装机容量占全国累计装机容量的比例已接近26%（见图1-4），但新能源发电量占全社会用电量的比例不到10%。并且，在多数年份新能源发电量均小于全社会用电量增量，这反映了我国新能源代替化石能源速度不够快的事实。

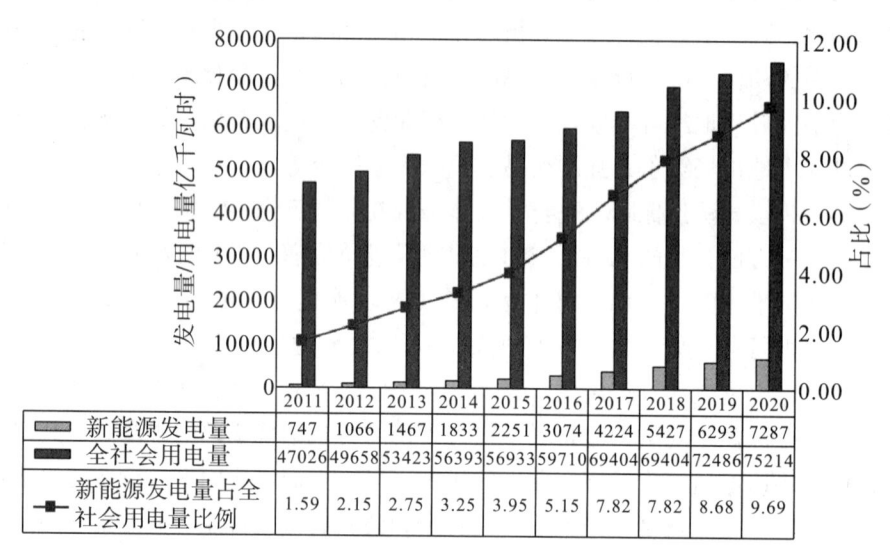

年份	2011	2012	2013	2014	2015	2016	2017	2018	2019	2020
新能源发电量	747	1066	1467	1833	2251	3074	4224	5427	6293	7287
全社会用电量	47026	49658	53423	56393	56933	59710	69404	69404	72486	75214
新能源发电量占全社会用电量比例	1.59	2.15	2.75	3.25	3.95	5.15	7.82	7.82	8.68	9.69

图1-8　2011—2020年我国新能源发电量与全社会用电量情况[①]

在我国，推动电力行业绿色转型的途径主要有两种：一是通过实施关停小火电机组淘汰效率低、污染物排放高的火电厂，降低火电比重；二是促进新能源的发展和消纳，提升新能源比重。总体而言，两种途径都取得了不错的效果，但仍存在许多挑战。一方面，火电厂缺乏退出和补偿机制，阻碍了新能源的发展。另一方面，系统调峰资源不足，需求侧资源未能充分挖掘以及新能源参与市场竞争的模式不明晰等问题限制了新能源的发展与消纳。

1. 火电厂缺乏退出和补偿机制，阻碍新能源发展

我国推动煤电去产能、实现电力行业绿色化的一个重要途径是关停小火电机组，即"上大压小"（指将新建电源项目与关停小火电机组挂钩，在建设高参数、大容量、低消耗、少排放机组的同时，相应关停一部分小火电机组）。2011—2016年，全国共关停小火电机组3300多万千瓦，大大超出了关停的规

---

① 数据收集整理自中国电力企业联合会电力统计与数据中心：《二○二○年电力工业统计资料汇编》，2021年。

划目标[①]。毫无疑问，以大型高效的火电厂代替能耗高、污染大的小火电厂的措施取得了显著的成效。然而，火电厂由于缺乏退出机制和补偿机制导致行业普遍亏损，阻碍了新能源的发展。

火电行业属于资产密集型行业，且部分资产专用性较高，难以转作他用。火电厂的资产处置方式主要有两种。其一为挂牌交易，由于火电厂的资产处置涉及国有资产管理，需经请示批复、审计、评估等程序后才能在全国各大产权交易所挂牌，交易周期长、成功率低，且交易价格不理想。其二是机组报废后作为废钢铁售卖，但通过这种处置方式获得的收益很低，通常只占投入成本的百分之几。此外，在煤炭价格上涨而电价调整滞后，风电、太阳能发电成本逐渐降低，电力市场化程度愈加明显等因素的影响下，我国的火电厂缺乏竞争力，生存压力巨大，行业亏损严重。根据统计，2018年前三季度，全国有近50%的火电厂出现净亏损[②]。

虽然推动能源转型、建设清洁能源体系是大势所趋，但由于我国煤炭资源丰富，火电在过去的几十年里有力地支撑了我国国民经济的快速发展，在未来的一段时间内其他能源还难以取代火电。更重要的是，风能、太阳能等新能源的发展需要配套火电调峰，以及火电还承担着其他类型电力不具备的"兜底保供"的作用。因此，若不建立合适的退出和补偿机制，改善目前火电厂面临的困境，一大批火电厂特别是一些中型以上、环保标准达标的火电厂将面临资金链断裂、生产停工的隐患，一旦沦为"僵尸企业"，不仅会制约新能源的发展，甚至可能严重影响我国电力供应的稳定性。

2. 系统灵活性资源不足，无法满足间歇式发电机组的大规模并网

由于风能、太阳能的间歇性，具备充足的调峰资源是发展新能源的基础。对此，我国开展了火电灵活性改造、建设辅助服务市场等工作。自2016年6月，我国正式启动火电灵活性改造试点工作以来，大型蓄热水罐、蓄热式电锅炉等技术瓶颈得到了有效解决。但受供热限制的影响，通过火电灵活性改造扩大调峰容量的空间有限。建设电力辅助服务市场是我国扩大调峰空间的重要举措。2014年，我国首个电力调峰辅助服务市场正式启动，到2019年，电力辅

[①] 赵冉：《活力十足　高效清洁》，《中国电力报》，2017年9月21日第1版。
[②] 中电联行业发展与环境资源部：《2018年前三季度全国电力供需形势分析预测报告》，https://cec.org.cn/detail/index.html?3-126604。

助服务市场机制已在东北、福建、山西等 14 个地区启动。电力辅助服务市场的建设的确有效提升了火电机组的调峰能力，也降低了新能源弃电率。但由于我国电源结构以火电为主，目前以"调峰"和"调频"为主的交易品种难以有效解决可再生能源大规模并网带来的不稳定性问题。

3. 省内需求未能充分挖掘，省外需求输送受限

根据发达国家的经验，利用电价政策改善用电负荷特性，可有效促进新能源多发、满发，但我国支持新能源并网消纳的需求响应机制目前仍基本属于空白。

在省内需求方面，目前我国风电消纳困难的"三北"地区（东北、华北北部和西北地区）尚未出台用户侧峰谷电价、分时电价等有利于低谷期风电消纳的需求响应机制；受配套供热价格机制缺乏的影响，东北、内蒙古等地的新能源供热项目也未得到大面积推广。

在省（区、市）外需求方面，受资源禀赋与电力负荷呈逆向分布的影响，电力外送成为我国新能源消纳的重要途径。除此前提到的省（区、市）间行政壁垒外，电网输送容量不足、并网成本缺乏有效的分担机制也是制约电力外送的技术因素。

首先，电网输送容量不足直接限制了电力外送的规模。一方面，电网建设的审批周期长，跨省跨区建设电网、扩大电网输送容量耗费的时间成本、财力成本、物力成本巨大。在新能源开发成本逐渐降低、电力市场化改革持续推进的背景下，新能源发电企业面临巨大的降电价的压力，回收电网投资成本的难度大大提升。另一方面，外送电会占据外省（区、市）电网输电容量和市场空间，进而影响外省（区、市）特别是资源禀赋优越、电力工业发达的省（区、市）的电力行业利益，因此输送容量难免会受制于人，面临着很大的不确定性。

其次，并网成本缺乏有效的分担机制缩小了调峰空间。风电、太阳能固有的较强的间歇性对电网的平衡调节能力提出了更高的要求，这意味着更高的投资和成本。通过建设辅助服务市场，有良好调节能力的机组、储能方以及有调节能力的用户主体均可以通过出售辅助服务获得盈利，既能缓解新能源消纳问题，也可以提升各主体参与调节的积极性。提供服务的发电机组面临管理费、磨损费、维护费等直接成本和原本属于发电收入的那部分机会成本，理论上而言电力辅助服务是一种"公共品"，所有接入主体均是"受益者"，因此其引发的成本应由全体服务接受者分摊，美国的 PJM 电力市场以及欧洲部分国家均

采取了这种分摊机制。然而，我国辅助服务市场的实际情况是：服务成本由发电厂承担，这对于提供服务的发电机组来说是不公平的。并且，目前我国的补偿机制只考虑了火电和水电机组参与服务，有偿和无偿由是否引起水火发电成本变化而决定，这样的划分方式使得无调节能力的发电机组无偿享受了部分有调节能力机组的辅助服务。不公平的分担机制降低了调峰机组参与市场的积极性，缩小了调峰空间，从而阻碍了新能源电力的输送。

4. 风能、太阳能等主体新能源参与电力市场竞争的模式不够明朗

随着风电、太阳能发电技术的不断进步、开发规模的持续扩大，参与市场竞争成为影响新能源发展与消纳的重要途径。《中共中央 国务院关于进一步深化电力体制改革的若干意见》（中发〔2015〕9号）及两个配套文件《关于有序放开发用电计划的实施意见》和《关于推进电力市场建设的实施意见》明确提出建立优先购电、优先发电制度，保障规划内的可再生能源优先上网。随后，可再生能源发电权交易、可再生能源现货交易、调峰调频市场建设、绿证交易等在各省（区、市）逐步展开，极大地推动了可再生能源参与电力市场竞争。2019年初，《关于积极推进风电、光伏发电无补贴平价上网有关工作的通知》出台，这意味着未来新增的风电和太阳能发电可能不再享受保价保量的优惠政策，而是通过市场竞争获得收益。同年5月，国家发展和改革委员会与国家能源局联合发布了《关于建立健全可再生能源电力消纳保障机制的通知》，明确提出各省级行政区的可再生能源电力消费应达到其电力消费设定的比重，消纳途径之一可以是向超额完成年度消纳量的市场主体购买其超额消纳量或自愿认购绿证。

市场化促进我国新能源消纳的作用是毋庸置疑的，但在推进过程中新能源参与电力市场竞争的模式不够明朗，新能源以何种方式参与电力市场竞争还有一些问题尚不清晰，具体包括：

第一，优先发电计划、保量保价政策之间的矛盾导致新能源参加市场竞争缺乏公平性。《中共中央 国务院关于进一步深化电力体制改革的若干意见》及其6个配套文件（《关于推进输配电价改革的实施意见》《关于推进电力市场建设的实施意见》《关于电力交易机构组建和规范运行的实施意见》《关于有序放开发用电计划的实施意见》《关于推进售电侧改革的实施意见》《关于加强和规范燃煤自备电厂监督管理的指导意见》）明确规定，风能、太阳能等新能源均在一类优先保障中，且存量装机仍然享有固定上网电价保价和保障性上网小

时数保量的政策。在保价保量政策的兜底下，新能源发电企业如何参与市场竞争？

第二，以省（区、市）为单位进行电力市场建设，加大市场融合难度。理论上而言只有全国制定统一的电力交易规则，才能保证市场的公平性。但根据国家发展和改革委员会的通知，地方政府应根据各地具体情况制定或修订本地的电力中长期交易和现货交易规则。此外，现阶段风电绿证的最高价格为风电标杆电价与当地脱硫电价的差值，因此绿证价格受限于补贴价格，由此导致高补贴风电项目不具有竞争优势。并且，不同地区风电标杆电价以及脱硫电价具有差异，使得风电在不同地区的价格差异较大。各省（区、市）的电力交易规则和绿证价格存在差异不仅阻碍了公平竞争市场的形成，还不利于新能源在全国范围内的消纳。综上，在推进我国新能源参与市场竞争的过程中，新能源以何种方式参与交易、各省（区、市）交易市场如何协同运作等问题还有待研究。

（四）碳市场建设下电力行业的转型之路

与单一的市场建设和发展清洁能源不同，碳排放权交易利用市场机制和政府规制相结合的方式激发和倒逼参与主体的积极性，以实现节能减排、推动能源转型。面对日益严峻的环境和气候问题，世界各国进行了丰富的政策探索以解决气候变化问题。根据国际经验，碳排放权交易被认为是最有效的减少温室气体排放的市场经济手段之一（Santibanez-Gonzalez，2017）。截至2019年，全球已经投入运行的碳排放权交易体系覆盖了全球温室气体排放总量的约8%（王科＆刘永艳，2020）。

作为负责任的大国，参与并积极建立全国统一的碳排放权交易市场（简称"碳市场"）成为我国实现碳减排目标的重要途径。我国已在碳市场建设上取得了一定成就，实现了2020年的碳强度在2005年的基础上降低40%~45%的减排目标，这也意味着我国的碳减排工作进入新阶段。电力行业作为全国碳市场建设的主力军，明确其在新阶段下所面临的挑战将对全国碳市场的顺利运行具有积极作用。因此，本节将在分析中国碳市场建设现状的基础上探讨电力行业所面临的挑战，这对于实现电力行业低碳化发展，推动中国以低成本实现碳减排在2030年前尽早达峰具有十分重大的意义。

1. 中国碳市场建设现状

2012年初，国家发展和改革委员会先后在北京、上海等地启动7个碳排放权交易试点。2013年我国首个正式运行的强制性碳排放权交易市场深圳碳排放权交易所上线，极大地激励了其他非试点省（区、市）也相继启动碳市场。2016年，福建碳市场开市，成为我国第八个碳排放权交易试点区。2017年12月，《全国碳排放权交易市场建设方案（发电行业）》的印发标志着全国碳市场拟正式建立。经过不懈的努力，中国在碳市场建设方面取得了一定的成就，截至2020年底，全国8个碳市场试点配额累计成交3.31亿吨二氧化碳，累计成交额约73.36亿元[①]。2021年7月16日，全国碳排放权交易市场开市。自全国碳市场开市以来，截至2022年7月12日，全国碳市场成交量高达1.94亿吨，总成交额84.91亿元[②]。

作为碳排放大户，电力行业已经被确定为我国碳市场第一阶段的参与主体。2021年元旦起，全国碳市场发电行业第一个履约周期正式启动。据统计，仅我国发电行业的碳市场交易规模就为当前欧洲碳市场规模的两倍[③]，由此可见电力行业在我国碳市场建设中的重要性。电力行业进入碳市场，通过碳约束等市场机制能更好地激励电力企业不断进行技术创新以提高减排技术，进一步扩大电力行业的节能减排空间。

2. 碳减排工作进入新阶段，电力行业任重而道远

图1-9是世界主要国家1960—2014年人均GDP-人均能源消费轨迹图，从图中可以明显看出：随着经济增长，中国的人均能源消费呈现高速增长趋势，这与德国、日本、韩国等国家早期的走势几乎重叠，同时也表明在未来我国人均能源消费的发展模式有可能与韩国、德国等国家类似，继续保持增长态势甚至进入能源超高速增长的快车道。我国自主承诺在2030年前碳排放达到峰值，单位GDP碳排放比2005年下降60%～65%，非化石能源占一次能源消费比重达到20%。2018年，中国实现了GDP单位碳排放比2005年下降

---

① 汪惠青：《碳市场建设的国际经验、中国发展及前景展望》，《国际金融》，2021年第12期，第23～33页。

② 丁涛：《全国碳市场累计成交量1.94亿吨》，《中国高新技术产业导报》，2022年7月25日，第A15版。

③ 黄薇、黄晨宏、李树青：《中国碳市场发展及电力行业参与策略分析》，《能源与环境》，2020年第1期，第2～3页。

40%~45%，非化石能源占一次能源比例15%，一次能源结构中煤炭所占比重首次降至60%以下的巨大成绩，"十三五"能源和气候变化目标提前实现，这同时意味着我国碳减排工作进入新阶段。在面临能源消费增长趋势明显压力的情况下，如何推进全国碳市场的顺利运行、提前实现2030年的碳排放目标成为这一阶段的重点任务。

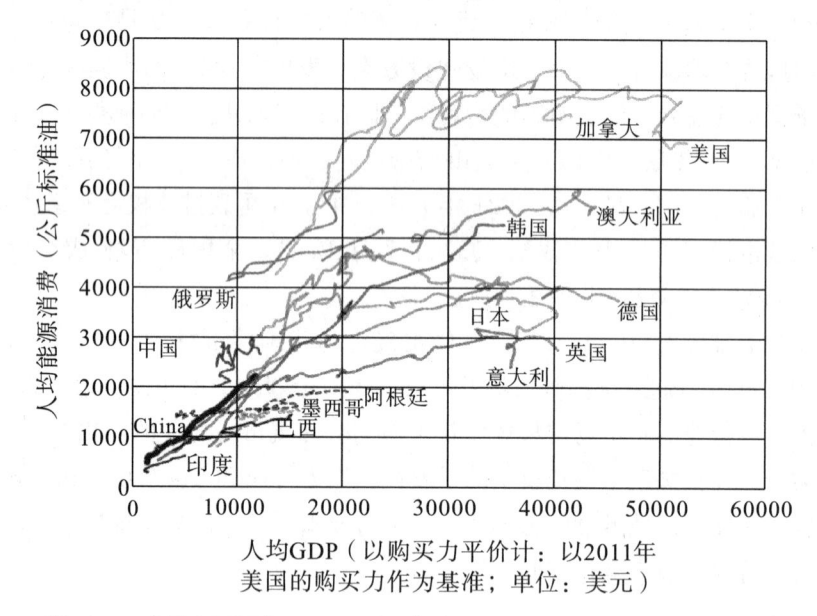

图1-9 世界主要国家1960—2014年人均GDP-人均能源消费轨迹图[①]

作为碳排放大户的电力行业是我国碳市场建设的主力军，分析其在新阶段下所面临的挑战对于进一步开展碳市场建设意义重大。根据目前的情况分析，电力行业面临着来自碳市场建设的共性挑战和电力行业碳市场建设独有的风险。

首先是各行业建设碳市场面临的共性挑战，具体有三点。一是碳市场缺乏完善的法律法规和成熟的监管体制。目前我国只有深圳和北京具备当地人大通过的碳排放权交易立法，其他地区仅出台了相关地方规章，效力低，约束力弱。国家发展和改革委员会颁布的《全国碳排放权交易管理暂行办法》也仅提供了基本的制度保障，其中的监管机制和法律体系仍不完善。面对日益增加的国际减排压力和国内减排政策的推进，未来必将有更多的行业进入碳市场，碳

---

① 图片来自郑新业、魏楚、虞义华等：《中国家庭能源消费研究报告（2016）》，科学出版社，2017年，第16页。

市场主体更加多元化、竞争机制更加灵活化的趋势明显。因此，必须建立完善的法律法规和监管体系才能保证碳市场的平稳有效运行。二是市场信息不对称问题较严重。相较于国外的碳市场，我国碳市场的信息透明度较差，公司层面的排放数据不对公众和参与者开放，在企业配额量、交易数据等信息方面也缺乏有效的披露机制。一方面，交易信息不透明，使得价格信号机制的作用大打折扣，不仅大大增加了交易双方的交易成本，还导致交易主体难以做出最优交易决策，降低了交易效率。另一方面，缺乏准确的数据信息，相关研究人员无法评估市场运行情况，为排放者提供了谎报造价的机会，不利于碳市场的健康运行。三是碳市场专业人才匮乏。由于我国碳市场起步较晚，专业技术、实践经验均有限，碳市场专业人才培养体系尚不成熟，导致我国碳市场与其他发达国家相比还存在较大的差距。据估计，我国碳市场规模可能达到6000亿元，将成为全球最大的碳市场[1]，但在专业人才缺乏的情况下，这一规模恐怕难以实现。

其次，目前各试点碳市场都覆盖了电力、水泥、钢铁、化工等高排放行业，在碳市场建设进程中，电力行业还面临着有别于其他行业的挑战。具体包括三点：

第一，减排成本压力巨大，火电厂生存艰难。自2020年起，我国碳市场进入高速发展期，降低配额总量、保持碳价稳定上升以及扩大主体范围以实现更大幅度减排是这一阶段的主要任务。目前我国参与碳市场的发电厂以火电厂为主。随着参与主体范围的扩大，更多的火电厂将被纳入碳市场。在配额量降低但需求量增加、碳价上升的情况下，火电厂将承担极大的减排成本和技术研发成本。按照我国目前的电价管理模式，电力行业的成本难以传递至下游，火电厂的生存压力巨大。

第二，解决新能源的发展是实现电力行业碳减排的重要因素。火电厂面临着高昂的减排成本，再加上减排技术创新难度大、成本高、时间周期长、结果不确定，其减排空间在短时间内较为有限。因此风能、太阳能等新能源发电比重的提高或将成为进一步扩大电力行业降碳空间的关键。根据前文分析，目前我国新能源发展还存在系统灵活性资源不足、需求侧资源未充分挖掘、参与市场竞争的模式不明确等问题，这对于电力行业而言，无疑是难以攻克的关卡。

第三，就市场总体设计而言，虽然我国以发电行业为切入口启动碳市场建

---

[1] 汪惠青：《碳市场建设的国际经验、中国发展及前景展望》，《国际金融》，2021年第12期，第23~33页。

设，但碳市场并不仅仅局限于电力行业，因此出现了碳市场设计的部分机制与我国电力生产运行的基本规律不匹配的矛盾。电力市场化改革和碳市场都是利用市场机制优化资源配置的手段，发展新能源、建设电力市场是新一轮电力体制改革的重要目标。而我国碳市场顶层设计的形成时间早于新一轮电力体制改革，在制度设计层面主要考虑了原有电力体制与碳减排的关系，对于现阶段如何联合电力市场和碳市场以最大化电力行业的减排潜力还缺乏统筹设计。2020年底至2021年初，生态环境部印发了《碳排放权交易管理办法（试行）》《2019—2020年全国碳排放权交易配额总量设定与分配实施方案（发电行业）》等系列文件，2021年7月16日全国碳市场正式启动。根据我国碳市场的推进安排，初期以配额现货交易为主。而我国电力现货市场也有望在这一期间全面启动，届时电力量价机制将发生根本性变化。由此可以预计，全国碳市场的深化完善期和电力现货市场的启动期在进度上基本重叠。因此，原有碳市场制度设计面临过时的风险，能否推进电力市场和碳市场协调合作、避免两个市场的矛盾和交叉，从而进一步挖掘电力行业的减碳潜力、解决减排成本疏导不畅等问题还面临诸多考验。

第二节 主要结论

经过不懈的探索，我国电力行业实现了迅速的发展。在规模上，目前我国是世界上最大的电力生产和消费国；在结构上，我国风电、太阳能发电、水电单项累计装机容量均位居世界第一，电源结构绿色化趋势明显。伴随着电力行业绿色化转型的一系列成就是全国供电标准煤耗、线损率等能耗指标均呈现明显的下降态势。电力体制改革是伴随我国电力行业发展的一条主线，但在改革进程中整体层面上出现了电源规划、源网规划、发用电侧规划缺乏系统性，以及计划与市场、中央与地方关系的协同决策不一致的矛盾。市场化改革与绿色化转型是我国电力改革的两大主题。一方面，目前我国电力市场化改革步入深水区，利益博弈愈加激烈，推进全国电力市场建设需要更加明晰的电力市场顶层设计，电力市场监管亟待完善。另一方面，我国电力行业绿色化转型难度加大。我国促进电力行业绿色化转型的方法主要包括淘汰低效高能耗的火电厂和促进清洁能源发展。但缺乏退出和补偿机制严重损害了火电厂的利益，系统调峰资源不足，需求侧资源未能充分挖掘以及清洁能源参与市场竞争的模式不明晰等问题限制了新能源的发展与消纳。在电力改革范围之外的碳市场建设是我国实现节能减排的重要举措。电力行业是我国碳市场建设中的主力军。特别是在煤电碳减排形势严峻、我国碳减排任务进入新阶段的背景下,电力行业还将面临更大的挑战,包括碳市场建设人才不足、市场信息严重不对称、法律法规不完善、电力市场改革和碳市场顶层设计不匹配等。

综上所述,为了保障能源安全、应对气候变化、实现可持续发展,我国在电力市场化改革以及新能源电力的发展上进行了丰富的探索,这一过程充满了各种挑战。对此,本书后续章节将对我国电力行业发展过程中的政策以及学术界和政府部门所关注的重要问题进行研究分析,为电力行业发展所面临的挑战提供建设性意见。

第二篇

市场建设及其影响评估

第二章　电力市场化改革及其影响评估

第一节　简介

电力行业的市场化改革，指的是通过行业结构和组织变革，分离垄断性和竞争性的环节，以建立有效竞争的电力市场，还原电力的商品属性，最终实现资源的优化配置。电力市场化改革初期，市场竞争以发电侧的竞争为主，而后随着配电网控制技术和智能用电终端的发展，逐渐形成发、用两端竞争，输、配垄断监管的格局。世界上电力市场化程度较高的国家，包括美国、英国、澳大利亚、新西兰等，大多采用这样的市场模式。现有文献中，已有大量的理论和实证研究指出，发电企业间的竞争对降低生产成本、提高单一或全要素生产效率、促进发电技术绿色化等有显著的促进作用。

我国的电力体制改革始于1985年的"集资办电"政策，但真正意义上的市场化改革始于2002年的"厂网分开"改革。在《电力体制改革方案》（国发〔2002〕5号）的指导下，我国对电力行业进行了系统性的解构重组。其中最重要的环节，是将发电资产从垂直垄断的电力公司中剥离出来，组建在经济、法律上独立的发电企业，这为发电领域的竞争打下了结构基础。在之后的十多年里，国家先后通过"竞价上网试点""大用户直购电""发电权交易""节能发电调度"等市场政策，引导发电企业有序竞争，提升发电技术和生产效率，同时降低煤耗和排放水平，这些政策也取得了一定的效果。

与我国经济体制改革的整体路径相一致，我国的电力市场化改革具有渐进性、试验性、计划与市场双轨运行等特征。与多数进行电力市场化改革的国家不同，我国在"厂网分开"改革后，并没有对发电侧进行全盘的市场化，而是通过局部试点、增量放开、投资引导等方式进行市场化的"边缘革命"。这意味着我国发电领域的竞争，在市场规则、激励机制、制度环境等方面与其他国家有本质区别。因此，本章对我国"厂网分开"后发电领域的市场政策进行梳理和解读，并分析相关政策对燃煤发电厂调度运行的影响。

第二节 我国的电力产业重组和市场化改革

我国的电力产业重组和市场化改革是在特定的历史背景下进行的。1996年，国务院发布《关于组建国家电力公司的通知》（国发〔1996〕48号），开启了我国电力行业的"政企分开"和公司制改革。公司化是我国国有企业改革的重要内容之一，其在电力行业的实施有助于促进国有电力企业自主经营、完善治理结构和适应市场经济。在实际操作上，国家层面的电力部被撤销，其相关行政职能被纳入当时的国家计划委员会和国家经济贸易委员会。同时，依据《中华人民共和国公司法》和《中华人民共和国电力法》，组建国家电力公司，承接原电力部的企业职能。在地方层面，区电管局、省电力局等管电机构也相应地进行"政企分开"和公司制改革，组建了国家电力公司在区域和省级的子公司。由此，国家电力公司成为我国第一个具有独立法人地位、垂直一体化经营的电力公共事业公司。在当时，国家电力公司控制着全国绝大部分的电网资产和近一半的发电资产，同时也垄断了经营辖区内的售电业务。另一半的发电资产则由地方政府、集体、企业、个人和外资所有。如图2-1所示，市场结构的不均衡在一定程度上造成了发电企业间的不公平竞争。由于与电网关系密切，国家电力公司下属的发电企业相对于独立发电企业在生产计划、调度安排、融资偿债和行业信息等方面有明显优势。曾经的一些弃水事件即反映了发电侧的不公平竞争。国外电力市场化改革的大潮以及国内由"缺电"到"多电"局面的扭转，都为电力行业开启市场化改革埋下伏笔。

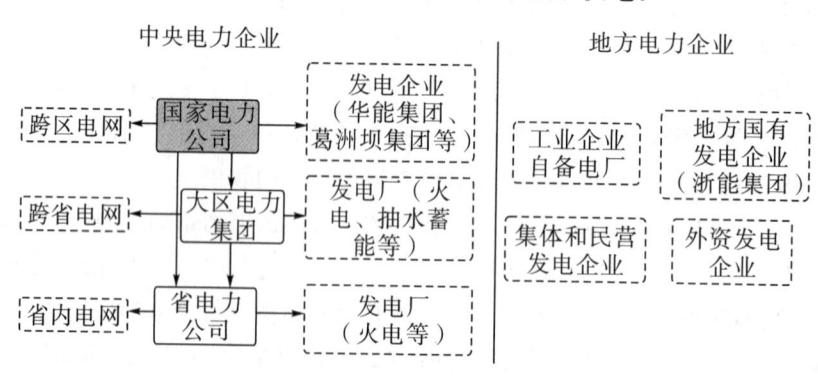

图2-1 电力行业市场结构（一）①

---

① 该图由作者根据我国1996年电力体制改革后电力行业市场结构整理所得。

2002年2月，国务院印发《电力体制改革方案》（国发〔2002〕5号），开启了以"厂网分开、主辅分离、输配分开、竞价上网"为主要任务的电力市场化改革。实际操作上，将国家电力公司管理的资产按照发电和电网两类业务划分，并分别进行资产、财务和人员的重组。其中，发电资产重组为华能、大唐、华电、国电和中电投五家体量大致相当的发电集团（即"五大发电集团"），电网资产重组为国家电网公司和南方电网公司。另外，将有关电力设计、修造、施工等辅助性业务与电网剥离，重组为电力工程顾问、水电工程顾问、水利水电建设和葛洲坝四大辅业集团。国家电力公司的拆分重组形成的十一家中央电力企业均由国务院授权经营，并分别在国家计划中实行单列。依照原国家电力公司的架构，五大发电集团和国家电网公司也有在大区和省两级设立子（分）公司。如图2-2所示，"厂网分开"后我国发电领域形成了新的市场结构。尽管五大发电集团在市场份额上仍占据优势，但其所属发电企业与电网业务的直接关联已被解除，成了实际意义上的独立发电企业。这为在发电领域开展市场竞争打下了重要的结构基础。

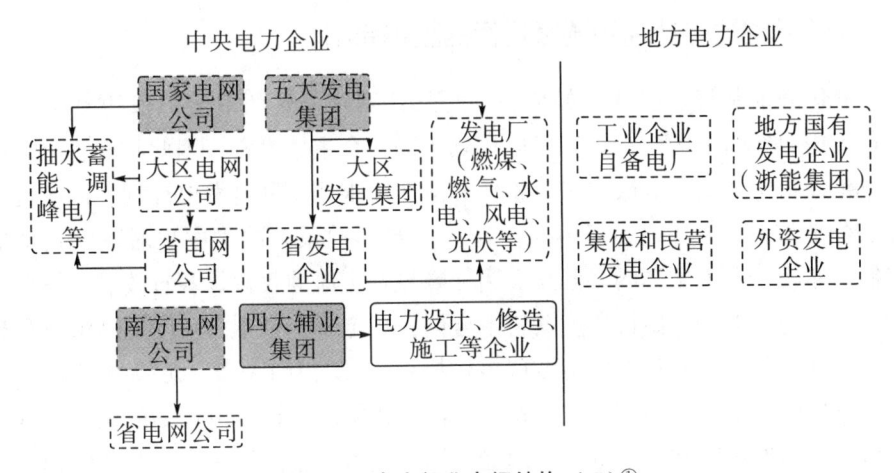

图2-2 电力行业市场结构（二）[①]

在"厂网分开"的基础上，我国开始对电力市场进行渐进式、试验性的探索。这一阶段改革的主要特点是"双轨制"，即在保留政府年度发电计划的同时，对一小部分发电量引入市场竞争。相关的市场政策包括"大用户直购电""跨省区电能交易""发电权交易"等。这些政策的实施并非全国统一，而是各省（区、市）根据具体情况灵活执行。2003—2006年间，国家电力监管委员

---

① 该图由作者根据我国2002年电力体制改革后电力行业市场结构整理所得。

会还监督指导东北、华东两个地区进行了电力批发市场试点。东北和华东两地区的电力批发市场都采用了中长期和现货交易相结合的模式,其中东北由于实行全电量按报价结算,导致电网平衡账户亏空,而华东则利用差价合约更好地控制了价格风险。最终,由于电荒再现、电网结构薄弱和美国加州电力危机等因素,我国并未在"厂网分开"后进行大规模的电力市场化改革。

第三节 "厂网分开"后发电领域的市场政策

我国发电领域的市场化改革,是对传统计划经济制度下的年度发电计划和发电调度规则的变革。"厂网分开"后,我国的发电计划和调度方式遵循"三公调度"的基本原则,同时引入"电力用户和发电企业直接交易""跨省跨区电能交易"和"发电权交易"等机制,扩大了市场配置资源的作用,又通过"节能发电调度"和"差别电量计划"政策,提升了高效、清洁电源的利用率。

一、我国发电计划和调度运行的基本原则

我国政府制订发电计划的传统,是从计划经济时期沿袭下来的。1985年以前,中央垄断电力生产,各发电厂均由同一个主体投资,因此政府管电部门基本依照机组情况(健康水平、检修和改造需求等)制订发电计划,调度也不存在公平与否的说法。1985年的"集资办电"政策解除了中央对发电投资的限制,实现了发电主体的多元化。为保障投资主体的收益,各省政府以发电厂为单位,与发电企业签订年度购售电合同,规定一个基本的年度上网电量和相应的上网电价,然后转交电力调度机构执行。对电力工业部(后为国家电力公司)下属的发电企业则是延续了按照机组可用情况制订发电计划的做法。这便形成了"体制内"和"体制外"两套不同的发电计划制订规则。改革之初,由于社会用电紧张,发电厂都近乎满负荷运行,不存在计划或调度分配不公平的情况。但随着电荒的缓解和发电主体的进一步分化,政府协调各主体间利益的难度加大。同时,独立发电企业的情况日益复杂,"一厂一价""一机一价"的现象也产生了较高的行业管理成本。

因此,在"政企分开"和"厂网分开"改革后,为适应发电主体多元化的新形势和保障发电企业的合法权益,国家对发电行业的管理进行了系统的变革,其中包含电价和电量两方面内容。电价方面:2003年,国务院印发《电价改革方案》(国办发〔2003〕62号),提出了新的上网电价政策;2004年,

国家发展和改革委员会出台标杆上网电价和脱硫加价政策，首次公布了各省（区、市）的燃煤发电机组统一的上网电价和脱硫机组加价水平；2005年，国家发展和改革委员会出台《电价改革实施办法》（发改价格〔2005〕514号），规定各省（区、市）标杆上网电价依照社会平均发电成本和合理收益率制定。电量方面：2003年，国家电力监管委员会出台《关于促进电力调度公开、公平、公正的暂行办法》（电监市场〔2003〕46号），要求"电力调度机构对年度购售电合同完成进度适时进行滚动调整，在同一电网内年度购售电合同完成进度应当大致相当"，"因用电市场变化需调整发电企业年度购售电合同电量时，电力调度机构应当依据购售电合同及并网调度协议有关条款，按公平原则调整"，"实行峰谷电价的，电力调度机构应当根据电网运行需要、考虑发电设备状况和兼顾各发电企业利益，公平合理地安排各发电企业的峰、谷调度计划"。

综上，国家通过对发电行业管理的变革，拉齐了各发电企业在发电计划安排和上网电价方面的政策待遇。实质上，在同一省（区、市）内，相同类型和容量的发电机组会获得大致相同的上网电量和同样的上网电价（脱硫加价除外），其购售电合同也会被调度机构"公开、公平、公正"地执行，这即是广义上的"三公调度"原则。同时，由于售电收入有政策性保障，发电企业便有动力去提高生产效率和节约成本，以增加最终收益。因此，一定意义上讲，"三公调度"也兼顾了公平和效率两个原则。

二、电力用户和发电企业直接交易

"电力用户和发电企业直接交易"，简称"大用户直购电"，是"厂网分开"后发电领域引入的第一个市场交易机制。2004年，国家电力监管委员出台《电力用户向发电企业直接购电试点暂行办法》（电监输电〔2004〕17号），决定开展电力用户和发电企业间的中长期电量交易。该办法规定，交易双方通过双边协商确定电量和电价，并通过签订购售电合同落实交易结果。原则上，参与交易的火电企业要求装机容量在60万千瓦以上且单机容量在30万千瓦以上，水电企业要求装机容量在20万千瓦以上或单机容量在10万千瓦以上，电力用户要求负荷相对稳定、单位产值能耗低、污染排放小。"大用户直购电"的政策试点由国家统一领导，从个别省（区、市）开始，采取循序渐进的方式，先放开一部分社会用电量用于交易，在充分积累经验和保障电力安全的前提下再扩大交易规模。

"大用户直购电"改变了发电企业的电量结构。政策出台前，各发电企业的年度生产计划里只有"基数电量",即由政府平均分配的发电量。政策出台后,参与交易的发电企业在"基数电量"上增加了"市场电量",即通过直接交易额外获得的售电量。虽然直接交易电价一般低于标杆电价,但只要该价格高于发电的边际成本,发电企业便可通过直接交易获得额外收益。

吉林是全国第一个试点"大用户直购电"的省份。2005年,国电吉林龙华热电厂与吉林碳素公司签订点对点直供电合同。紧接着是广东和湖北。2006年,广东台山发电厂与当地6家用电企业直接交易,年交易电量约2亿千瓦时。2008年,湖北启动双(多)边直接交易,年成交电量53亿千瓦时。2009年,国家电力监管委员会发布《关于完善电力用户与发电企业直接交易试点工作有关问题的通知》(电监市场〔2009〕20号),进一步规范和推进电力用户与发电企业直接交易工作。而后更多的省(区、市)加入了试点行列,交易规模也有所扩大。2009年,辽宁、吉林、河南、四川和蒙西实施了"大用户直购电"政策。2010年,甘肃、福建及其他几个省份加入。到2014年,共有24个省(区、市)进行了直接交易①。表2-1根据公开的政策文件归纳出了各省(区、市)于2009至2014年间进行直接交易的情况。可以看到,多数省(区、市)在2011和2012年暂停了试点,2013年又继续。这主要是因为在这一期间国家发展和改革委员会出台政策整顿电价秩序、清理对高耗能企业的优惠电价,叫停了部分省(区、市)的直购电工作。

表2-1 各省(区、市)"大用户直购电"试点情况②

省(区、市)	2009	2010	2011	2012	2013	2014
黑龙江					有	有
吉林	有	有	有			有
辽宁	有	有	有	有	有	有
山东						有
江苏					有	
安徽		有	有		有	
浙江					有	
福建		有	有	有		有

---

① 本段数据来自马建胜:《电力市场化之直购电》,https://power.in-en.com/html/power-2242111.shtml。

② 该表由作者根据各年公开的"大用户直购电"试点政策整理所得。

续表

省（区、市）	2009	2010	2011	2012	2013	2014
山西					有	有
蒙西	有	有			有	有
蒙东						有
宁夏					有	有
新疆						有
陕西						有
甘肃		有			有	有
广东		有	有		有	有
广西						有
湖南					有	有
湖北					有	有
河南	有					有
江西					有	有
四川	有	有			有	有
贵州					有	有
重庆		有				

三、跨省跨区电能交易

电能的跨省跨区［跨省指跨省（区、市），跨区指跨大区］输送是我国电力系统运行的常态。我国能源资源与电力需求呈逆向分布，其中，用电负荷主要集中在东南地区，而煤炭、水能以及风能、太阳能等可再生能源主要分布在东北、西北和西南地区。因此，在以省（区、市）为单位实现电力供需平衡的行政基础上，由国家统筹规划，将电能从资源富集地区输送到电力负荷中心，能够提升资源的配置效率。一些国家级的能源战略措施，包括"西电东送"和"北电南送"的发展战略，以及三峡水电站和葛洲坝水电站等基础设施项目，都需要通过跨省跨区输送电能来实现。具体而言，跨省跨区的电力流分别由国家和大区两级调度中心控制，省（区、市）政府优先保证电能输入、输出计划的落实，再进行省（区、市）内的发电计划安排。

在"厂网分开"和市场化改革启动后，国家决定将市场机制引入跨省区输电安排。2005年，国家发展和改革委员会发布《关于促进跨地区电能交易的指导意见》（发改能源〔2005〕292号），提出开展跨地区电能交易，破除省（区、市）间壁垒，优化配置电能资源。其中，送电方可为发电厂或电网企业，而受电方仅限电网企业。2009年，国家电力监管委员会出台《跨省（区）电能交易监管办法（试行）》（电监市场〔2009〕51号），将电力用户纳入交易主体范畴，并明确了以自主协商为主、平台集中交易为辅的交易方式。2012年，国家电力监管委员会出台《跨省跨区电能交易基本规则（试行）》（办市场〔2012〕151号），进一步规范了跨省跨区电能交易行为，明确了在交易组织、交易方式、合同执行、交易价格等方面的具体要求。

总的来讲，跨省跨区电能交易与省（区、市）内的"大用户直购电"类似，两者都是以发电企业与电力用户自主协商签订中长期购售电合同为主。不同的是，跨省跨区电能交易需要省间的调度协作和利益协调，因此存在政府和电网公司的更多介入。另外，尽管交易政策实施多年，但跨省跨区输电的市场化程度并不是很高。如表2-2所示，2011年我国跨省跨区输送的电能中只有不到12%是由市场交易形成的，中央政府、地方政府以及各级电网公司的计划安排仍占主要部分。

表2-2　2011年跨省跨区输电情况[①]

类别		举例	电量（亿千瓦时）	占比（%）
计划安排	国家指令性分配电量或审核批准的交易	三峡、葛洲坝外送，阳城、锦界、府谷、蒙西外送，李家峡核价外送，华东、华中、东北公司直属跨省交易，伊穆直流	3588	57.49
	地方政府主导交易	南网西电东送	818.6	13.12
	电网企业计划形成的交易	特高压跨区交易，宁东送山东，国网送南网，华北区域跨省交易	1093	17.52
市场交易		东北跨区外送，西北与华中交易，华东、华中、东北区域省间交易，西北区域李家峡核价外的跨省交易，南网计划外交易	741.1	11.88

---

① 该表资料收集整理自中国电力企业联合会规划与统计信息部：《二〇一一年电力工业统计资料汇编》，2012年。

四、发电权交易

"发电权"是指发电企业在政府制订的生产计划内的发电指标。"发电权交易"即是发电企业间进行的计划性发电指标的交易。2007年,国务院发布《关于加快关停小火电机组若干意见的通知》(国发〔2007〕2号),明确"十一五"期间关停小火电的政策目标,并规定关停的机组在一定期限内可通过转让发电指标获得经济补偿。这里发电指标的转让,便是最初的发电权交易。2008年,国家电力监管委员会出台《发电权交易监管暂行办法》(电监市场〔2008〕15号),扩大了发电权交易的范畴,鼓励通过发电指标的交易实现由高效环保机组替代低效、高污染火电机组发电,或由水电、核电等清洁能源发电机组替代火电机组发电。与"大用户直购电"类似,发电权交易遵循平等自愿、效益共享的原则,并采取发电企业双方自主协商或者通过统一的平台集中撮合的交易方式。

总的来讲,发电权交易有效地保障了小机组的关停工作,但随着大部分关停机组的发电指标保留年限的到期,由该项工作带来的交易电量也明显减少。不过,现役火电机组之间的发电权交易提高了高效环保机组的利用率。例如,江苏省2012年新增"未安装脱硫设备机组不能参与替代发电""60万千瓦及以上并已具备脱硝装置的机组优先成交"等规定,上半年通过发电权交易使60万千瓦及以上机组平均利用小时数提高了299小时。然而,无论是高效机组对低效机组的替代,还是清洁能源对火电的替代,其交易意愿和空间都受电煤价格、煤电上网电价以及水电、风电标杆电价等多种因素的影响。

五、节能发电调度

"节能发电调度"是我国"十一五""十二五"期间实现能效提高和发电清洁化的重要政策之一。2007年,国务院发布《节能发电调度办法(试行)》(国办发〔2007〕53号),提出改革现行发电调度方式,以省(区、市)为单位开展节能发电调度试点,从而减少能源消耗和污染物排放。节能发电调度要求按照节能、经济的原则,优先调度可再生发电资源,同时按机组能耗和污染物排放水平由低到高依次调用化石类发电资源。各省(区、市)政府根据省(区、市)内机组投产和运行情况,按照表2-3给出的基本顺序制定"机组发电序位表"。其中,同类型火力发电机组按照能耗水平由低到高排序,若能耗水平相同,则按照污染物排放水平由低到高排序。机组运行能耗水平暂依照设备制造厂商提供的机组能耗参数排序,并逐步过渡到按照实测数排序。污染物排放水平以省级环保部门最新测定的数值为准。"机组发电序位表"制定后,交由省级电力调度机构结合负荷预测和机组实际发电能力编制日机组发电组合方案,并在实时调度中严格执行。

表2-3 节能发电调度各类机组基本序位[①]

优先级	机组类别
1	无调节能力的风能、太阳能、海洋能、水能等可再生能源发电机组
2	有调节能力的水能、生物质能、地热能等可再生能源发电机组和满足环保要求的垃圾发电机组
3	核能发电机组
4	按"以热定电"方式运行的燃煤热电联产机组,余热、余气、余压、煤矸石、洗中煤、煤层气等资源综合利用发电机组
5	天然气、煤气化发电机组
6	其他燃煤发电机组,包括未带热负荷的热电联产机组
7	燃油发电机组

"十一五"期间,江苏、河南、四川、贵州和广东五个省份率先进行节能发电调度试点。广西、云南和海南于"十二五"期间加入,至此,节能发电调度试点范围覆盖了整个南方电网区域。节能发电调度试点在节能减排方面取得了显著的成效。例如,江苏省通过节能发电调度提高了高效环保机组的年利用小时数,2013至2015年三年中100万千瓦机组分别高于30万千瓦机组934、1246、1626小时,60万千瓦机组分别高于30万千瓦机组710、998、932小时[②③④]。

总的来讲,节能发电调度打破了按行政计划平均分配发电指标的模式,按照节能、环保、经济的原则重新对机组进行排序,鼓励发电投资向可再生能源

---

① 国家发展和改革委员会、国家环境保护总局、国家电力监管委员会、国家能源领导小组办公室:《关于印发节能发电调度试点工作方案和实施细则(试行)的通知》,http://www.nea.gov.cn/2012-01/04/c_131262571.htm。

② 江苏能源监管办:《2013年度江苏节能发电调度成效显著》,http://jsb.nea.gov.cn/news/2015-6/2015618191837.htm。

③ 江苏能源监管办:《2014年江苏节能减排发电调度成效显著》,http://jsb.nea.gov.cn/news/2015-6/2015618192016.htm。

④ 江苏能源监管办:《2015年江苏节能发电调度和发电权交易成绩显著》,http://jsb.nea.gov.cn/news/2016-1/201611290432.htm。

和节能环保机组倾斜，促进发电结构调整和电力产业升级，减少能耗和污染高的发电企业进入市场，进而降低了电力生产对环境的污染。与经济调度不同，节能发电调度会提高行业的平均发电成本。这是因为容量小、年龄大、污染严重的燃煤机组往往运营成本较低，而大容量、节能环保的新燃煤机组有更高的折旧费用，风能、太阳能等新能源发电也有较高的度电成本。除此之外，节能发电调度也给发电领域带来了较大的利益调整。如何对损失发电量的企业进行补偿，兼顾环保、效率与公平，并与市场机制衔接，都是进一步推广节能发电调度需要解决的问题。

六、差别电量计划

为了提高能效和促进发电绿色化，与"节能发电调度"同时推出的还有"差别电量计划"政策。所谓"差别电量"，就是改变对各类机组平均分配发电小时数的做法，在安排年度发电量计划时增加大容量、高参数机组的发电小时数，减少能耗高、污染大的小机组的发电小时数，以此发挥高效、清洁的发电机组的优势。《关于加快关停小火电机组若干意见的通知》和《节能发电调度办法（试行）》要求，未开展节能发电调度试点的省（区、市）要实行差别电量计划。2015年，国家发展和改革委员会出台《关于改善电力运行调节促进清洁能源多发满发的指导意见》（发改运行〔2015〕518号），要求在编制年度发电计划时，优先预留水电、风电、太阳能发电等清洁能源机组发电空间，同时煤电机组进一步加大差别电量计划力度，确保高效节能环保机组的利用小时数明显高于其他煤电机组。"十一五"期间及之后，许多省（区、市）实行了差别电量计划。例如，福建省2016年差别电量发电调控计划要求，100万千瓦级机组高于60万千瓦级超超临界机组50小时，60万千瓦级超超临界机组高于60万千瓦级超临界机组100小时，60万千瓦级超临界机组高于30万千瓦级机组150小时。

第四节 市场化背景下发电领域的制度环境

本节从"双轨制"改革、政企关系和央地关系三个方面分析市场化背景下我国发电领域的制度环境。

首先讲"双轨制"。计划与市场双轨运行是我国经济体制改革的基本特征，是渐进式、微增式改革策略的体现，是我国能够从中央计划经济稳健过渡到社会主义市场经济的制度基础。著名的中国研究学者 Naughton（1992）提出，中国经济转型过程的最大特点，是既保留了计划经济的成分，又鼓励市场经济在边缘逐渐成长壮大，并在满足经济增量的同时逐渐取代政府计划。农村的包产到户，乡镇企业和城市个体工商业的发展，以及经济特区的建立，都是在维持既有经济制度稳定的前提下进行的突破式的市场化实践。"双轨制"在我国许多产业的市场化改革中都有体现，包括"厂网分开"之后的电力行业。与之前一些国家采用的"休克疗法"相比，基于"双轨制"的渐进式改革能最大限度地减小对既得利益的冲击，进而保证经济变革的平稳推进（Lau 等，2000）。

其次讲政企关系。在中国，国有企业的改革和发展是政企关系的一个重要维度。20 世纪 80 年代，民营企业的快速发展给国有企业带来了很大的竞争压力，于是中央决定通过政企分开、私有化、兼并重组等方式改革国有企业。其中，电力企业由政府直接控制的生产单元转变为自主运营管理的独立企业。但由于电力是支柱型产业，国家对电力企业保留了较高的国有化程度。因此，政府与改革后的国有电力企业之间的关系，是一种介于行政体系上下级与市场经济中监管者与被监管者之间的微妙关系（Naughton，1992）。这种关系既保证了政府对电力生产计划的控制，又允许电力企业通过正规或非正规途径游说政府以争取优惠待遇（Pearson，2015）。例如，"厂网分开"后的发电企业会动用政治关系来争取更多的发电量指标。

最后讲央地关系。我国在经济领域的治理方式介于中央集权与地方分权之间。中央集权体现为中央政府制定总体目标和政策纲领，地方分权体现为地方政府在政策实施和日常的社会管理上高度自治。许成钢、钱颖一等知名制度经济学家曾通过理论和实证说明集权与分权相结合是我国经济发展和市场化改革的制度基础。在电力行业，中央政府负责制定基本法律（如《中华人民共和国电力法》《中华人民共和国可再生能源法》）和改革方案（如《电力体制改革方案》），地方政府负责实施改革（如节能发电调度和各类交易机制）和保障供电安全。同时，中央政府会通过对国有企业和国有资本的操控来调整行业秩序（如缓解"煤电矛盾"）、完成政策目标（如节能减排和发展可再生能源）和应对危机（如缺电或产能过剩）。这在一定程度上使中央电力企业工具化，让他们能够加入中央和地方之间的博弈并对政策的制定施加影响。

第五节 市场化改革对我国燃煤发电厂调度运行的影响

从前两节的论述可知,"厂网分开"后我国发电企业之间存在"双轨制"竞争。一方面,由政府制订发电计划,同样容量、类型的发电机组获得的电量指标基本相同(即"基数电量")。另一方面,发电企业可以利用市场交易机制,在政府计划分配之外获得额外发电量(即"市场电量")。同时,受节能减排等产业政策以及电力行业政企关系的影响,发电厂的发电量指标也受其单机容量、能耗、排放、规模以及政治影响力等因素影响。本节利用国家能源局提供的2009—2014年(2011年数据缺失)我国统调口径燃煤发电厂的发电运行数据,对市场化改革的影响进行量化分析。

一、数据统计描述

本节以统调燃煤发电厂为基本研究单元。统调发电厂是指受省级及以上电网调度机构直接调度的发电厂。省级及以上电网调度机构包括国家电网公司及其所属的区域和省级电网公司、南方电网公司及其所属的省级电网公司、内蒙古电力集团公司和陕西地方电力集团公司。剔除工业自备发电厂后,样本中共有2069个观测值。本节分析使用的主要变量包括发电厂的年利用小时数、上网电量、装机容量、机组台数、总资产、总雇员数、累计折旧、毛利润、供电标准煤耗和脱硫发电量比例。这些变量的统计描述见表2-4。此外,数据还包括发电厂的所在省(区、市)、调度权属以及最大股东的所属集团。

表2-4 主要变量统计描述[①]

变量名称	平均值	标准差	最小值	最大值
年利用小时数(小时)	4948.71	1159.08	229.25	8684.46
上网电量(吉瓦时)	4457.24	8588.19	6.40	314240.70
装机容量(兆瓦)	898.94	724.03	15.00	6084.33
机组台数(台)	2.87	2.43	1.00	78.00
总资产(万元)	317831.40	262652.00	4982.00	2463640.00

---

① 该表根据国家能源局提供的2009—2014年(2011年数据缺失)我国统调口径燃煤电厂的发电运行数据计算分析得到。

续表

变量名称	平均值	标准差	最小值	最大值
总雇员数（人）	665.15	610.81	10.78	9939.00
累计折旧（万元）	60334.79	112230.10	0	1029753.00
毛利润（万元）	10815.37	30603.66	−44948.00	312513.00
供电标准煤耗（克/千瓦时）	334.41	35.83	224.49	734.51
脱硫发电量比例（％）	0.91	0.28	0	1.00
样本量	2069			

二、燃煤发电厂年利用小时数与上网电量情况

（一）总体情况

如图 2-3 所示，研究时段内燃煤发电厂平均年利用小时数在 4700~5200 小时区间内波动，其中 2013 年小时数最高，说明这一年电力供需偏紧。燃煤发电厂平均年上网电量在 3750~5250 吉瓦时区间内波动，总体呈现先升后降趋势，其中 2013 年电量值最高。如图 2-4 所示，以 2013 年为例，样本燃煤发电厂年利用小时数总体呈正态分布，超过 95％的样本位于 3000~7000 小时之间。如图 2-5 所示，以 2013 年为例，样本燃煤发电厂年上网电量在取对数后总体呈正态分布。

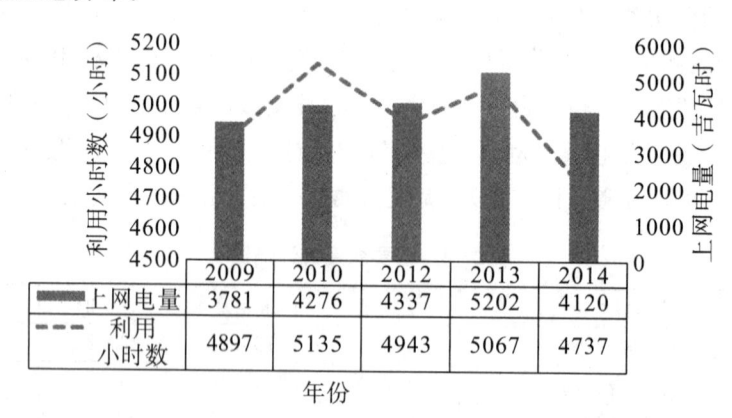

年份	2009	2010	2012	2013	2014
上网电量	3781	4276	4337	5202	4120
利用小时数	4897	5135	4943	5067	4737

图 2-3　样本燃煤发电厂平均年利用小时数与上网电量[①]

---

① 该图根据国家能源局提供的 2009—2014 年（2011 年数据缺失）我国统调口径燃煤发电厂的发电运行数据计算分析得到。

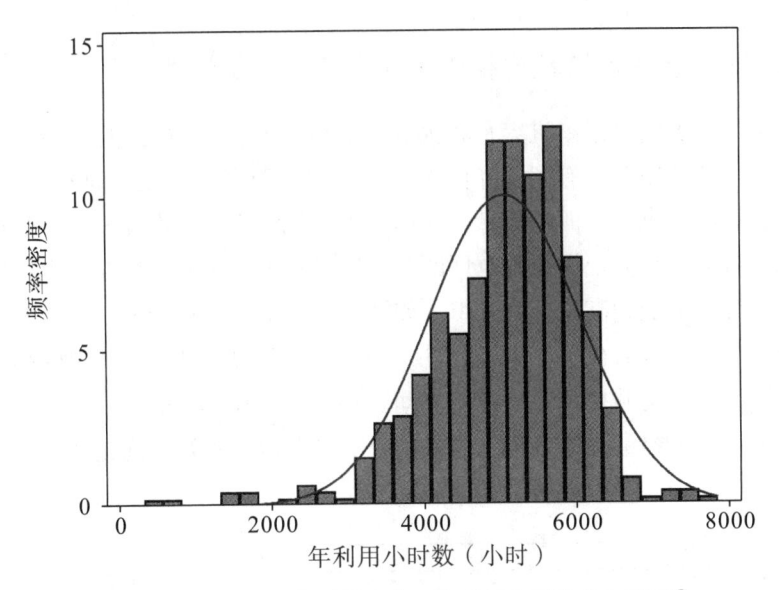

图 2-4　2013 年样本燃煤发电厂年利用小时数分布情况[1]

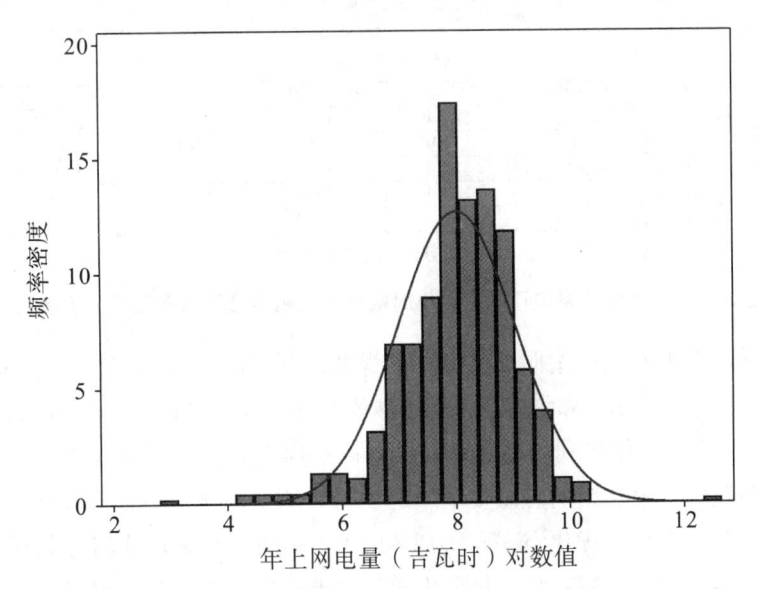

图 2-5　2013 年样本燃煤发电厂年上网电量（对数值）分布情况[2]

---

[1]　该图根据国家能源局提供的 2013 年我国统调口径燃煤发电厂的发电运行数据计算分析得到。
[2]　该图根据国家能源局提供的 2013 年我国统调口径燃煤发电厂的发电运行数据计算分析得到。

（二）按平均机组容量与供电标准煤耗分组情况

理论上，煤电机组单机容量越大煤耗越低。在发电调度中，提高大容量、高参数机组的利用率，有利于降低煤电整体的能源消耗，提高煤炭利用效率。由于数据中没有机组层面的信息，我们用平均机组容量（燃煤发电厂装机容量除以机组台数）来体现燃煤发电厂的机组容量水平。将样本燃煤发电厂按照其平均机组容量由低到高均分为五组。如图2-6所示，2009和2010年两年里存在明显的利用小时数与平均机组容量"倒挂"的现象，其中第三组的小时数明显高于第四组，说明存在很大优化空间。2012、2013和2014年三年里利用小时数与平均机组容量总体上呈正相关，说明发电运行开始向优先调度大容量机组转变。

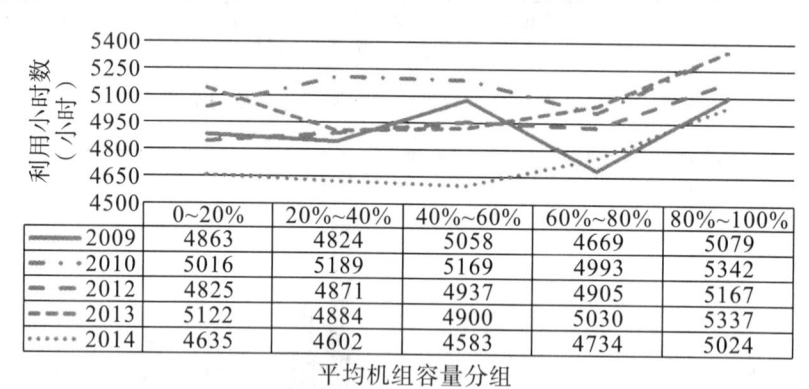

	0~20%	20%~40%	40%~60%	60%~80%	80%~100%
2009	4863	4824	5058	4669	5079
2010	5016	5189	5169	4993	5342
2012	4825	4871	4937	4905	5167
2013	5122	4884	4900	5030	5337
2014	4635	4602	4583	4734	5024

图2-6　样本燃煤发电厂年利用小时数按平均机组容量由低到高分组情况[①]

将样本燃煤发电厂按照其供电标准煤耗由低到高均分为五组，进一步考察燃煤发电厂的年利用小时数与供电标准煤耗的关系。如图2-7所示，2009、2010和2012年三年里利用小时数与供电标准煤耗总体上明显正相关，其中供电标准煤耗居于第二组的燃煤发电厂的小时数明显高于供电标准煤耗最低的第一组，说明存在很大优化空间。2013和2014年两年里利用小时数随供电标准煤耗的升高大致呈递减趋势，说明发电运行开始向优先调度煤耗低、能效高的机组转变。

---

① 该图根据国家能源局提供的2009—2014年（2011年数据缺失）我国统调口径燃煤发电厂的发电运行数据计算分析得到。

供电标准煤耗分组	0~20%	20%~40%	40%~60%	60%~80%	80%~100%
2009	3705	5167	4959	5101	4960
2010	4507	5222	5226	5345	5091
2012	4787	5118	4876	5059	4930
2013	5266	5216	4954	4987	4757
2014	5026	4968	4501	4361	4421

图 2-7 样本燃煤发电厂年利用小时数按供电标准煤耗由低到高分组情况[①]

(三) 按发电厂规模分组情况

我们认为,燃煤发电厂规模越大、对就业和税收的贡献越大,就越受省政府重视,也越容易获得更多的发电指标。我们用发电厂的总资产来度量其规模。将样本燃煤发电厂按照其总资产由低到高均分为五组。如图 2-8 所示,2009 和 2010 年两年里样本燃煤发电厂的利用小时数与总资产无明显相关性,而 2012 至 2014 年三年里样本燃煤发电厂的利用小时数与总资产总体正相关,说明燃煤发电厂的生产规模逐渐成为影响其利用小时数的因素。

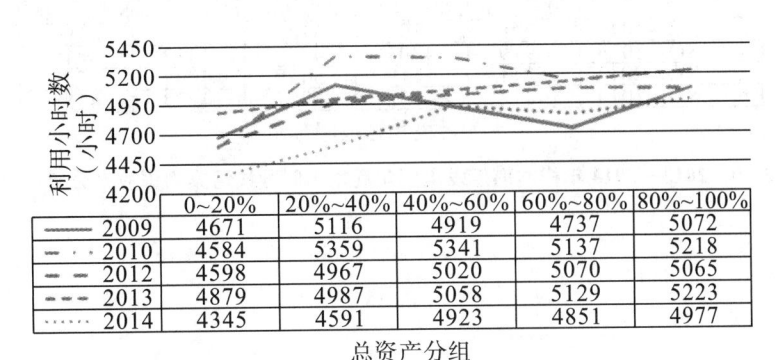

总资产分组	0~20%	20%~40%	40%~60%	60%~80%	80%~100%
2009	4671	5116	4919	4737	5072
2010	4584	5359	5341	5137	5218
2012	4598	4967	5020	5070	5065
2013	4879	4987	5058	5129	5223
2014	4345	4591	4923	4851	4977

图 2-8 样本燃煤发电厂年利用小时数按总资产由低到高分组情况[②]

[①] 该图根据国家能源局提供的 2009—2014 年 (2011 年数据缺失) 我国统调口径燃煤发电厂的发电运行数据计算分析得到。

[②] 该图根据国家能源局提供的 2009—2014 年 (2011 年数据缺失) 我国统调口径燃煤发电厂的发电运行数据计算分析得到。

(四)按主要污染物排放绩效分组情况

除表 2-4 包含的主要变量外,2013 和 2014 年两年的数据中还包含燃煤发电厂的二氧化硫和氮氧化物排放绩效。基于此,我们探究样本燃煤发电厂的年利用小时数与污染物排放绩效的关系。将样本燃煤发电厂按照其二氧化硫和氮氧化物排放率由低到高均分为五组。如图 2-9 所示,样本燃煤发电厂年利用小时数与其二氧化硫和氮氧化物的排放率总体呈负相关的关系,说明发电运行开始优先调度低排放的机组。其中,位于氮氧化物排放率第三组的燃煤发电厂 2013 年的利用小时数明显高于排放率较低的第一组和第二组,说明仍存在优化空间。如图 2-10 所示,样本燃煤发电厂年上网电量与其二氧化硫和氮氧化物的排放率明显负相关,说明发电量分配开始向低排放的机组倾斜。其中,位于氮氧化物排放率第三组的燃煤发电厂 2013 年的上网电量高于排放率较低的第二组,说明仍存在优化空间。

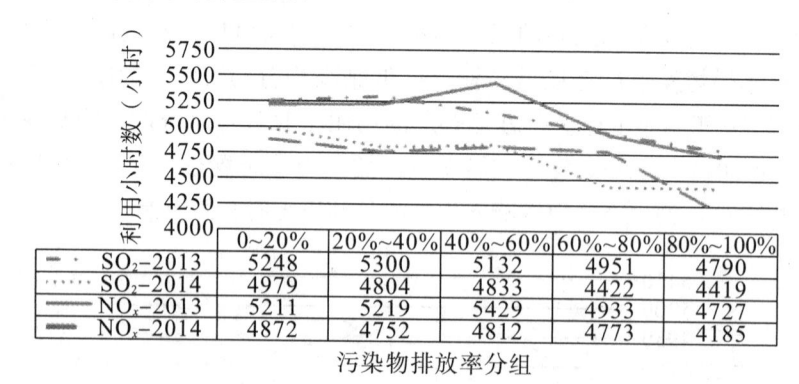

污染物排放率分组	0~20%	20%~40%	40%~60%	60%~80%	80%~100%
SO_2-2013	5248	5300	5132	4951	4790
SO_2-2014	4979	4804	4833	4422	4419
NO_x-2013	5211	5219	5429	4933	4727
NO_x-2014	4872	4752	4812	4773	4185

图 2-9 2013—2014 年样本燃煤发电厂年利用小时数按污染物排放率分组情况[①]

---

① 该图根据国家能源局提供的 2013—2014 年我国统调口径燃煤发电厂的发电运行数据计算分析得到。

	0~20%	20%~40%	40%~60%	60%~80%	80%~100%
SO₂-2013	6233	6077	3809	3924	2818
SO₂-2014	5288	4780	4172	2896	1860
NOₓ-2013	10176	4987	6314	4140	2479
NOₓ-2014	5098	4608	3747	3169	1428

污染物排放率分组

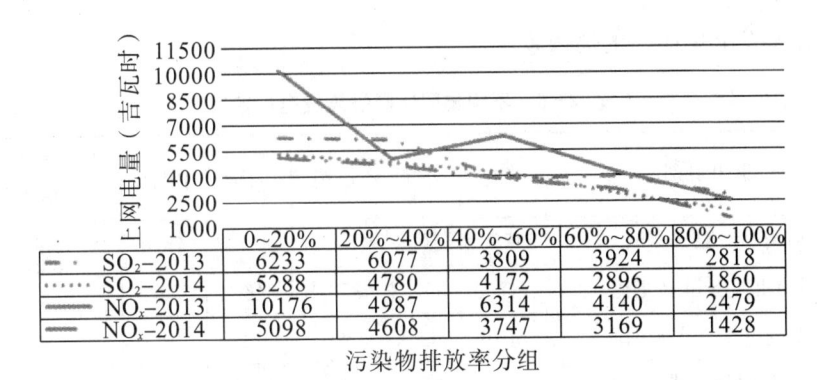

图 2-10 2013—2014 年样本燃煤发电厂年上网电量按污染物排放分组情况[①]

（五）按发电集团和调度权属分组情况

除技术特性和经济规模外，发电厂的政治影响力也是决定其发电指标的因素之一。由于大多数燃煤发电厂为国有独资或国有控股，我们认为隶属于不同国有发电集团的发电厂有不同的运行特性。如表 2-5 所示，我们将样本燃煤发电厂按照其最大股东的所属集团分为六组，分别是华电、华能、国电、大唐、中电投和其他（即非"五大发电集团"下属的发电厂），以考察各组燃煤发电厂在利用小时数、平均机组容量、上网电量、供电标准煤耗、总资产、二氧化硫排放率和氮氧化物排放率方面的差别。

从利用小时数来看，华能和国电的燃煤发电厂获得的小时数最多，华电的燃煤发电厂获得的小时数最少。从上网电量来看，华能的燃煤发电厂的年上网电量明显高于其他组，这得益于该集团燃煤发电厂较高的利用小时数和较大的平均机组容量，而中电投的燃煤发电厂的上网电量最低，这主要是因为该集团的燃煤发电厂在利用小时数和平均机组容量方面都不占优势。从供电标准煤耗来看，华能的燃煤发电厂的供电标准煤耗最低，同时"五大发电集团"燃煤发电厂的供电标准煤耗均低于非"五大发电集团"的燃煤发电厂，说明前者在煤炭使用效率上具有一定优势。从总资产来看，华能的燃煤发电厂的平均总资产最高，国电的最低。从污染物排放率来看，华能和国电的燃煤发电厂的二氧化硫排放率最低，其次是非"五大发电集团"的燃煤发电厂；而华能的燃煤发电厂的氮氧化物排放率最低，氮氧化物排放率排在倒数第二的是非"五大发电集团"的燃煤发电厂。华电、大唐和中电投的燃煤发电厂的污染物排放率均高于

---

① 该图根据国家能源局提供的 2013—2014 年我国统调口径燃煤发电厂的发电运行数据计算分析得到。

非"五大发电集团"的燃煤发电厂。

表 2-5 不同集团所属燃煤发电厂情况[①]

集团组别	华电	华能	国电	大唐	中电投	非"五大发电集团"
利用小时数（小时）	4786	5096	5029	4954	4878	4973
平均机组容量（兆瓦）	317.8	357.7	359.8	346.4	333.1	298.5
上网电量（吉瓦时）	4016	6222	3901	4622	3651	4181
供电标准煤耗（克/千瓦时）	328.4	324.4	329.2	327.7	337.7	341.8
总资产（亿元）	29.11	42.36	27.34	31.16	27.54	30.23
二氧化硫排放率（克/千瓦时）	0.9127	0.4988	0.4918	0.6852	0.8650	0.6099
氮氧化物排放率（克/千瓦时）	1.328	1.086	1.155	1.197	1.449	1.1297

另外，调度权属不同的发电厂的发电安排方式不同。省级电网直调的发电厂参与省级政府安排的"三公调度"，其主要服务对象是省内的用电负荷。大区电网直调的发电厂参与区内跨省输电调度，国家电网直调的发电厂参与跨区输电调度，虽然这两类发电厂偶尔也参与省内发用电平衡，但是它们的主要职责是为省外用电负荷供电。因此，国调、网调发电厂与省调发电厂在发电量指标的构成和安排方式上存在差别。如表 2-6 所示，我们将样本燃煤发电厂按照其调度权属分为八组。其中，国调燃煤发电厂占 1.3%，网调燃煤发电厂占 7.3%，其余是省调燃煤发电厂。从利用小时数来看，国网、南网、华北、华东直调的燃煤发电厂的小时数高于省调燃煤发电厂，东北和西北直调的燃煤发电厂的小时数低于省调燃煤发电厂。从上网电量来看，华中直调燃煤发电厂的平均上网电量最高，华东的最低，其余非省调燃煤发电厂的平均上网电网电量均高于省调燃煤发电厂。

表 2-6 不同调度权属燃煤发电厂情况[②]

调度权属	国网	南网	华北	东北	西北	华东	华中	省网
样本数量（个）	27	33	53	23	23	10	9	1891

---

① 该表根据国家能源局提供的 2009—2014 年（2011 年数据缺失）我国统调口径燃煤发电厂的发电运行数据计算分析得到。

② 该表根据国家能源局提供的 2009—2014 年（2011 年数据缺失）我国统调口径燃煤发电厂的发电运行数据计算分析得到。

续表

调度权属	国网	南网	华北	东北	西北	华东	华中	省网
利用小时数（小时）	5238	5149	5600	4499	4739	5531	4584	4944
上网电量（吉瓦时）	6967	7280	4867	6181	5036	2990	10800	4204

（六）多变量递归分析

基于前几节的描述，我们进一步对燃煤发电厂的年利用小时数和上网电量进行回归分析，模型见式子（2—1）：

$$\text{利用小时数对数值}_i（\text{或上网电量对数值}_i）\\ = \beta_0 + \beta_1 \times \text{平均机组容量对数值}_i（\text{或}\beta_1\text{供电标准煤耗}_i）\\ + \beta_2 \times \text{总资产对数值}_i + \beta_3 \times \text{总雇员数对数值}_i \\ + \beta_4 \times \text{二氧化硫排放率}_i + \beta_5 \times \text{中央发电集团所属}_i \\ + \beta_6 \times \text{调度权属}_i + \beta_7 \times \text{省（区、市）}_i + \varepsilon_i \quad (2-1)$$

式（2—1）的下标 i 表示燃煤发电厂，我们分别用 2013 和 2014 年的数据来进行分析。中央发电集团所属为虚拟变量，取 1 表示电厂隶属于中央发电集团，否则取 0。调度权属为虚拟变量，取 1 表示属于国调或网调发电厂，否则取 0。其变量的单位见表 2—4。基于最小二乘法估计式（2—1）的结果见表 2—7 和 2—8。可以看出，两年数据的分析结果高度一致。第一，燃煤发电厂的年利用小时数和上网电量与其供电标准煤耗和二氧化硫排放率负相关且部分显著，反映出节能减排政策的效果。第二，中央发电集团下属燃煤发电厂的利用小时数和上网电量显著高于其他燃煤发电厂，说明政治影响力有助于燃煤发电厂获得发电指标。第三，燃煤发电厂的年利用小时数和上网电量与其总资产显著正相关，说明燃煤发电厂规模对燃煤发电厂获得发电指标有积极作用。第四，燃煤发电厂的平均机组容量与其年利用小时数显著负相关但与其上网电量显著正相关，说明燃煤发电厂的利用率与其平均机组容量存在"倒挂"现象。第五，燃煤发电厂总雇员数与其年利用小时数负相关（部分显著）但与其上网电量显著正相关，这可能是因为总雇员数并不影响燃煤发电厂的发电指标。

表2-7 2013年样本燃煤发电厂年利用小时数和上网电量的递归结果①

变量	利用小时数对数值 (1)	利用小时数对数值 (2)	上网电量对数值 (1)	上网电量对数值 (2)
平均机组容量对数值	-0.071***		0.466***	
供电标准煤耗		-0.000		-0.002**
总资产对数值	0.098***	0.042**	0.604***	0.878***
总雇员数对数值	-0.020***	-0.018***	0.151***	0.138***
二氧化硫排放率	-0.014*	-0.004	-0.013	-0.090***
中央发电集团所属	0.031*	0.006	0.122**	0.216**
常数	7.783***	8.174***	-3.297***	-3.249***
调度权属	Yes	Yes	Yes	Yes
省（区、市）	Yes	Yes	Yes	Yes
样本量	363	363	363	363
拟合优度（R^2）	0.346	0.337	0.872	0.849

注：*、**、***分别表示回归系数在10%、5%、1%的水平上显著，回归系数的稳健标准误聚类到电厂调度类型层面。

表2-8 2014年样本燃煤发电厂年利用小时数和上网电量的递归结果②

变量	利用小时数对数值 (1)	利用小时数对数值 (2)	上网电量对数值 (1)	上网电量对数值 (2)
平均机组容量对数值	-0.134***		0.330***	
供电标准煤耗		-0.001		-0.006***
总资产对数值	0.156***	0.053*	0.664***	0.770***
总雇员数对数值	-0.019	-0.015	0.199**	0.196***
二氧化硫排放率	-0.092***	-0.035*	-0.236***	-0.383***
中央发电集团所属	0.078**	0.032*	0.132**	0.117*
常数	7.453***	8.209***	-3.128***	-0.611
调度权属	Yes	Yes	Yes	Yes
省（区、市）	Yes	Yes	Yes	Yes

① 该表根据国家能源局提供的2013年我国统调口径燃煤发电厂的发电运行数据计算分析得到。
② 该表根据国家能源局提供的2014年我国统调口径燃煤发电厂的发电运行数据计算分析得到。

续表

变量	利用小时数对数值		上网电量对数值	
	(1)	(2)	(1)	(2)
样本量	224	224	224	224
拟合优度（R^2）	0.500	0.477	0.855	0.853

注：*、**、***分别表示回归系数在10%、5%、1%的水平上显著，回归系数的稳健标准误聚类到电厂调度类型层面。

三、"大用户直购电"政策的效果评估

根据本章第二节的描述可知，"大用户直购电"政策的实施提供了一个准试验的条件。因此，我们使用2009—2014年的面板数据和带双向固定效应的双重差分模型来估算"大用户直购电"政策对燃煤发电厂的利用小时数和毛利率的影响，模型见式（2-2）。根据"大用户直购电"政策的准入条件，我们选取平均机组容量大于或等于30万千瓦的燃煤发电厂为实验组，总容量小于30万千瓦的燃煤发电厂为对照组。政策变量对应表2-1中各省（区、市）"大用户直购电"的试点情况。毛利率为燃煤发电厂的毛利润与总营业额的比率。除政策变量之外，我们控制了燃煤发电厂的资产折旧率、平均机组容量（或供电标准煤耗）、总资产、总雇员数、所属发电集团（是否为中央发电集团所属）和脱硫发电量比例。我们还控制了年份、燃煤发电厂的调度权属和省（区、市）的固定效应。

$$利用小时数对数值_{it}（或毛利率对数值_{it}）$$
$$= \beta_0 + \beta_1 \times 实验组_i + \beta_2 \times 年份_t + \beta_3 \times 大用户直购电政策_{it}$$
$$+ \beta_4 \times 资产折旧率_{it} + \beta_5 \times 平均机组容量对数值_{it}（或供电标准煤耗_{it}）$$
$$+ \beta_6 \times 总资产对数值_{it} + \beta_7 \times 总雇员数_{it} + \beta_8 \times 中央发电集团所属_{it}$$
$$+ \beta_9 \times 脱硫发电量比例_{it} + \beta_{10} \times 调度权属_i + \beta_{11} \times 省（区、市）_i + \varepsilon_{it}$$

(2-2)

表2-9是式（2-2）的回归结果。可以看出，"大用户直购电"政策显著提高了平均机组容量在30万千瓦及以上的燃煤发电厂的年利用小时数和毛利率。定量地讲，以没有条件参与"大用户直购电"的燃煤发电厂为参照，能够参与该交易的燃煤发电厂由于政策的实施年利用小时数和毛利率分别提高了6.1%和2.4%。需要强调的是，这里估算的是均摊在所有能够参与直购电交易的燃煤发电厂上的政策效果。若能够精确到实际参与交易的燃煤发电厂，估

算的政策效果将会更大且更显著。

表 2—9 "大用户直购电"政策效果[①]

变量	利用小时数对数值 (1)	利用小时数对数值 (2)	毛利率对数值 (1)	毛利率对数值 (2)
"大用户直购电"政策	0.061***	0.060***	0.024*	0.024*
实验组（平均机组容量≥30万千瓦）	−0.076	−0.086*	0.024	0.037
平均机组容量对数值	−0.037		0.024	
供电标准煤耗		0.001**		−0.000**
总资产对数值	0.100***	0.096***	0.027	0.031*
总雇员数对数值	0.045**	0.042**	−0.009	−0.008
脱硫发电量比例	0.211***	0.190***	−0.031*	−0.022
累计折旧率	−0.008	−0.018	−0.006	−0.000
中央发电集团所属	0.007	0.014	−0.014	−0.016
常数	7.286***	6.861***	−0.278*	−0.067
调度类型	Yes	Yes	Yes	Yes
省份	Yes	Yes	Yes	Yes
年份	Yes	Yes	Yes	Yes
样本量	1632	1632	1632	1632

注：*、**、*** 分别表示回归系数在10%、5%、1%的水平上显著，所有回归系数的标准误均为稳健标准误。

第六节 主要结论

本章全面梳理了我国发电领域"厂网分开"后的市场改革。"厂网分开"后，我国的发电计划和调度方式遵循"三公调度"的基本原则，同时引入"电力用户和发电企业直接交易""跨省跨区电能交易"和"发电权交易"等机制，扩大了市场配置资源的作用，又通过"节能发电调度"和"差别电量计划"政策，提升了高效、清洁电源的利用率。所以，我国发电领域的市场化改革，对

---

① 该表根据国家能源局提供的 2009—2014 年（2011 年数据缺失）我国统调口径燃煤发电厂的发电运行数据计算分析得到。

传统计划经济制度下的年度发电计划和发电调度规则进行变革，形成了电力行业的渐进式改革。

基于上述市场化改革背景，一方面，"厂网分开"后，我国发电企业在政府制订发电计划与市场交易机制并存的"双轨制"下竞争，且在政企关系介于行政体系上下级与市场经济中监管者和被监管者的制度环境下运行；另一方面，我国又发布了节能减排等产业政策，提升了高效、清洁电源的利用率。所以理论上讲，发电厂的发电量指标不仅会受到市场化改革措施及其政治影响力的影响，同时还会受到单机容量、发电厂规模、排放、能耗等因素的影响。鉴于此，本章利用国家能源局提供的2009—2014年我国统调口径燃煤发电厂的发电运行数据（2011年数据缺）对市场化改革的影响进行量化分析，主要结论如下：

（1）燃煤发电厂的年利用小时数和上网电量与其供电标准煤耗和二氧化硫排放率负相关且部分显著，反映出节能减排政策有积极效果。中央发电集团下属燃煤发电厂的利用小时数和上网电量显著高于其他燃煤发电厂，说明政治影响力确实有助于燃煤发电厂获得更多发电指标。燃煤发电厂的年利用小时数和上网电量与其总资产显著正相关，说明燃煤发电厂规模对燃煤发电厂获得发电指标有积极作用。燃煤发电厂的平均机组容量与其年利用小时数显著负相关但与其上网电量显著正相关，说明燃煤发电厂的利用率与其平均机组容量存在"倒挂"现象。

（2）华能和国电的燃煤发电厂获得的小时数最多，华电的燃煤发电厂获得的小时数最少；华能的燃煤发电厂的年上网电量明显高于其他集团，中电投的燃煤发电厂的上网电量最低。国网、南网、华北、华东直调的燃煤发电厂的小时数高于省调燃煤发电厂，东北和西北直调的燃煤发电厂的小时数低于省调燃煤发电厂；华中直调燃煤发电厂的平均上网电量最高，华东的最低。

（3）我们使用双重差分模型估算了"大用户直购电"政策对燃煤发电厂的利用小时数和毛利率的影响，结果发现：以没有条件参与"大用户直购电"的燃煤发电厂为参照，能够参与"大用户直购电"交易的电厂由于政策的实施，年利用小时数和毛利率分别提高了6.1%和2.4%。这说明"大用户直购电"交易政策有利于提高燃煤发电厂的资源利用率和盈利空间，所以，建议国家进一步推进"大用户直购电"，完善我国电力市场交易的建设。

第三章　碳排放权交易对火电厂碳减排的影响评估

第一节　引言

电力行业是我国最主要的温室气体排放部门，据统计，2019 年我国电力、热力的生产行业产生的二氧化碳占全国二氧化碳排放总量的比例就高达 53.11%。推动电力行业减排是国家控制温室气体排放工作中十分重要的一环。随着我国电力行业节能减排工作的深入持续开展，火电机组通过广泛实施能量梯级利用改造、汽轮机通流部分改造、烟气余热深度利用改造、优化辅机改造、现有机组供热改造、机组运行方式优化等方式，改善了机组的性能和工作状况，取得了明显的节能减排效果。同时，基于命令－控制型的政策工具挖掘电力行业节能减排潜力的措施也取得了显著的成效。根据《"十四五"节能减排综合工作方案》，完善经济政策和节能减排市场化机制，是激励发电行业进一步推进节能减排工作的重要一环。

2016 年，国家发展和改革委员会印发《关于切实做好全国碳排放权交易市场启动重点工作的通知》（发改办气候〔2016〕57 号）。2017 年 12 月 19 日，国家发展和改革委员会印发《全国碳排放权交易市场建设方案（发电行业）》，标志着全国碳排放权交易体系正式启动。此前碳排放权交易已经在七个试点地区展开，并由各省（区、市）试点升级为行业推进。根据《关于切实做好全国碳排放权交易市场启动重点工作的通知》（发改办气候〔2016〕57 号）的要求，全国碳市场将首批覆盖电力行业，将 2013 至 2015 年任意一年综合能源消费总量达 1 万吨标准煤以上（含）的企业法人单位或独立核算企业单位纳入全国碳排放权交易体系。通过估算，装机容量 6000 千瓦及以上独立法人火电厂将被纳入碳排放权交易。而根据电力企业年综合能源消费统计，全国几乎所有火电厂都应该被纳入碳排放权交易。

碳排放权交易对未来电力行业的发展、电源结构调整等都将起到十分重要的作用。此前有关电力行业碳减排政策的分析多集中在行业层面,基于自顶向下的方法研究不同碳减排政策工具实施后对行业产出、增加值、电源结构演化等结果变量的影响。相对来说,现有研究缺乏对发电厂微观层面的交易效果的实证分析。从发电煤耗上看,我国现有的发电厂存在较大的异质性,不同地区、不同发电厂之间的发电煤耗差异较大;从隶属类型上看,除了五大发电集团下属发电厂外,还有一系列的小型发电厂以及地方发电厂。碳排放权交易能否在电力行业有效实施,在很大程度上取决于微观发电厂层面的响应和参与情况。

为了分析碳排放权交易对我国电力行业的影响,本章基于局部均衡分析框架,通过构建微观发电厂层面参与碳排放权交易的均衡分析模型,采用国内478家火电厂的数据对电力行业开展碳排放权交易的影响及减排效果进行实证评估。本章研究可以为碳市场政策设计的改进提供决策支撑,从而更好地推进国内碳市场建设工作的开展。

第二节 文献综述

自欧洲碳排放权交易市场(EU-ETS)顺利开展以来,国际上对于碳排放权交易都有着极大的关注。有许多学者将碳市场与传统控制碳排放的经济学手段碳税进行对比。如 Lee 等(2008)分析了碳税与碳排放权交易对不同行业的影响,结果发现只采用碳税对碳减排的影响效果较为有限,并提出了更为可行的配额分配方法。

为了使碳排放权交易在国内能够顺利地开展,学者对于其减排效果以及经济效益进行了大量探究。我国首先以七省市为试点开启碳市场,大部分研究也因此基于目前碳市场试点的特点以省为研究单位进行核算。Zhou 等(2013)通过建立一个省际的碳市场,并采用非线性规划模型,计算了碳市场对各省份减排成本的影响,得出的结论是:省际碳市场可总体减少 40% 左右的成本。Wang 等(2015)以广东省为例,研究了碳市场的建立对 4 个不同能源密集型部门的影响,并设立了 4 种不同的情景来计算碳价以及碳减排成本的变化。Liu 等(2017)采用省际一般均衡模型,并以湖北省为例,探究了碳市场的建立对经济和环境状况的影响。Gong 等(2013)基于目前西方国家的碳排放权交易经验,探讨了企业以成本最小化为目的时,在参与碳市场情况下的碳排放与配额交易策略。其他许多文献也从宏观的国家或省份角度做了不同的研究。

衡量自主减排情景之下的碳减排成本是衡量碳市场效率的关键一环。许多学者进行了有关边际碳减排成本的核算，目前主流的研究方法分为三大类：自顶向下的研究方法、自底向上的研究方法以及混合方法。自顶向下的方法基于地区电力行业的宏观经济数据估计碳减排成本以及碳减排潜力。常用的评估方法是数据包络分析法（DEA）。Hampf 等（2015）使用 DEA 方法估计了美国电力行业的碳减排潜力，发现美国电力行业最多可以减少约 264 亿吨的二氧化碳排放。自底向上的方法主要是基于电力行业的节能技术对碳减排成本与碳减排潜力进行分析，主要评估技术的经济可行性。Chen 等（2017）为燃煤发电厂提供了碳减排技术列表，并基于可采用的碳减排技术对目前燃煤发电厂的碳减排潜力以及所需成本进行了估计。Zhu 等（2012）采用非线性优化模型，比较了中国以及印度的碳强度减排目标政策与美国的绝对量减排目标政策的减排效果，估算并比较了三个国家实现碳减排目标所需的总成本。

此外，许多学者从不同能源密集型产业的角度探究了碳市场带来的影响。如在电力行业，Wang 等（2017）估计了碳市场的建立相较于直接的行政管制所能带来的火电行业效率提升的程度；Li 等（2013）研究了发电厂在同时面临碳市场与电力市场、燃料市场等多种市场的影响下，碳市场对发电厂决策的影响。在钢铁行业，Zhu 等（2017）运用局部均衡理论模型量化了碳市场对钢铁行业碳减排成本的影响。此外，其他行业，如水泥、交通运输、石油化工、煤制等，也有众多不同的研究成果。

目前已有的碳排放权交易相关的文献主要集中于宏观层面的分析，较少文献基于微观发电厂层面研究碳市场的影响。这些研究大多是通过最优目标规划来探究发电厂应该如何做出决策，包括生产量、技术选择、人力资本投入等，来减少碳减排成本（Li 等，2013，2014）。也有学者通过相关数值计算模型来验证碳市场的有效性（Tang 等，2015；Zhang 等，2017）。Zhao 等（2015）、Liu&Fan（2018）通过调查问卷的方式分别对电力行业和水泥行业的企业进行了相关研究。

第三节 研究方法与数据

一、局部均衡分析框架

我们基于局部均衡分析框架进行评估，研究对象是每一家纳入碳排放权交

易机制的火电厂。假设每家火电厂以利润最大化为目标,存在碳排放交易机制时,其利润函数可以表示为:

$$\pi_{ij} = P_j \cdot Q_{ij} - c_{ij} \cdot Q_{ij} - ac(e_{ij}^0 - e_{ij}) \cdot Q_{ij} - P_c(e_{ij} \cdot Q_{ij} - A_{ij}) \tag{3-1}$$

其中,i 代表各地区火电厂的编号,j 表示火电厂所在地区;P_c 是碳价,P_j 是 j 地区的标杆上网电价,Q_{ij}、c_{ij}、A_{ij}、e_{ij}^0、e_{ij} 分别是火电厂 ij ($i=1,\cdots,n$;$j=1,\cdots,m$) 的年发电量、单位发电成本、碳排放配额、初始碳排放强度以及最终碳排放强度,$ac(e_{ij}^0 - e_{ij})$ 表示在碳减排强度为 $(e_{ij}^0 - e_{ij})$ 下 j 地区的火电厂的碳减排成本。

在火电厂的发电量、标杆上网电价固定的情景下,火电厂的利润最大化问题等价于碳减排成本与碳市场交易成本之和的最小化问题,根据成本最小化的一阶条件(边际收益=边际成本),可以得到 $P_c = mac(e_{ij}^0 - e_{ij})$,即火电厂的边际碳减排成本等于均衡碳价时,火电厂的总成本最小,对应的利润最大。基于隐函数定理,可以得到碳价与最终碳排放强度的函数 $e_{ij} = f_{ij}(P_c)$,给定火电厂的碳排放强度目标约束 $\sum_{j=1}^{m}\sum_{i=1}^{n_j}(e_{ij} \cdot Q_{ij}) / \sum_{j=1}^{m}\sum_{i=1}^{n_j} Q_{ij} = e_{st}$,其中 e_{st} 为碳减排的平均碳排放强度目标,设定为 845 克二氧化碳/千瓦时。此时,均衡碳价 P_c 可以内生求解。

在此需要说明的是,在初步的评估结果中,本章并没有考虑火电厂的发电量决策。这是因为,研究期间国内电力市场属于高度管制的市场,每家火电厂的发电量由区域层面的电力调度中心安排,火电厂的自主权不大,因此火电厂难以通过调整发电量减少碳排放。近年来,尽管国家已经逐步放开电力市场的管制,但是考虑到目前的管制强度仍然较高,所以本章假定火电厂的发电量不会受到碳排权交易的影响。

当存在碳市场时,火电厂可以采用新的碳减排技术或买卖配额完成碳减排任务,此时火电厂的碳减排成本与碳市场交易成本之和为:

$$TAC_{ij,trade} = ac_{ij}(r_i) + P_c \cdot (e_{ij}^c + e_{ij}^t) \cdot Q_{ij} \tag{3-2}$$

其中,r_i 为火电厂 ij 的碳排放强度与可采用技术最多的火电厂的碳排放强度(e_1)之差与 e_1 的比值,$ac_{ij}(r_i)$ 为火电厂 ij 采用新技术减排时的碳减排成本,e_{ij}^c 为当不存在碳排放权交易时火电厂 ij 的最终碳排放强度,e_{ij}^t 为火电厂 ij 参与碳排放权交易时的最终碳排放强度,P_c 为碳价,Q_{ij} 是火电厂 ij 的年发电量。

当不存在碳排放权交易时,火电厂 ij 只能通过采用新的碳减排技术来减少碳排放，此时火电厂 ij 的碳减排成本为：

$$TAC_{ij,notrade} = ac(e_{ij}^0 - e_{ij}^c) \cdot Q_{ij} \tag{3-3}$$

其中，e_{ij}^0 为火电厂 ij 的初始碳排放强度，e_{ij}^c 为火电厂 ij 的最终碳排放强度，$ac(e_{ij}^0 - e_{ij}^c)$ 表示不存在碳排权交易时在 j 地区的火电厂 ij 的碳减排成本。Q_{ij} 是火电厂 ij 的年发电量。

综上，火电厂 ij 参与碳排放权交易的成本节约可以表示为：

$$\frac{TAC_{ij,trade} - TAC_{ij,notrade}}{TAC_{ij,notrade}} \tag{3-4}$$

以上讨论的是完全竞争的情景。考虑到我国的发电端存在很大的市场集中性，五大发电集团的总装机占了全国装机的 50% 以上，在发电集团可以内部调配配额的情况下，碳市场不会像完全竞争市场一样由每个火电厂的边际减排成本共同决定。因此有必要分析存在市场力时碳市场对火电厂决策的影响。

市场力（Market Power）是指企业可以通过自身力量去影响市场运行的能力。在碳市场中表现为，存在市场力的火电厂可以根据自身排放情况和配额数量，操控市场价格。这里我们将样本火电厂按集团分类，考察当五大发电集团下属火电厂具有一定的市场力时，对碳排放权交易成本节约的影响。

首先，我们将碳排放权交易机制覆盖的所有火电厂分为两类：策略性火电厂（S）和价格接受者火电厂（F）。

对于价格接受者火电厂，其最优化问题为：

$$\min_{e_{ij}^F} ac_{ij}(e_{ij}^0 - e_{ij}^F) \cdot Q_{ij} + P_c \cdot (e_{ij}^F \cdot Q_{ij} - A_{ij}) \tag{3-5}$$

其中，P_c 是碳价，Q_{ij}、$ac_{ij}(e_{ij}^0 - e_{ij}^F)$、$e_{ij}^0$、$e_{ij}^F$、$A_{ij}$ 分别是价格接受者火电厂的年发电量、碳减排成本、初始碳排放强度、最终碳排放强度及配额。

式（3-5）的一阶条件为：

$$-mac_{ij}(e_{ij}^0 - e_{ij}^F) \cdot Q_{ij} + P_c \cdot Q_{ij} = 0 \tag{3-6}$$

故 $mac_{ij}(e_{ij}^0 - e_{ij}^F) = P_c$，即价格接受者火电厂的边际碳减排成本等于市场的碳价。

对于策略性火电厂，其最优化问题为：

$$\min_{e_{ij}^S} ac_{ij}(e_{ij}^0 - e_{ij}^S) \cdot Q_{ij} + P_c \cdot (e_{ij}^S \cdot Q_{ij} - A_{ij}) \tag{3-7}$$

其中，P_c 是碳价，Q_{ij}、$ac_{ij}(e_{ij}^0 - e_{ij}^S)$、$e_{ij}^0$、$e_{ij}^S$、$A_{ij}$ 分别是策略性火电厂的年发电量、碳减排成本、初始碳排放强度、最终碳排放强度及配额。

式（3-7）的一阶条件为：

$$-mac_{ij}(e_{ij}^0 - e_{ij}^S) \cdot Q_{ij} + \frac{\partial P_c}{e_{ij}^S} \cdot (e_{ij}^S \cdot Q_{ij} - A_{ij}) + P_c \cdot Q_{ij} = 0 \tag{3-8}$$

从式（3-8）可以发现，策略性火电厂可以影响碳价，因此在决策中，碳价被作为决策变量纳入策略性火电厂的利润最大化函数中。

对于价格接受者火电厂，由于 $mac_{ij}(e_{ij}^0 - e_{ij}^F) = P_c$，所以 $\partial mac_{ij}/\partial e_{ij}^F$ 非 0。同样，根据隐函数定理，存在一个连续可微的函数 $g_{ij}(P_c)$，满足 $g'_{ij}(P_c) = -\dfrac{1}{m'_{ac_{ij}}(e_{ij}^0 - e_{ij}^F)}$。

根据碳排放强度目标约束 $\sum_{j=1}^{m}\sum_{i=1}^{n_j} e_{ij}^S Q_{ij}^S + \sum_{j=1}^{m}\sum_{i=1}^{n_j} e_{ij}^F Q_{ij}^F = e_{st} \cdot \sum_{j=1}^{m}\sum_{i=1}^{n_j} Q_{ij}$，可得：

$$\frac{\partial P_c}{\partial e_{ij}^S} = \sum_{j=1}^{m}\sum_{i=1}^{n_j} Q_{ij}^S \Big/ \sum_{j=1}^{m}\sum_{i=1}^{n_j} \left(\frac{1}{m'_{c_{ij}}(e_{ij}^0 - e_{ij}^F)} Q_{ij}^F\right) \quad (3-9)$$

将式（3-9）代入式（3-8），可以得到：

$$mac_{ij}(e_{ij}^0 - e_{ij}^S) = P_c + \frac{\partial P_c}{\partial e_{ij}^S} \cdot e_{ij}^S - \frac{A_{ij}^S}{Q_{ij}^S} \quad (3-10)$$

基于式（3-5）和（3-10）可以得到，对于价格接受者火电厂来说，$e_{ij}^F = f_{ij}(P_c)$；对于策略性火电厂来说，$e_{ij}^S = h_{ij}(P_c)$。结合电力行业的碳排放强度目标，考虑市场力情况下的碳价 P_c 同样可以内生求解。

二、火电厂碳减排成本函数估算

要计算碳市场对火电厂的影响，需要获得火电厂的碳减排成本函数。但是对于火电厂来说，并没有很好的方法去获得每一家火电厂的碳减排成本函数。而宏观的行业或区域碳减排成本函数也无法应用到微观火电厂层面。这里我们采用了一种近似估计的方法，即基于电力行业的节能减排技术数据，再结合单个火电厂的发电标准煤耗数据，估算得到火电厂层面的碳减排成本函数。

本章的边际碳减排成本函数形式参考 Nordhaus（1991）提出的对数边际碳减排成本的函数形式：

$$mac(R) = \alpha + \beta \ln(1-R) \quad (3-11)$$

其中，mac 是电力行业的边际碳减排成本函数，单位为美元（1989年不变价）/吨碳；R 是电力行业的平均碳减排比例。

我们首先将 29 种关键节能减排技术基于"成本供给曲线"（Cost of Supply Curve，CSC）进行归一化处理，并按照成本由小到大进行排序。接着我们假设发电标准煤耗越大，可采用技术越多，即火电厂的单位发电量煤耗越大，可采用技术越多。根据这个分配原则，我们基于技术链表，采用对数形式估算电力行业减排成本函数。再通过在坐标轴平移估计得到的电力行业碳减排成本函数得到不同火电厂的碳减排成本函数。举例来说，假设发电标准煤耗最高的火电厂的碳排放强度为e_1，因为该火电厂可采用的技术最多，具备最大的减排潜力，所以可采用技术量非最高的电厂的碳排放强度e_i满足：

$$r_i = 1 - \frac{e_i}{e_1} \quad (3-12)$$

所以任意电厂i减排比例为R_i时的边际碳减排成本可以表示为：

$$mac_{ij}(R_i) = mac_{ij}(R_i + r_i) - mac_{ij}(r_i) = \beta \ln\left(1 - \frac{R_i}{1 - r_i}\right) \quad (3-13)$$

并可以进一步转化为碳减排量的形式：

$$mac_{ij}(e_{ij}^0 - e_{ij}) = \beta \ln\left(1 - \frac{e_{ij}^0 - e_{ij}}{e_{ij}^0(1 - r_i)}\right) \quad (3-14)$$

其中，mac_{ij}、e_{ij}^0、e_{ij}分别为火电厂的边际碳减排成本函数、初始碳排放强度、最终碳排放强度。

三、样本火电厂数据整理

本节的分析基于国家能源局提供的 2014 年我国 799 家火电厂的数据。由于数据局限性，部分火电厂缺少发电量、发电标准煤耗、二氧化碳排放量等必要数据，剔除缺失且无法补齐这部分数据的火电厂，我们共得到 478 家样本火电厂数据，其中，有 452 家燃煤发电厂和 26 家燃气发电厂。样本火电厂的总装机容量为 453756.4 兆瓦，占 2014 年全国火电装机容量的 55.0%。样本火电厂的发电总量为 20740 亿千瓦时，占 2014 年全国火力发电量的 48.2%。将样本火电厂数据匹配到省级层面，相关的描述性统计（火电厂分布、装机容量、发电量和发电标准煤耗）见图 3-1 至图 3-4[①]。可以发现，各地区火电厂的平均发电标准煤耗差异不大，而装机容量和发电量存在较大的不同。

---

① 图 3-1 至图 3-4 由国家能源局提供的火电厂样本数据整理得到。

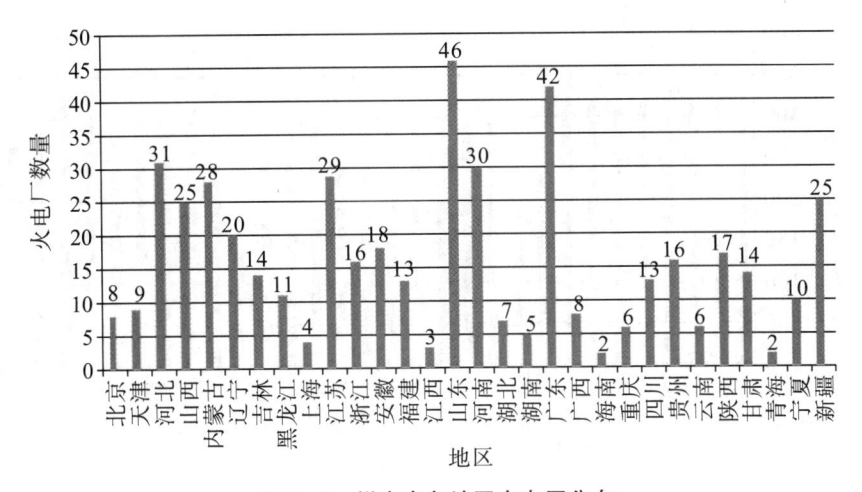

图 3−1 样本内各地区火电厂分布

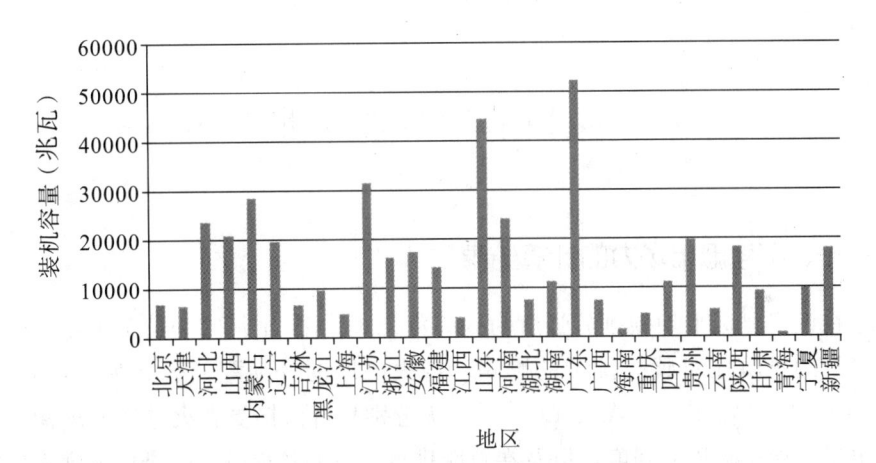

图 3−2 样本内各地区火电厂装机容量

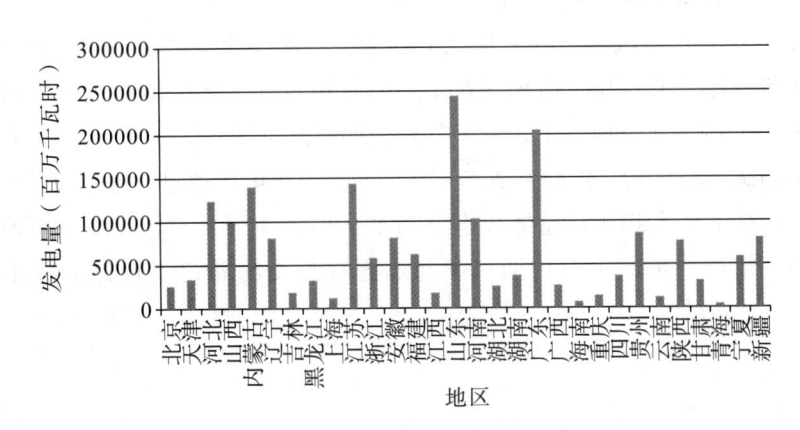

图 3−3 样本内各地区火电厂发电量

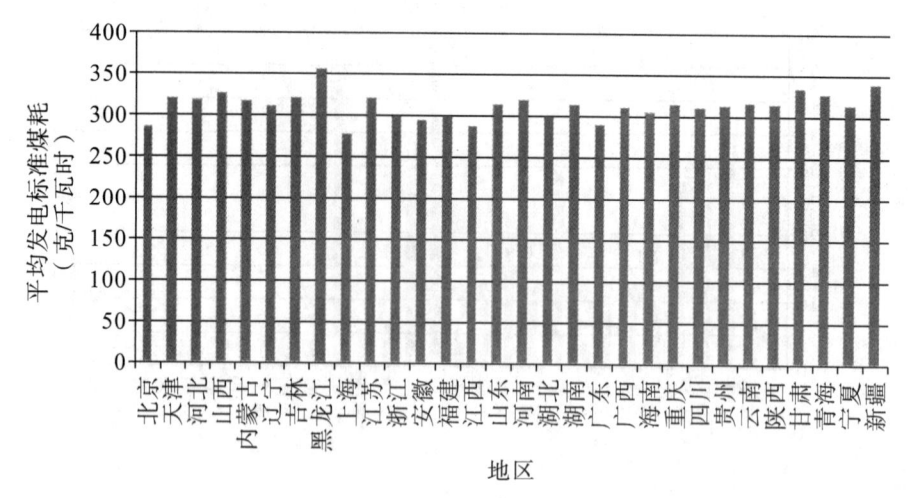

图 3-4 样本内各地区平均火电厂发电标准煤耗

第四节 结果分析

一、不考虑市场力的计算结果

在设定目标平均碳排放强度为 845 克二氧化碳/千瓦时的情况下，考虑到发电量的异质性对碳减排量的影响，各火电厂的分配配额公式如下：$A_{ij} = Q_{ij} \cdot (e_{ij}^0 - I)$。其中，$A_{ij}$、$Q_{ij}$、$e_{ij}^0$、$I$ 分别是价格接受者火电厂的配额、年发电量、初始碳排放强度，以及在总减排目标下的各火电厂碳排放强度平均减少量，设定为固定值。

表 3-1 给出了没有市场力情况下的估计结果。没有市场力时，全部火电厂作为价格接受者参与碳市场，在给定的减排目标（平均碳排放强度减少至 845 克二氧化碳/千瓦时）下，模型得到的均衡碳价为 27.09 元/吨。样本火电厂在参与碳市场之后，均会有成本节约，与所有火电厂通过技术手段减排且达到减排目标的成本相比，总体成本节约水平是 3.34%。总体来看，在没有市场力时，超过一半的火电厂通过参与碳排放权交易获得了较好的成本节约效果。

表 3-1 样本火电厂成本节约情况[①]

成本节约	电厂数量	装机情况
<1%	煤电（201），气电（1）	120兆瓦及以上
1%≤成本节约<10%	煤电（172），气电（6）	小中大机组
10%≤成本节约<20%	煤电（36），气电（9）	小中大机组
20%≤成本节约<30%	煤电（11），气电（10）	煤电：小中大机组，气电：750兆瓦及以上
≥30%	煤电（32）	小中大机组

从地区层面来看，样本共有478家火电厂。在配额交易中，有270家为配额卖方，208家为配额买方。分地区看，只有河北、吉林、黑龙江、上海、江苏、安徽、江西、湖北以及青海的火电厂为配额卖方，其余地区的火电厂均为配额买方（见图3-7）。黑龙江的火电厂的成本节约水平最高，为13.33%。云南的火电厂成本节约水平最低，为0.19%。高于样本平均水平的地区共有12个，分别是北京、辽宁、吉林、黑龙江、上海、福建、河南、广东、甘肃以及新疆（见图3-5）。结合碳排放强度比较发现（见图3-6），平均碳排放强度越低，或者越高的地区，其参与碳排放权交易后带来的成本节约效果越明显。

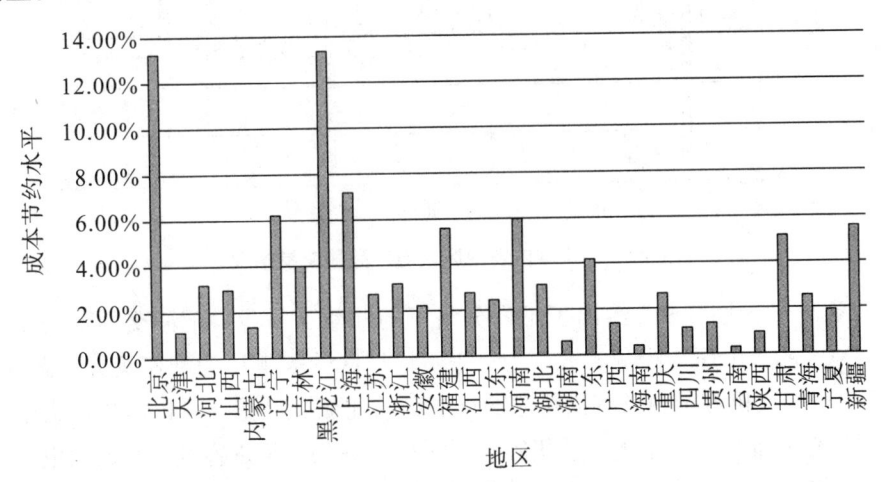

图 3-5 样本内各地区火电厂成本节约水平[②]

[①] 由国家能源局提供的火电厂样本数据整理得到。
[②] 由国家能源局提供的火电厂样本数据整理得到。

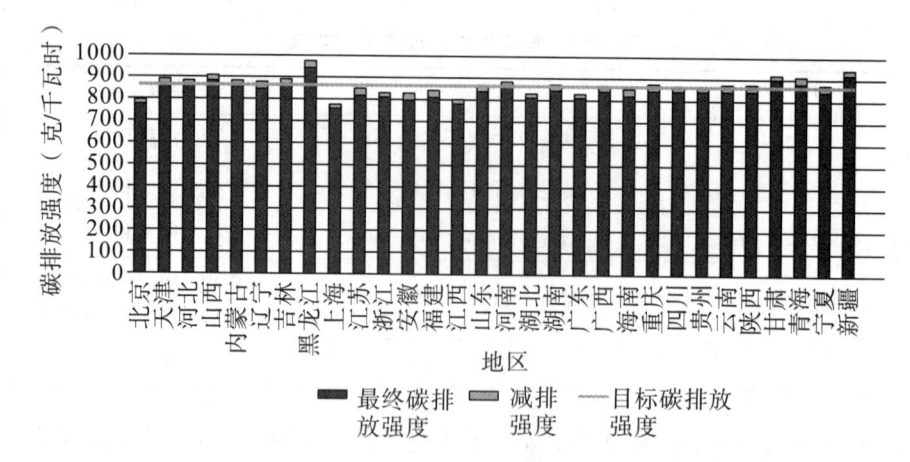

图 3-6　样本内各地区火电厂碳排放强度情况①

样本内各地区火电厂配额交易情况见图 3-7。

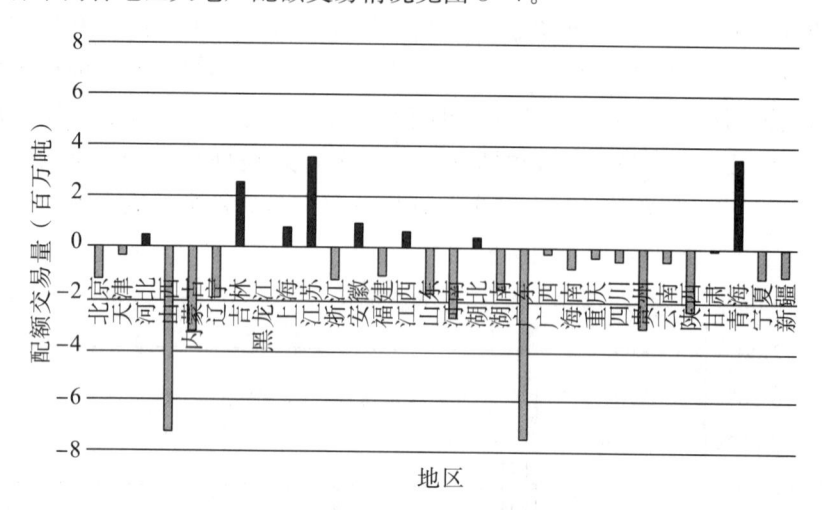

图 3-7　样本内各地区火电厂配额交易情况②

图 3-8 至图 3-11 给出了不同分组下的配额交易量，配额交易量为正表示该地区的火电厂为配额卖方，为负表示该地区的火电厂为配额买方。图 3-8 给出了按装机容量由低到高排序的火电厂的配额交易量。可以看出，火电厂的配额交易量、交易角色与装机容量并无很大关联，装机容量较小的火电厂也会很活跃地参与碳排放权交易，会担任配额卖方，甚至交易量很大。图 3-9 展示了按发电量由低到高排序的火电厂的配额交易量。可以看出，火电厂的配

---

① 由国家能源局提供的火电厂样本数据整理得到。
② 由国家能源局提供的火电厂样本数据整理得到。

额交易量、交易角色与发电量也无很大关联。图 3-10 给出按初始碳排放强度由低到高排序的火电厂的配额交易量。可以看出，电厂的配额交易量、交易角色与初始碳排放强度有一定的关联：初始碳排放强度较低的火电厂，配额交易相对活跃，且会出现交易量较大的情况。图 3-11 中则给出按平均利用小时由低到高排序的火电厂的配额交易量，可以看出，火电厂的配额交易量、交易角色与平均利用小时数同样无很大关联。

图 3-8　按装机容量排序的火电厂的配额交易量[1]

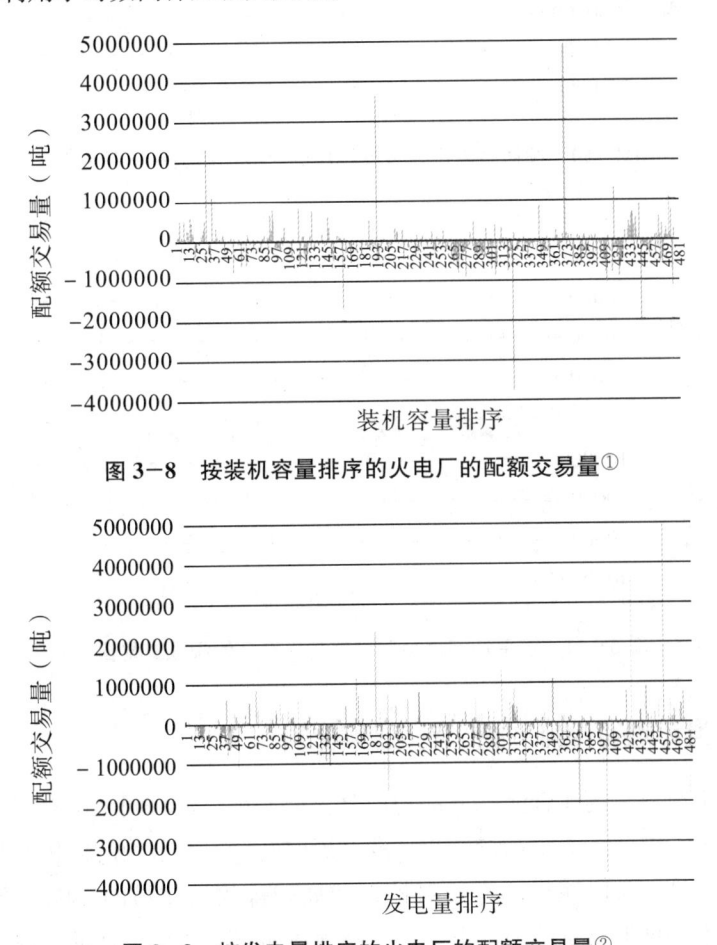

图 3-9　按发电量排序的火电厂的配额交易量[2]

---

[1] 由国家能源局提供的火电厂样本数据整理得到。
[2] 由国家能源局提供的火电厂样本数据整理得到。

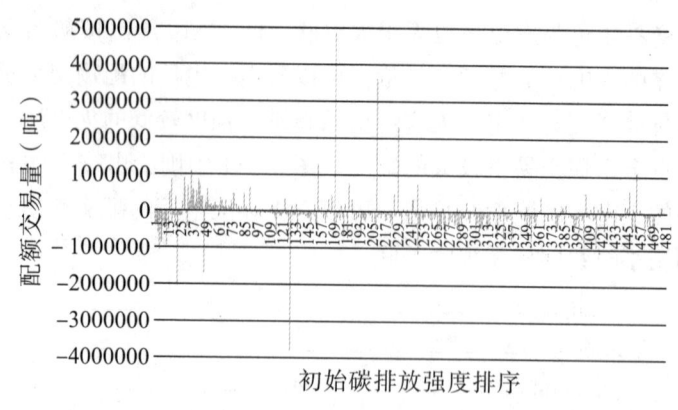

图 3-10　按初始碳排放强度排序的火电厂的配额交易量①

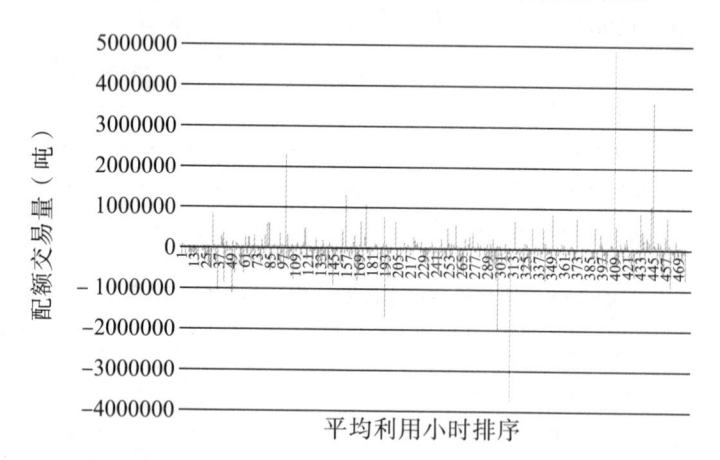

图 3-11　按平均利用小时排序的火电厂的配额交易量②

二、推迟进行碳排放权交易的影响分析

前一小节给出的比较静态局部均衡分析框架难以从时间维度对碳市场的发展进行评估。因此，为了衡量碳市场的开展时间对成本节约的效果影响，本小节采用了一种两阶段减排的方法对推迟开展碳排放权交易的影响进行近似评估。在碳市场推迟进行的情况下，由于技术进步或采用更清洁的燃料、生产工艺，火电厂的碳排放强度会有所下降。所以，我们首先假设在第一阶段所有火电厂需要各自独立降低相同的碳排放强度，令所有 478 家火电厂全部降低 10 克二氧化碳/千瓦时的碳排放强度。然后在第二阶段引入碳排放权交易，最终

---

① 由国家能源局提供的火电厂样本数据整理得到。
② 由国家能源局提供的火电厂样本数据整理得到。

整个行业达到碳排放强度目标。

从结果上看，全样本中只有187家火电厂可以实现成本节约（见表3-2）。成本节约10%以上的火电厂共41家，比直接进行碳排放权交易情形下的98家少57家。同时，整体的成本节约由3.34%降低为1.18%，样本火电厂总成本相较于直接开展碳排放权交易情形下上涨2.24%。直接进行碳排放权交易可以激励火电厂参与碳排放权交易。而第一段减排10克二氧化碳/千瓦时的情形约有3/5的火电厂的成本会上涨，这部分火电厂相较于参与碳市场，更倾向于进行自主减排。这对碳排放权交易的活跃度和碳市场的发展会产生较大影响。

表3-2 两阶段成本节约情况（第一阶段）[①]

成本节约	火电厂数量	装机情况
<1%	煤电（34）	300兆瓦（2），700兆瓦及以上（32）
1%≤成本节约<10%	煤电（110），气电（2）	各类型机组
10%≤成本节约<20%	煤电（15），气电（8）	各类型机组
20%≤成本节约<30%	煤电（4），气电（13）	各类型机组
>30%	气电（1）	780兆瓦

我们进一步估算了第一阶段所有478家火电厂降低15克二氧化碳/千瓦时的碳排放强度，以及第二阶段进行碳排放权交易的情况（见表3-3）。此时，总体成本节约水平进一步下降为0.27%，且成本节约效果急剧下降，成本节约最高的火电厂成本节约效果仅为18.52%，并且大部分成本节约效应良好的火电厂为燃气发电厂。样本火电厂总成本相较于直接开展碳排放权交易情形时上涨3.17%。

表3-3 两阶段成本节约情况（第二阶段）[②]

成本节约	火电厂数量	装机情况
<1%	煤电（42）	各类型机组
1%≤成本节药<10%	煤电（115），气电（4）	各类型机组
10%≤成本节药<20%	煤电（5），气电（20）	各类型机组

---

① 由国家能源局提供的火电厂样本数据计算整理得到。
② 由国家能源局提供的火电厂样本数据计算整理得到。

三、发电集团市场力的影响评估

考虑到五大发电集团在我国发电领域的市场份额，这里我们分别考虑当各个发电集团下属火电厂具备市场力时，对均衡碳价的影响。表3-4展示了考虑市场力的计算结果，其中，所有指标的变化都是根据有市场力情景和无市场力情景对比得到的。

表3-4　五大发电集团下属火电厂分别具有市场力时相关变量的变化[①]

具有市场力的发电集团	火电厂	碳排放强度变化	碳排放量变化	碳减排成本变化	配额交易量变化	碳市场交易成本变化
华能集团	火电厂总体	−3.95%	0.08%	−7.40%	94.15%	95.51%（买方）
	初始碳排放强度最低的火电厂	−0.01%	−0.66%	0.03%	1.39%	0.47%（买方）
	初始碳排放强度最高的火电厂	−0.03%	0.94%	1.65%	1.39%	2.20%（卖方）
大唐集团	火电厂总体	−26.03%	0.58%	−45.14%	525.39%	547.49%（卖方变买方）
	初始碳排放强度最低的火电厂	−0.05%	−3.34%	0.07%	7.09%	2.35%（买方）
	初始碳排放强度最高的火电厂	−0.15%	4.73%	8.43%	7.09%	11.28%（卖方）
华电集团	火电厂总体	−3.14%	0.07%	−5.50%	237.20%	238.91%（买方）
	初始碳排放强度最低的火电厂	−0.01%	−0.50%	0.01%	1.00%	0.34%（买方）
	初始碳排放强度最高的火电厂	−0.02%	0.68%	1.19%	1.00%	1.59%（卖方）

[①] 由国家能源局提供的火电厂样本数据计算整理得到。

续表

具有市场力的发电集团	火电厂	碳排放强度变化	碳排放量变化	碳减排成本变化	配额交易量变化	碳市场交易成本变化
国电集团	火电厂总体	−5.88%	0.13%	−10.94%	558.98%	564.10%（买方）
	初始碳排放强度最低的火电厂	−0.01%	−0.74%	0.04%	1.54%	0.52%（买方）
	初始碳排放强度最高的火电厂	−0.03%	1.04%	1.83%	1.54%	2.44%（卖方）

将表 3-4 的结果代入式（3-2）、（3-3）和（3-4）可得到均衡碳价与成本节约水平。考虑华能集团下属火电厂为策略性火电厂，具有一定市场力，其余火电厂为价格接受者的情景：此时的均衡碳价为 27.28 元/吨，华能集团下属火电厂的碳价为 26.11 元/吨，火电厂总体成本节约水平是 3.26%；相较于无市场力的情景，均衡碳价上升了 0.70%，总体成本节约水平降低了 2.54%。考虑大唐集团下属火电厂为策略性火电厂，具有一定市场力，其余火电厂为价格接受者的情景：此时的均衡碳价为 28.04 元/吨，火电厂总体成本节约水平是 2.41%，相较于无市场力的情景，均衡碳价上升了 3.53%，总体成本节约水平下降了 10.32%。考虑华电集团下属火电厂为策略性火电厂，具有一定市场力，其余火电厂为价格接受者的情景：此时的均衡碳价为 27.22 元/吨，火电厂总体成本节约水平是 3.23%；相较于无市场力的情景，均衡碳价上升了 0.51%，总体成本节约水平下降了 3.37%。考虑国电集团下属火电厂为策略性火电厂，具有一定市场力，其余火电厂为价格接受者的情景：此时的均衡碳价为 27.30 元/吨，火电厂总体成本节约水平是 3.23%；相较于无市场力的情景，均衡碳价上升了 0.78%，总体成本节约水平下降了 3.20%。考虑国电投集团下属火电厂为策略性火电厂，具有一定市场力，其余电厂为价格接受者的情景：此时的均衡碳价为 27.10 元/吨，火电厂总体成本节约水平是 3.29%；相较于无市场力的情景，均衡碳价上升了 0.06%，总体成本节约水平下降了 1.56%。综上，当单个集团下属火电厂具有市场力时，与无市场力情景相比，均衡碳价均有所升高，火电厂总体成本节约水平均有所降低。作为策略性火电厂，华能集团、大唐集团、华电集团、国电集团、国电投集团下属火电厂均通过操控市场价格降低其碳减排成本，其中，大唐集团的碳减排成本下降最多，国电投集团的碳减排成本下降最少。对于价格接受者的火电厂而言，当碳市场上存在市场力时，大部分不具备市场力的火电厂的碳减排成本均有所增加。此

外，大唐集团下属火电厂在自身具备市场力的情形下，配额的买卖关系发生改变，由配额卖方变为配额买方。

第五节　主要结论

从评估结果来看，碳排放权交易机制能有效地降低火电厂的碳减排成本。对于低排放的燃气发电厂来说，成本节约水平多在10%~30%。若推迟开展碳排放交易工作，由于成本并不有效，相较于加入碳市场，部分火电厂更倾向于采取技术减排的方式减少碳排放。这种情况会削弱发电厂加入碳市场的积极性，对碳市场工作的推进产生不利影响。因此，国家应加快推进全国碳市场工作的开展，通过碳排放权交易有效降低火电厂的碳减排成本，减轻火电厂负担，以加速完成碳减排目标。

在各发电集团下属火电厂具备市场力的情况下，碳价会由于市场力的出现而上升。相较于无市场力的情景，所有发电集团下属火电厂在其具备市场力的情形下，都会选择从市场中额外购买配额进行履约，并降低自身碳减排量，以使其总成本相较于无市场力情形有所下降。但市场力情形会导致碳市场总体成本节约效果下降，其余作为价格接受者的火电厂的成本上涨。

根据目前的碳配额分配方式，对于低排放的燃气发电厂来说，配额分配的基准值过低且绝大部分燃气发电厂都是配额买方。这种多排放多得配额、少排放少得配额的分配方式并不能激励火电厂进行节能减排改造。配额的分配方式将直接影响参与者分担的减排成本，对社会财富分配与公平性、火电厂竞争力、低碳技术的发展等方面都具有重要的影响。因此，目前电力行业的碳配额分配方式有待进一步的探讨与思考。

第三篇

中国火电行业：效率评价

第四章　中国燃煤发电厂能源效率分析

长期以来，煤炭在中国的能源供应中占据了主导地位。2020年，中国的煤炭消费量高达82.27艾焦耳，占全球煤炭消耗量的比例约为54%[①]。但是，燃煤在促进中国经济快速发展的同时，也产生了严重的环境污染问题，煤炭燃烧所排放的氮氧化物以及二氧化硫等污染物是近几年中国产生雾霾的重要原因之一。燃煤发电厂是中国煤炭消费量最大的部门，因此，提高燃煤发电厂的发电转换效率是降低煤炭消费量，进而改善空气质量以及解决气候问题的一个重要途径。

本章基于2009年和2012年燃煤发电厂微观层面的数据，研究中国燃煤发电厂能源效率——煤炭强度的动态变化及其驱动因素，并在此基础上，对不同所有制、规模和地区的燃煤发电厂进行分析，进而探讨这些驱动因素对煤炭强度变化的影响是否存在差异。

本章选取2009年和2012年作为研究时段主要出于以下考虑：2009—2012年，中国的供电标准煤耗大幅下降，出现这一变化的一个重要因素是能源效率的提高。因此，厘清这一期间中国燃煤发电厂能源效率的驱动因素对于进一步降低我国发电厂的供电标准煤耗具有重要的现实意义。

第一节　中国煤炭消耗和发电特征

一、中国煤炭消耗特征

自改革开放以来，中国的能源消费量发生了井喷式增长，由1980年的

[①] 英国石油公司（BP）：《BP世界能源统计年鉴（2021）》，https://www.bp.com/content/dam/bp/country-sites/de_de/germany/home/presse/broschueren/bp-stats-review-2021-full-report.pdf。

5.86亿吨标准煤增长至2019年的44.76亿吨标准煤①。长期以来，中国的能源供应严重依赖煤炭，图4-1显示了2011—2019年中国与美国的煤炭消费量。可以看出，中国的煤炭消费量常年居高不下，直至2013年，才逐渐出现下降趋势，但下降速度与美国相比较为缓慢。2011年美国煤炭消费总量占中国煤炭消费总量的比例为23.39%，由于中国煤炭消费量的下降速度小于美国，2019年这一占比下降至13.24%。因此，中国在节能减排，特别是在减少煤炭消耗方面，还有很大的潜力可以挖掘。

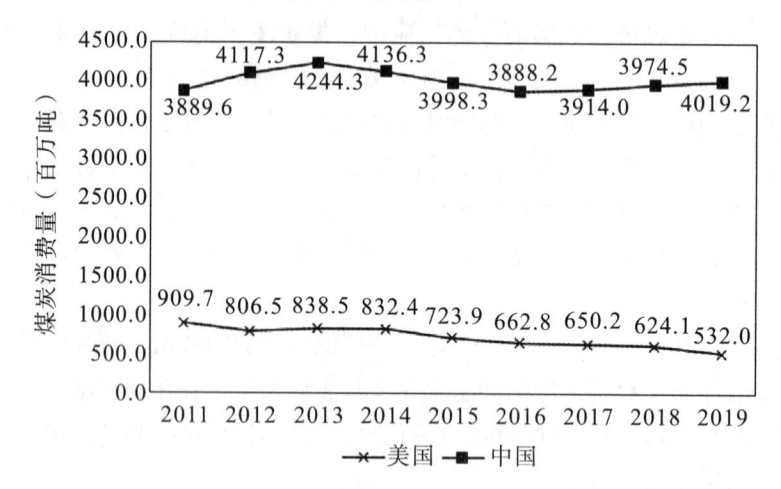

图4-1　2011—2019年中国与美国的煤炭消费量②

燃煤发电厂是中国煤炭消费量最大的部门。图4-2显示，近年来，中国发电煤耗量占煤炭消费总量的比例常年为美国的两倍。2011年，中国发电煤耗占煤炭消耗总量的比例为43.94%，2019年这一比例为50.21%。而在美国，发电煤耗占煤炭消费总量的比例常年在24.00%左右。这些数据反映出，中国的煤炭消费结构与发达国家相比仍然存在明显的差距，因此，提高中国的新能源发电比重，可以进一步优化煤炭消费结构。

---

① 国家统计局能源统计司：《中国能源统计年鉴（2018）》，中国统计出版社，2018年，第58页。
② 中国煤炭消费数据来自国家统计局能源统计司：《中国能源统计年鉴（2020）》，中国统计出版社，2020年，第75页。美国煤炭消费量数据收集整理自美国能源信息署：https://www.eia.gov/coal/data/browser/#/topic/20?agg=0,1&geo=hvvvvvvvvvvvo&sec=vs&linechart=COAL.CONS_TOT.US-98.A&columnchart=COAL.CONS_TOT.US-98.A&map=COAL.CONS_TOT.US-98.A&freq=A&start=2011&end=2020&ctype=columnchart&ltype=pin&rtype=s&pin=&rse=0&maptype=0。

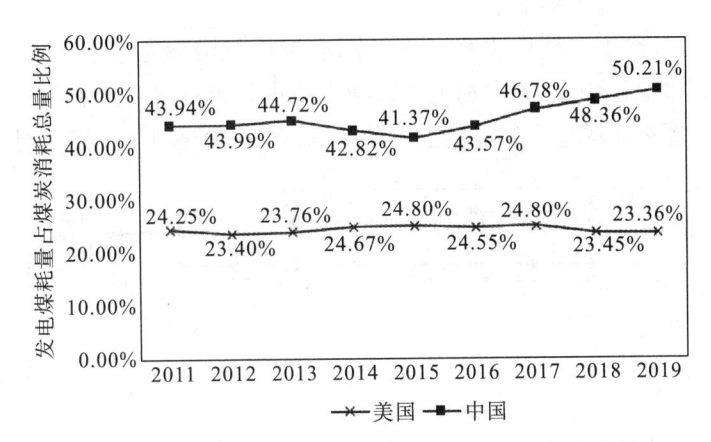

图 4-2　2011—2019 年中国与美国的发电煤耗占比①

二、电力行业煤耗特征

图 4-3 显示 2010—2019 年，中国电力行业的发电标准煤耗和供电标准煤耗逐年下降。因此，中国电力行业的煤耗效率有一定程度的改善。

图 4-3　2010—2019 年中国电力行业的发电和供电标准煤耗②

---

① 中国发电煤耗量占比数据收集整理自国家统计局能源统计司：《中国能源统计年鉴（2020）》，中国统计出版社，2020 年，第 75 页。美国发电煤耗量占比数据收集整理自美国能源信息署：https://www.eia.gov/coal/data/browser/#/topic/20?agg=0,1&geo=hvvvvvvvvvvvo&sec=vs&linechart=COAL.CONS_TOT.US-98.A&columnchart=COAL.CONS_TOT.US-98.A&map=COAL.CONS_TOT.US-98.A&freq=A&start=2011&end=2020&ctype=columnchart&ltype=pin&rtype=s&pin=&rse=0&maptype=0。

② 数据收集整理自中国电力企业联合会电力统计与数据中心：《二〇一九年电力工业统计资料汇编》，2020 年。

图 4-4 对比了中国电力行业供电标准煤耗与国际先进水平（如意大利）的差异。如果以 2010 年意大利电力行业的供电标准煤耗作为国际先进水平的参照体系，那么中国电力行业的发电效率与国际先进水平还存在一定的差距。

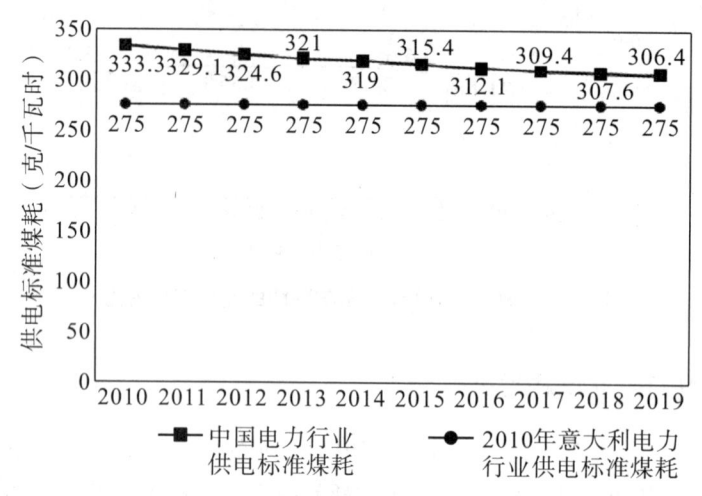

图 4-4　中国电力行业供电标准煤耗与国际先进水平（意大利）的对比[①]

从火电厂的能源消耗结构来看，2010 年我国火力供电能源消耗总量中，煤炭、石油、天然气的比例分别是 94.30%、0.5% 和 2.3%[②]，这些数据反映出，中国电力行业的煤耗特征是体量大且效率低。

近几年，雾霾天气频繁出现在中国煤炭资源丰富以及重工业集中的北方地区，其中一个重要原因就是煤在燃烧过程中释放了大量的二氧化硫、细颗粒物等污染物。由于燃煤发电所消耗的煤炭在中国煤炭消费总量中占据重要地位，中国政府试图通过限制煤炭消费来控制并改善空气污染问题。例如，中国于 2017 年 12 月启动了世界上最大的碳排放权交易项目，该项目在初始阶段就涵盖了中国约 1700 家火电厂。

综上，无论从煤炭消费总量、发电煤耗占比，还是从标准煤耗的角度来看，对于中国来说，提高燃煤发电效率对降低煤炭消费，从而进一步改善空气质量以及应对气候问题都具有十分重大的意义。这也是本章关心的问题，通过分析中国燃煤发电厂煤炭强度的动态变化及其背后的驱动因素，为提高中国燃

---

① 中国电力行业的供电标准煤耗数据收集整理自中国电力企业联合会电力统计与数据中心：《二〇一九年电力工业统计资料汇编》，2020 年。2010 年意大利电力行业的供电标准煤耗数据来自国家统计局能源统计司：《中国能源统计年鉴（2015）》，中国统计出版社，2015 年，第 349 页。

② 国家统计局能源统计司：《中国能源统计年鉴（2011）》，中国统计出版社，2011 年，第 64~83 页。

煤发电效率提供实证参考。

第二节 文献综述

一、关于中国燃煤发电厂的研究

现有关于中国燃煤发电厂的研究主要关注发电厂的全要素生产率、碳排放量以及碳和污染物的影子价格。Du等（2013）发现中国在21世纪早期发起的电力改革[①]提高了燃煤发电厂的生产率。Ma&Zhao（2015）的研究发现技术授权和市场重组对燃煤发电厂的效率有显著的提升作用。此外，Wei等（2013）利用中国火电厂的数据估算了二氧化碳的影子价格，他们发现我国火电厂的发电效率和二氧化碳排放效率都十分低下。最后，Zhang等（2014）基于我国252家火电厂的数据，通过全要素方向距离函数和能源-环境方向距离函数分别计算了火电厂的效率和能源环境绩效，并对效率值进行了标准化处理，结论表明装机容量越大，火电厂的效率越高。他们也发现国有火电厂的效率与能源环境绩效均低于非国有火电厂。然而，目前为止我们还没有发现关于燃煤发电厂煤炭强度动态分析的相关研究。

二、燃煤发电厂能源效率及衡量指标

本章将采用煤炭强度（coal intensity）作为评价燃煤发电厂能源效率的关键技术经济指标。煤炭强度也叫单位产值煤耗，它表示燃煤发电厂净发电每千瓦时的耗煤量。

首先，我们参照Ang&Zhang（2000）的能源分解方法，利用产出距离函数和数据包络分析，将煤炭以及其他要素（如资本和劳动力）作为燃煤发电厂发电的投入要素进行建模，将每一个燃煤发电厂煤炭强度变化的影响因素分解为四部分：技术追赶、技术进步、资本煤炭比变化和劳动煤炭比变化。对煤炭强度的影响因素进行分解有助于我们从发电层面了解提高燃煤发电厂煤炭利用效率的潜力。其次，我们用Li（1996）提出的非参数分析方法对这四个影响

[①] 2002年，中国开始了新一轮电力改革，其中一项关键措施是将国家的电力公司拆分为两大电网（南方电网和国家电网）、五大发电集团（华能集团、大唐集团、国电集团、华电集团和中电投集团）和四小发电企业（华润电力、国华电力、国投电力和中广核）。

因素在煤炭强度动态变化中的相对贡献及作用进行统计检验。值得注意的是，由于价格的变化，使用货币价值来度量投入产出变量可能会影响估计的精确度，所以本章分析所用的煤炭和电力的度量单位均为实物单位。此前有关火电厂能源效率的研究也采用实物作为度量单位。例如，Zhou等（2012）研究了100多个国家发电过程的能源效率和二氧化碳排放绩效，结果表明经合组织国家的碳排放绩效高于非经合组织国家，而各国的能源效率没有显著差异。Zhang等（2014）研究了规模控制政策对中国化石燃料发电厂的综合能源效率和碳效率的影响。他们发现发电厂规模越大，综合能源效率越高。此外，由于我们关注的是能源强度动态变化的驱动因素，所以本章仅使用实物单位来度量总产出，不同于Wang（2013）以及其他一些研究能源强度的文献，他们还使用了货币价值度量总产出来计算能源强度。

综上所述，本章的主要目的是研究分析中国燃煤发电厂煤炭强度的动态变化及其驱动因素。考虑到不同规模、不同所有制以及不同地区燃煤发电厂的异质性，我们还将探究在不同所有制、规模和地区的燃煤发电厂之间，这些驱动因素对煤炭强度动态变化的影响是否存在差异。

第三节　数据描述

一、样本及变量选择

本章的数据来源于原国家电力监管委员会（SERC）[①]所汇总的电力监管统计报表。在2013年国家电力监管委员会并入国家能源局之前，发电厂每年都会向SERC报告投入和产出数据，而后SERC对发电厂呈报的数据进行审查和汇总。首先，我们把样本限制在仅生产电力的燃煤发电厂，既生产电力又生产其他任何一种产品（如热量）的发电厂都不构成本章最终分析的样本。其次，2009年中国燃煤发电厂的平均煤炭强度约为340克标准煤/千瓦时，为了使样本能更好地代表中国的总体情况，我们剔除了煤炭强度超出280~800克标准煤/千瓦时这一范围的燃煤发电厂。最后，考虑到本章所使用的变量，我们还排除了工资支付、装机容量、运行小时数或净发电量等数据有缺失的燃煤发电厂。通过上述筛选，我们得到了最终用于分析的样本：2009年有488家

[①] 2013年国家电力监管委员会（SERC）与其他几个政府机构合并，组成了现在的国家能源局。

燃煤发电厂，2012 年有 532 家燃煤发电厂。其中，2009 年和 2012 年数据均可得的燃煤发电厂有 389 家。

在投入变量的选择上：我们用装机容量与平均运行小时数的乘积作为资本投入，在中国，发电运行时间受到管制，所以相似类型的发电机组的发电小时数也大致相似（Ding&Yang，2013）。此外，根据之前的研究（Brandt 等，2012），我们用经过消费者物价指数调整后的实际工资[①]来衡量劳动力投入。

二、煤炭强度以及相关变量的描述性统计

样本电厂 2009 和 2012 年的煤炭强度、投入变量以及发电量的描述性统计见表 4−1。

表 4−1 样本数据描述性统计[②]

变量	最小值	最大值	均值	标准差
2009 年（样本量：488）				
资本（百万千瓦时）	32.87	25483.08	4092.07	3502.96
劳动（万元）	85.93	76000.99	6896.47	6903.10
煤炭（千吨）	9.53	6791.24	1261.29	1002.80
发电量（百万千瓦时）	32.11	20660.29	3757.45	3152.75
煤炭强度（克/千瓦时）	282.16	604.86	352.16	36.89
2012 年（样本量：532）				
资本（百万千瓦时）	33.43	203463.70	5195.83	10422.95
劳动（万元）	55.00	198179.00	6125.18	10549.40
煤炭（千吨）	10.20	56163.90	1542.28	2869.57
发电量（百万千瓦时）	19.14	184966.40	4751.46	9326.61
煤炭强度（克/千瓦时）	281.05	731.09	339.34	43.50
2009—2012 年（样本量 389）				
煤炭强度的变化（%）	−27.41	111.62	−2.27	11.58

从发电量来看，表 4−1 显示在 2012 年，样本燃煤发电厂的平均发电量为 47.5146 亿千瓦时，因此，通过粗略估算，2012 年样本燃煤发电厂的总发电量

[①] 本章使用的工资支付变量不包括住房福利、失业保险、退休福利或健康保险。
[②] 由原国家电力监管委员会提供的电力监管统计报表数据整理得到。

约为 25280 亿千瓦时。这一结果说明，本章样本燃煤发电厂的总发电量占 2012 年全国火力发电厂总发电量的比例为 71% 左右。可见，本章选取的样本有较好的代表性。

从煤炭强度的平均水平分析，表 4-1 显示在 2009 年，样本燃煤发电厂的煤炭强度平均值为 352.16 克标准煤/千瓦时，加权（净发电量）平均值为 335 克标准煤/千瓦时[1]；2012 年样本燃煤发电厂煤炭强度的平均值和加权平均值分别为 339.34 和 325 克标准煤/千瓦时。相比较，2012 年全国燃煤发电厂的煤炭强度平均值为 325 克标准煤/千瓦时。由此可见，样本燃煤发电厂的煤炭强度水平非常接近于全国燃煤发电厂的总体平均水平。

从煤炭强度的变化角度分析，表 4-1 显示从 2009—2012 年，样本燃煤发电厂的煤炭强度出现了较大的变化。2009 年，样本燃煤发电厂的煤炭强度的最大值是 604.86 克标准煤/千瓦时，最小值是 282.16 克标准煤/千瓦时，最大值为最小值的 2.1 倍；而到了 2012 年，样本燃煤发电厂煤炭强度的最大值上升为最小值的 2.6 倍。此外，煤炭强度的变化率在这一时期也出现较大变化。表 4-1 显示从 2009—2012 年，样本燃煤发电厂煤炭强度的均值降低了 2.27%，但煤炭强度的最大值增加了 111.62%，最小值降低了 27.41%。

为了给出更详细的分析，我们描绘了 2009 年和 2012 年 389 家样本燃煤发电厂煤炭强度的分布变化图（见图 4-5）。图 4-5 显示从 2009—2012 年，这 389 家燃煤发电厂的整体煤炭强度分布呈现明显的左移[2]。由此产生的问题是：什么因素导致 2009—2012 年间平均煤炭强度的普遍下降？从生产理论的角度分析，这或者是由全要素生产率（如技术追赶、技术进步）的提高所致，或者是由投入要素之间的替代（劳动煤炭比变化、资本煤炭比变化）所致。因此在下一节，我们使用数据和实证方法对 2009—2012 年间平均煤炭强度下降的原因做出具体分析。换句话说，我们将探究燃煤发电厂煤炭强度的降低究竟是由全要素生产率的提高所驱动？还是由投入要素之间的替代所驱动？

---

[1] 2009 年，样本企业平均消耗 1.26 万亿克标准煤，发电量的平均值为 37.6 亿千瓦时，所以加权平均值为约 335 克标准煤/千瓦时。

[2] 我们利用高斯核函数估计密度。

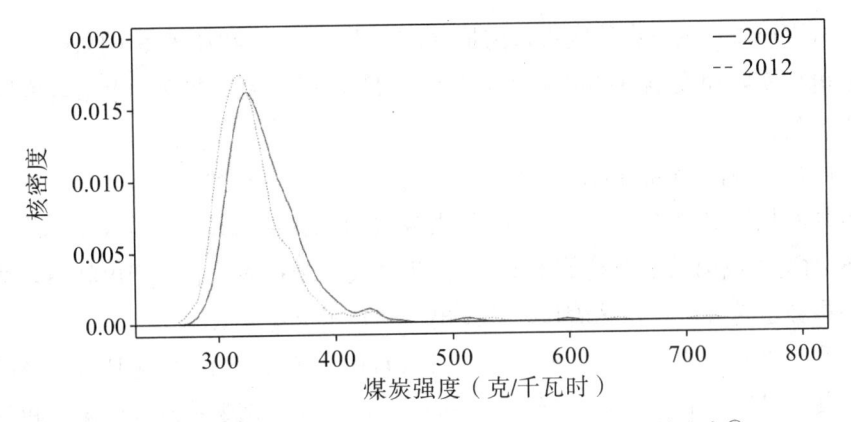

图 4—5　2009 年和 2012 年样本燃煤发电厂煤炭强度的分布①

第四节　煤炭强度的分解结果

一、分解过程

首先，我们简要阐述检验燃煤发电厂煤炭强度动态变化驱动因素的分解框架。本节的分解框架与 Wang（2013）研究国民经济的能源强度所采用的框架非常相似，该框架由 Kumar & Russell（2002）、Henderson & Russell（2005）提出的劳动生产率框架修改和扩展而来。我们考虑一个典型的燃煤发电厂，它使用资本、劳动力和煤炭三种投入要素来生产电力。我们进一步利用 Shephard 产出距离函数和 Seigel（1945）提出的"理想"指数公式，将煤炭强度的变化分解为若干成分：

对于每一年 $t=1, 2, \cdots, T$，燃煤发电厂的生产技术由以下集合表示：

$$S^t = \{(K_t, L_t, C_t, E_t) : (K_t, L_t, C_t, E_t)\} \tag{4-1}$$

其中，K_t、L_t、C_t、E_t 分别表示资本（装机容量与平均运行小时数的乘积）、劳动（经过消费者物价指数调整过后的实际工资）、煤炭（煤炭消耗量）和净发电量，集合 S^t 还表示了可充分定义产出距离函数的标准条件。燃煤发电厂在年份 t 的产出距离函数为：

$$D_o^t(K_t, L_t, C_t, E_t) = \inf\{\theta : (K_t, L_t, C_t, E_t/\theta) \in S^t\} \tag{4-2}$$

---

① 由原国家电力监管委员会提供的电力监管统计报表数据计算整理得到。

式（4-2）测量在给定投入向量（K_t，L_t，C_t）和技术 S^t 的条件下，燃煤发电厂实际净发电量的最大可扩大倍数 E_t，即最大潜在净发电量与实际净发电量的比值。

距离函数的函数值被定义为发电厂的"技术效率指数"（Färe 等，1994）。技术效率指数的取值范围为 0 到 1，当且仅当观测值（K_t，L_t，C_t，E_t）落在 S^t 的边界或前沿上时其等于 1。给定生产技术和投入组合，产出越高，技术效率指数也越高，这意味着该燃煤发电厂在技术上更有效率。

我们进一步假设，企业的生产技术表现出规模报酬不变（CRS）的特征。为了便于计算，我们用 $k_t \equiv K_t/C_t$ 和 $l_t \equiv L_t/C_t$ 分别表示资本煤炭比和劳动煤炭比，以第 t 年的产出距离函数和生产技术为参考基准，我们通过以下计算方法将发电厂从第 t 年到第 τ 年的煤炭强度变化进行分解：

$$\begin{aligned}\frac{C_\tau/E_\tau}{C_t/E_t} &= \frac{D_0^t(K_t,L_t,C_t,E_t)}{D_0^t(K_\tau,L_\tau,C_\tau,E_\tau)} \times \frac{D_0^\tau(K_\tau,L_\tau,C_\tau,E_\tau)}{D_0^t(K_\tau,L_\tau,C_\tau,E_\tau)} \\ &\quad \times \left\{\frac{D_0^t(k_\tau,L_\tau,1,1)}{D_0^t(k_t,L_\tau,1,1)} \times \frac{D_0^\tau(k_\tau,L_\tau,1,1)}{D_0^\tau(k_t,L_\tau,1,1)}\right\}^{\frac{1}{2}} \\ &\quad \times \left\{\frac{D_0^t(k_t,L_\tau,1,1)}{D_0^t(k_t,L_t,1,1)} \times \frac{D_0^\tau(k_t,L_\tau,1,1)}{D_0^\tau(k_t,L_t,1,1)}\right\}^{\frac{1}{2}} \\ &= EFF \times TECH(\tau) \div KC^t \times LC^t.\end{aligned} \quad (4-3)$$

首先，正如我们在本节之前所讨论的那样，$D_0^t(K_\tau,L_\tau,C_\tau,E_\tau)$ 测量了在生产技术 S^t 下使 $(K_\tau,L_\tau,C_\tau,E_\tau)$ 可行所需的产量的最大变化。其次，分解式（4-3）还测算了两个不同年份之间的技术进步（即生产前沿的转移），如果第 τ 年的技术比第 t 年的技术更先进，则 $D_0^\tau(K_\tau,L_\tau,C_\tau,E_\tau) < D_0^t(K_\tau,L_\tau,C_\tau,E_\tau)$。如果我们用第 τ 年的技术而不是第 t 年的技术作为参考基准，分解式（4-3）将变成以下形式：

$$\frac{C_\tau/E_\tau}{C_t/E_t} = EFF \times TECH(t) \div KC^\tau \times LC^\tau \quad (4-4)$$

通过计算几何平均值，我们可以避免从（4-3）和（4-4）中选择一种分解式所带来的偏差。因此，煤炭强度的变化最终可以通过以下式子进行分解：

$$\begin{aligned}\frac{C_\tau/E_\tau}{C_t/E_t} &= EFF \times [TECH(\tau) \times TECH(t)]^{\frac{1}{2}} \\ &\quad \times [KC^t \times KC^\tau]^{\frac{1}{2}} \times [LC^t \times LC^\tau]^{\frac{1}{2}} \\ &= EFF \times TECH \times KC \times LC\end{aligned} \quad (4-5)$$

式（4-5）表明，煤炭强度的变化可以被分解为四个成分：第一个成分

EFF 衡量技术追赶，相较于第 t 年，如果第 τ 年存在技术追赶（即 $EFF<1$），那么潜在煤炭强度会降低。第二个成分 $TECH$ 衡量技术进步，若第 τ 年的技术更先进（即 $TECH<1$），这也将导致潜在煤炭强度下降，可以看到，EFF 和 $TECH$ 的乘积可衡量燃煤发电厂全要素生产率的变化对潜在煤炭强度变化的影响（Färe 等，1994）。最后两个分量 KC 和 LC 分别代表了资本煤炭比变化和劳动煤炭比变化对潜在煤炭强度变化的影响，如果 $k_\tau \leqslant (\geqslant) k_t$ 时，有 $KC \geqslant (\leqslant) 1$，则表明提高资本煤炭比不会导致燃煤发电厂潜在煤炭强度的增加；同样，如果 $l_\tau \leqslant (\geqslant) l_t$ 时，有 $LC \geqslant (\leqslant) 1$，则表明提高劳动煤炭比不会增加燃煤发电厂的潜在煤炭强度。

二、分解结果

我们将这一分解框架应用于中国燃煤发电厂的数据（2009 和 2012 年两年）。为了得到式（4-5）所示的分解结果，根据 Charnes 等（1978）的研究，我们使用数据包络分析方法分别构造了 2009 年和 2012 年燃煤发电厂的生产边界。在 2009 年，我们的样本包括 483 家燃煤电厂，其中有 389 家出现在 2012 年的样本中。我们用 2009 年 483 家燃煤发电厂数据构造了当年的生产边界。同样，我们用 2012 年 532 家燃煤发电厂数据构造了当年的生产边界。从所构造的 2009 年的生产边界结果来看，我们发现位于生产边界之上或接近生产边界的燃煤发电厂大多是中国东部地区的大型国有燃煤发电厂。

图 4-6 描绘了 2009 和 2012 年 389 家燃煤发电厂技术效率指数的分布情况。从静态分析结果来看，我们发现在 2009 年和 2012 年，大部分燃煤发电厂的技术效率指数比较低，这一结果与 Wei 等（2013）的发现一致。从动态变化来看，2009—2012 年，这 389 家燃煤发电厂技术效率指数的分布整体向右移动，表明技术效率（技术追赶）有了显著提升。以上结果说明：相较于 2009 年，样本燃煤发电厂在 2012 年以更有效的方式使用煤炭以及其他投入来生产电力。

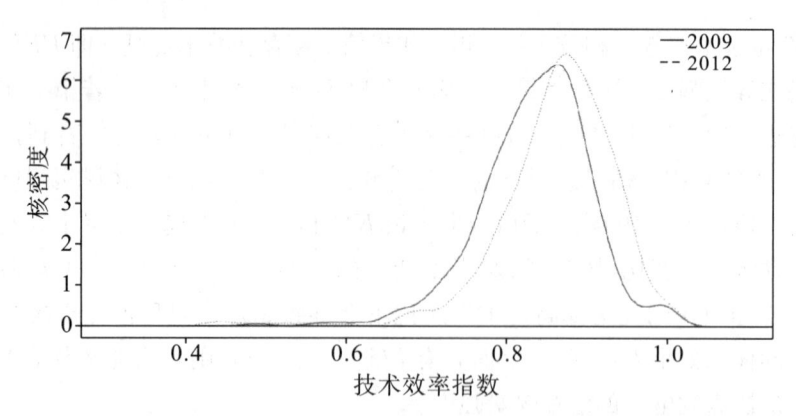

图 4-6 2009 和 2012 年样本燃煤发电厂技术效率指数分布图[1]

结合所构建的生产前沿以及投入产出数据,我们计算了每个燃煤发电厂在分解式(4-5)中的每个分解成分。表 4-2 报告了四个分解成分对煤炭强度变化的贡献的几何平均值:技术追赶[$(EFT-1)\times100$]、技术进步[$(TECH-1)\times100$]、资本煤炭比变化[$(KC-1)\times100$]、劳动煤炭比变化[$(LC-1)\times100$]。

表 4-2 煤炭强度动态变化的分解[2]

类型	样本量	煤炭强度(克/千瓦时)			对煤炭强度变化的贡献(%)			
		2009	2012	变化(%)	技术追赶	技术进步	资本煤炭比变化	劳动煤炭比变化
(1) 所有燃煤发电厂	389	346.45	336.87	-2.76	-3.16	1.11	-0.76	0.07
(2) 煤炭强度增加的燃煤发电厂	72	337.02	360.49	6.96	5.52	2.04	-0.50	-0.16
(3) 煤炭强度减少的燃煤发电厂	317	348.63	331.73	-4.85	-5.03	0.90	-0.82	0.12

表 4-2 的第(1)行是 389 家燃煤发电厂 2009 和 2012 年煤炭强度变化的分解结果,包括各年煤炭强度的几何平均值、煤炭强度的变化及其分解成分。从煤炭强度来看:在 2009 年,389 家样本燃煤发电厂平均使用 346.45 克标准煤的煤炭生产了 1 千瓦时的电力;在 2012 年,这 389 家燃煤发电厂的煤炭强度下降了 2.76%,为 336.87 克标准煤/千瓦时。从分解结果来看:"技术追

---

[1] 由原国家电力监管委员会提供的电力监管统计报表数据计算整理得到。
[2] 由原国家电力监管委员会提供的电力监管统计报表数据计算整理得到。

赶"这一分解成分为负值,说明技术效率的提高是样本燃煤发电厂平均煤炭强度下降的主要原因。如果2012年的发电技术效率与2009年的发电技术效率相等,那么样本燃煤发电厂2012年的煤炭强度可能为347.87克标准煤/千瓦时,这比2012年的实际煤炭强度高出3.26%。结合燃煤发电厂煤炭消耗的数量来看,我们可以认为技术追赶对减少燃煤发电厂的煤炭消耗有着极其重要的作用。表4-2的结果还显示,资本煤炭比变化也是促进样本燃煤发电厂平均煤炭强度下降的一个因素,其贡献率为0.76%。

进一步,我们按煤炭强度的变化方向将样本燃煤发电厂分为两组:2012年煤炭强度高于2009年煤炭强度的燃煤发电厂属于"煤炭强度增加"组,2012年煤炭强度低于2009年煤炭强度的燃煤发电厂属于"煤炭强度减少"组。表4-2的第(2)行和第(3)行分别是每组燃煤发电厂煤炭强度的几何平均值、变化及其分解等。对比发现,技术追赶的差异是导致两组燃煤发电厂煤炭强度变化方向相反的主要原因,因为仅技术追赶这一成分对煤炭强度变化差异的贡献率就达到了89%[①]。

第五节 燃煤发电厂煤炭强度对比分析

在本节,我们将对上一节中389家样本燃煤发电厂的煤炭强度变化及其分解进行分类比较,讨论地区、规模以及所有制类型对煤炭强度变化的影响。

一、不同地区燃煤发电厂的煤炭强度变化及其分解对比

首先,我们按照地理位置将这389家发电厂划分为三组,即东部、中部和西部地区[②]。在这389家燃煤发电厂中,40%的燃煤发电厂位于经济发达的东部地区。表4-3报告了这三个地区燃煤发电厂的平均煤炭强度变化及其四个分解成分。结果显示,2009—2012年,技术追赶是各地区燃煤发电厂煤炭强度降低最重要的原因,并且技术追赶对中部地区燃煤发电厂煤炭强度降低的贡献最大。我们还发现,资本煤炭比变化有助于降低东部和中部地区燃煤发电厂的煤炭强度,这与此前表4-2所报告的全样本的分析结果一致。此外,相较

---

① 计算公式为:(-5.03-5.52)/(-4.85-6.96)×100%=89%。
② 地区划分标准:东部地区包括辽宁、河北、天津、北京、山东、江苏、上海、浙江、福建、广东、海南、广西;中部地区包括:黑龙江、吉林、内蒙古、山西、安徽、江西、湖南、湖北、河南;西部地区包括:重庆、四川、云南、贵州、陕西、青海、甘肃、宁夏、新疆、西藏。

于其他地区，西部地区燃煤发电厂的煤炭强度最高，下降速度也最慢。综上所述，2009—2012 年间这三个地区燃煤发电厂煤炭强度变化的不同在很大程度上可以由技术追赶差异来解释。

表 4-3 不同地区样本燃煤发电厂煤炭强度分解结果[①]

地区	样本量	煤炭强度（克/千瓦时）和变化（%）			对煤炭强度变化的贡献（%）			
		2009	2012	变化	技术追赶	技术进步	资本煤炭比变化	劳动煤炭比变化
东部	166	341.44	332.30	-2.68	-2.78	1.25	-1.31	0.18
中部	142	343.89	330.67	-3.84	-4.14	0.87	-0.59	0.03
西部	81	361.62	357.91	-1.03	-2.23	1.22	0.09	-0.08

二、不同规模燃煤发电厂的煤炭强度变化及其分解对比

表 4-4 是不同规模（即小型、中型和大型）[②] 发电厂的煤炭强度变化及其分解对比。结果表明，小型燃煤发电厂在 2009 年和 2012 年的煤炭强度水平都较高，但其煤炭强度的下降速度远快于中型和大型燃煤发电厂。就分解成分来看，我们发现技术追赶仍然是这三组燃煤发电厂在 2009—2012 年间煤炭强度下降最主要的原因。2009—2012 年，小型燃煤发电厂的煤炭强度降低了 4.46%，仅技术追赶这一因素就使煤炭强度下降了 4.71%，而资本煤炭比变化仅使小型燃煤发电厂的煤炭强度下降了 1.93%。综上所述，在不同规模的燃煤发电厂之间，技术追赶和资本煤炭比变化对煤炭强度降低的贡献是不同的。

---

① 由原国家电力监管委员会提供的电力监管统计报表数据计算整理得到。

② 此处的规模类别依据 2009 年的装机容量和运行小时数乘积的大小来划分。我们将这 389 家燃煤发电厂划分为数目大致相等的三组：小型规模包括年发电量小于 2475 百万千瓦时的燃煤发电厂，中等规模包括年发电量在 2475 至 4905 百万千瓦时区间的燃煤发电厂，大型规模包括年发电量大于 4905 百万千瓦时的燃煤发电厂。

表 4-4 不同规模样本燃煤发电厂煤炭强度分解结果[1]

资本规模	样本量	煤炭强度（克/千瓦时）和变化（%）			对煤炭强度变化的贡献（%）			
		2009	2012	变化	技术追赶	技术进步	资本煤炭比变化	劳动煤炭比变化
小型规模	130	370.54	354.00	-4.46	-4.71	2.37	-1.93	-0.14
中等规模	130	340.59	334.04	-1.92	-2.51	0.68	-0.18	0.10
大型规模	129	329.37	323.19	-1.88	-2.24	0.28	-0.14	0.24

三、不同所有制类型燃煤发电厂的煤炭强度变化及其分解对比

表 4-5 是不同所有制类型燃煤发电厂的煤炭强度变化及其分解对比。我们可以看到 2009—2012 年，国有燃煤发电厂在技术追赶方面的表现优于非国有燃煤发电厂。一个可能的原因是，相较于国有燃煤发电厂，非国有燃煤发电厂受到更多的环境规制（例如，二氧化硫排放规制）。表 4-5 还显示，相较于国有燃煤发电厂，资本煤炭比变化对非国有燃煤发电厂煤炭强度降低的影响更大。与之前的结论类似，2009—2012 年不同所有制类型燃煤发电厂煤炭强度变化的不同完全可以由技术追赶的差异来解释。

表 4-5 不同所有制类型样本燃煤发电厂煤炭强度分解结果[2]

所有制类型	样本量	煤炭强度（克/千瓦时）和变化（%）			对煤炭强度变化的贡献（%）			
		2009	2012	变化	技术追赶	技术进步	资本煤炭比变化	劳动煤炭比变化
国有	330	345.63	335.89	-2.82	-3.29	0.92	-0.49	0.07
非国有	59	350.43	346.04	-1.25	-1.38	2.18	-2.11	0.10

第六节 稳健性检验

前两个小节的分析都表明技术追赶是 2009—2012 年样本燃煤发电厂煤炭

---

[1] 由原国家电力监管委员会提供的电力监管统计报表数据计算整理得到。
[2] 由原国家电力监管委员会提供的电力监管统计报表数据计算整理得到。

强度降低的重要因素，该结论是否可信呢？在本节，我们对表4-2的主要结论进行稳健性检验。

首先，我们根据2009年的资本规模删除一些样本，从2009年和2012年均有数据的389家燃煤发电厂中剔除2009年资本规模位于前5%和后5%的样本，最终，我们得到了351家燃煤发电厂。表4-6的第（1）行是这351家燃煤发电厂的煤炭强度变化及其分解的几何平均值。结果再次表明，技术追赶是样本燃煤发电厂2009—2012年煤炭强度降低的主要原因。

其次，我们基于2009年的煤耗量删除一些样本，即通过删除掉2009年煤耗量位于前5%和后5%的样本，最终得到了351家燃煤发电厂的煤炭强度变化及其分解的几何平均值［见表4-6第（2）行］。最后，我们剔除了工资支付存在异常值的样本。表4-6的第（3）行是剔除工资支付异常值后的351家样本燃煤发电厂的煤炭强度变化及其分解的几何平均值。总而言之，一系列稳健性检验的结果均表明2009—2012年，技术追赶是燃煤发电厂煤炭强度降低的重要原因。

表4-6 稳健性检验[①]

样本筛选原则	样本量	煤炭强度（克/千瓦时）和变化（%）			对煤炭强度变化的贡献（%）			
		2009	2012	变化	技术追赶	技术进步	资本煤炭比变化	劳动煤炭比变化
（1）资本规模	351	345.24	335.23	-2.90	-3.31	0.96	-0.53	0.00
（2）煤耗	351	345.04	335.24	-2.84	-2.84	1.14	-0.77	-0.02
（3）工资支付	351	345.62	335.81	-2.84	-3.21	0.97	-0.61	0.03

第七节 反事实分析

在上一节，我们通过稳健性检验证实了技术追赶对样本燃煤发电厂煤炭强度降低的重要贡献。但此前的分析都是通过平均值的差异来解释4个分解成分对煤炭强度变化的贡献，本节旨在探讨每一个分解成分对煤炭强度分布变化的相对重要性，即，到底是什么因素导致了煤炭强度分布的动态变化？我们将采

[①] 由原国家电力监管委员会提供的电力监管统计报表数据计算整理得到。

用反事实分析法回答以上问题。

基于有关劳动生产率（Kumar&Russell，2002；Henderson&Russell，2005）和能源强度（Wang，2013）的研究。我们将 2009 至 2012 年煤炭强度变化的分解式（4—5）改写成如下式子：

$$CI_{2012} = CI_{2009} \times EFF \times TECH \times KC \times LC \qquad (4-6)$$

式（4—6）表明，2012 年的煤炭强度 CI_{2012} 等于 2009 年的煤炭强度 CI_{2009} 乘以四个分解成分。为了将劳动煤炭比变化对煤炭强度分布的变化的影响单独分离出来，我们考虑以下反事实分布：

$$CI^{L} = CI_{2009} \times LC \qquad (4-7)$$

假设 2009—2012 年，资本煤炭比、技术进步以及技术追赶没有变化。图 4—7（a）显示了假设仅劳动煤炭比变化时 2012 年样本燃煤发电厂煤炭强度的反事实分布。为了进行比较，图 4—7（a）还同时显示了 2009 年和 2012 年样本燃煤发电厂煤炭强度的实际分布。图 4—7（a）显示，2012 年的反事实分布与 2009 年的实际分布非常接近。然而，2012 年的反事实分布和 2012 年的实际分布却明显不同。因此，2009—2012 年，劳动煤炭比变化对煤炭强度分布变化所产生的影响可以忽略不计。

现在，我们考虑资本煤炭比变化所产生的附加影响，图 4—7（b）绘制了以下反事实分布：

$$CI^{KL} = CI_{2009} \times LC \times KC = CI^{L} \times KC \qquad (4-8)$$

图 4—7（b）显示了劳动煤炭比和资本煤炭比变化对煤炭强度分布变动的联合影响。显然，资本煤炭比变化对 2009—2012 年煤炭强度分布变化的作用也微不足道。

类似地，技术进步的附加影响可以通过以下反事实分布来观察：

$$CI^{TKL} = CI_{2009} \times TECH \times KC \times LC = CI^{KL} \times TECH \qquad (4-9)$$

图 4—7（c）显示了劳动煤炭比变化、资本煤炭比变化以及技术进步三者对煤炭强度分布变动的联合影响，可以看到，图 4—7（c）的反事实分布与图 4—7（a）和（b）的反事实分布以及 2009 年的实际分布大致相同。

最后，我们发现如果进一步加上技术追赶的影响，得到的分布将接近于 2012 年的实际分布。这表明，如果将技术追赶的影响考虑进来，反事实分布的变化是显著的，这初步证明了技术追赶是煤炭强度分布变化的主要驱动力这一结论。

(a) 劳动煤炭比变化的效应

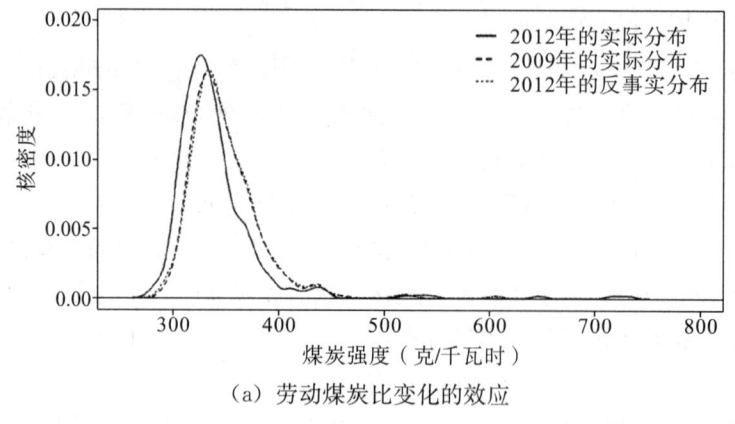

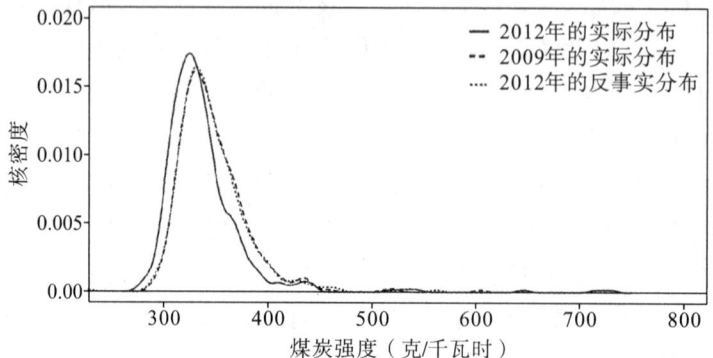

(b) 劳动煤炭比与资本煤炭比变化的联合效应

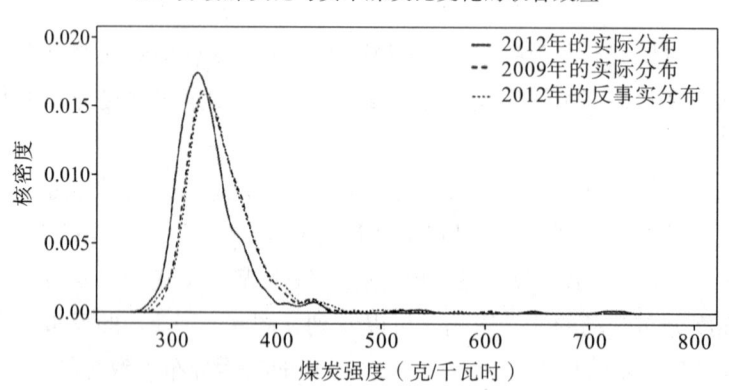

(c) 劳动煤炭比变化、资本煤炭比变化以及技术进步的联合效应

图 4—7 依次引入劳动煤炭比变化、资本煤炭比变化、技术进步的反事实分布①

图 4—7 的分析中各分解成分的引入顺序是随机的，但我们发现在改变顺序后，得到的结果仍然是一样的：2009—2012 年，煤炭强度分布变化主要由

---

① 由原国家电力监管委员会提供的电力监管统计报表数据计算整理得到。

技术追赶所驱动。图4-8（a）提供了最令人信服的支持证据：仅仅引入技术追赶这一成分就会使得2012年的反事实分布高度接近2012年的实际分布，随后再引入其他成分引入都无法显著改变煤炭强度的分布。

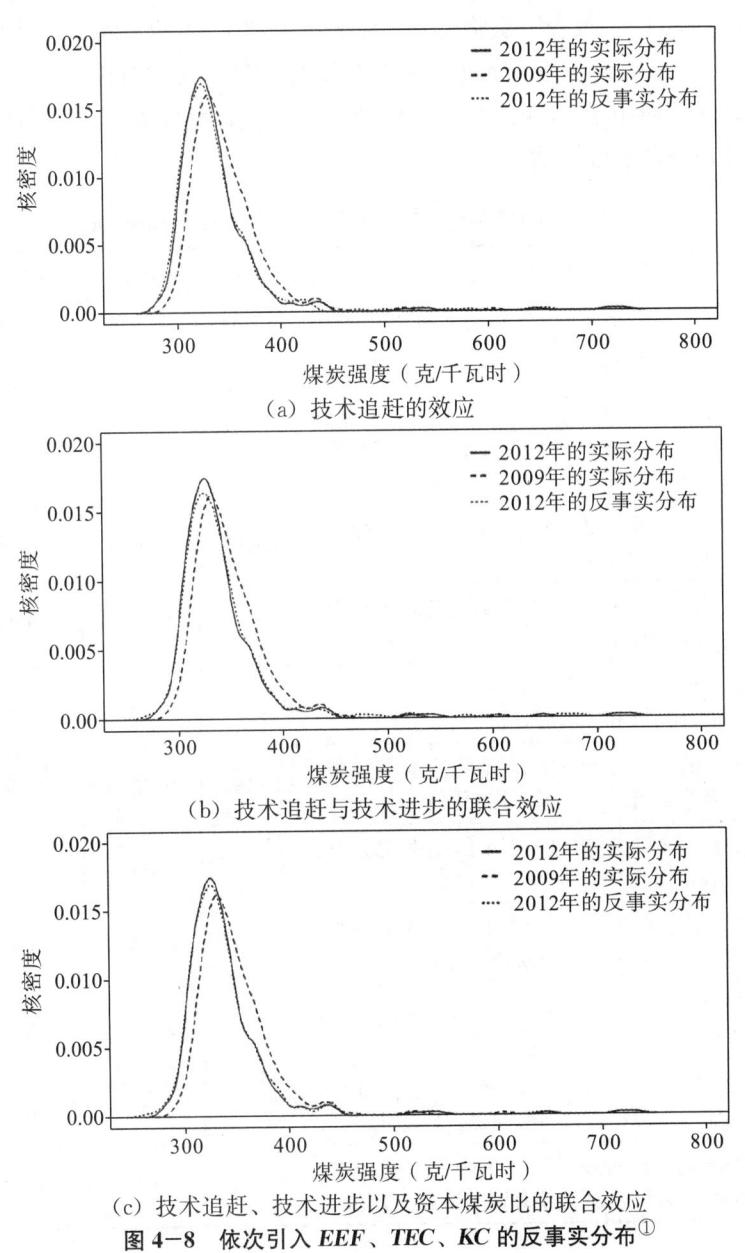

(a) 技术追赶的效应

(b) 技术追赶与技术进步的联合效应

(c) 技术追赶、技术进步以及资本煤炭比的联合效应

图4-8 依次引入 *EEF*、*TEC*、*KC* 的反事实分布[①]

---

① 由原国家电力监管委员会提供的电力监管统计报表数据计算整理得到。

我们可以用统计学意义上的显著性检验来进一步证明以上图形分析的可靠性。通过对2012年的实际分布与反事实分布之间的差异进行统计学上的显著性检验，我们可以间接探究4个分解成分对煤炭强度分布变化的相对贡献的统计显著性。表4-7报告了检验结果，原假设为2012年的实际分布和将不同的成分依次引入2009年实际分布得到的2012年的反事实分布相同。为了比较这些分布，我们使用了Li（1996）提出的统计方法，并实施了一个特定的引导过程以获得统计的临界值。

表4-7　2012年的实际分布与反事实分布的假设检验[①]

原假设 H_0	t 值	p 值	H_0 假设检验结果
（1）2012年的实际分布＝2009年的实际分布	7.2247	0.0000	拒绝 H_0
（2）2012年的实际分布＝2012年的反事实分布（只引入技术追赶）	−0.0602	0.9393	不拒绝 H_0
（3）2012年的实际分布＝2012年的反事实分布（只引入技术进步）	9.8758	0.0000	拒绝 H_0
（4）2012年的实际分布＝2012年的反事实分布（只引入资本煤炭比变化）	5.9167	0.0007	拒绝 H_0
（5）2012年的实际分布＝2012年的反事实分布（只引入劳动煤炭比变化）	8.5369	0.0000	拒绝 H_0
（6）2012年的实际分布＝2012年的反事实分布（同时引入技术追赶和技术进步）	0.0197	0.9853	不拒绝 H_0
（7）2012年的实际分布＝2012年的反事实分布（同时引入技术追赶和资本煤炭比变化）	0.2346	0.7670	不拒绝 H_0
（8）2012年的实际分布＝2012年的反事实分布（同时引入技术追赶和劳动煤炭比变化）	−0.1447	0.8603	不拒绝 H_0
（9）2012年的实际分布＝2012年的反事实分布（同时引入技术进步和资本煤炭比变化）	7.8310	0.0000	拒绝 H_0
（10）2012年的实际分布＝2012年的反事实分布（同时引入技术进步和劳动煤炭比变化）	10.9590	0.0000	拒绝 H_0
（11）2012年的实际分布＝2012年的反事实分布（同时引入资本煤炭比变化和劳动煤炭比变化）	6.8971	0.0000	拒绝 H_0
（12）2012年的实际分布＝2012年的反事实分布（同时引入技术追赶、技术进步和资本煤炭比变化）	−0.0245	0.9763	不拒绝 H_0

[①] 由原国家电力监管委员会提供的电力监管统计报表数据计算整理得到。

续表

原假设 H₀	t 值	p 值	H₀假设检验结果
（13）2012年的实际分布＝2012年的反事实分布（同时引入技术追赶、技术进步和劳动煤炭比变化）	0.0448	0.9580	不拒绝 H₀
（14）2012年的实际分布＝2012年的反事实分布（同时引入技术追赶、资本煤炭比变化和劳动煤炭比变化）	0.0296	0.9723	不拒绝 H₀
（15）2012年的实际分布＝2012年的反事实分布（同时引入技术进步、资本煤炭比变化和劳动煤炭比变化）	8.7372	0.0000	拒绝 H₀

表4-7的第（1）行显示，2009年和2012年的实际分布在1%的显著性水平上存在差异，证实了此前图4-5的结论。接下来，分别将每一个成分引入2009年的实际分布进而得到4个反事实分布，再分别将这4个反事实分布与2012年的实际分布进行显著性检验。表4-7的第（2）至（5）行显示，无法拒绝2012年的实际分布与仅包含技术追赶的反事实分布相同的假设，但仅引入除技术追赶以外的其他任何一个分解成分得到的结果都是拒绝原假设，表明仅技术追赶这一因素就可以解释2009—2012年煤炭强度分布的变化。表4-7的第（6）至（11）行报告了仅包含两个分解成分的反事实分布与2012年实际分布的检验结果，第（12）至（15）行报告了包含3个分解成分的反事实分布与2012年实际分布的检验结果。检验的结果均表明：2012年样本燃煤发电厂煤炭强度的实际分布与不包括技术追赶的反事实分布存在显著差异；但如果反事实分布中包含技术追赶，那么其与2012年的实际分布则不存在显著性差异。综上所述，表4-7中的检验结果进一步表明技术追赶是2009—2012年中国燃煤发电厂煤炭强度变化的主要驱动力。

第八节　主要结论

本章通过将煤炭强度的变化分解为技术追赶、技术进步、资本煤炭比变化和劳动煤炭比变化4个成分来研究2009—2012年我国燃煤发电厂煤炭强度降低的驱动因素，得出如下结论：

第一，我们对2009年和2012年数据均可得的389家燃煤发电厂的煤炭强度变化进行分解，样本总体的煤炭强度变化以及各分解成分的均值结果显示：

技术追赶是 2009—2012 年中国燃煤发电厂煤炭强度变化的主要驱动力。

第二，我们将燃煤发电厂按地区、规模、所有制类型进行分类来探讨驱动因素对煤炭强度变化的影响是否存在差异，结果表明不同类型燃煤发电厂煤炭强度变化的异质性主要由技术追赶的差异所导致。

第三，我们删除掉异常值样本进行稳健性检验，其结论进一步证实了技术追赶是燃煤发电厂煤炭强度变化的驱动因素这一结论。

第四，通过对煤炭强度分布变化进行图形分析以及统计学意义上的显著性检验，结果为技术追赶是燃煤发电厂煤炭强度分布变化的重要影响因素这一结论提供了有力的证据。

本章基于 2009 和 2012 年中国 389 个燃煤发电厂的投入和产出数据，利用 Shephard 产出距离函数和 Seigel（1945）提出的"理想"指数公式，研究分析煤炭强度的动态变化及其驱动因素，对不同所有制、规模和地区的燃煤发电厂进行分析，探讨这些驱动因素对煤炭强度变化的影响是否存在差异。我们发现，在样本期内，技术追赶是燃煤发电厂煤炭强度降低的主要驱动因素。它也是导致不同类型燃煤发电厂煤炭强度变化存在差异的主要原因。

通过进一步分析我们也看到，西部地区燃煤发电厂的煤炭强度最大，下降速度较慢；小型燃煤发电厂的煤炭强度高，下降速度慢。因此，我们的主要建议是，政府应将政策干预更多地集中于中国西部地区的小型燃煤发电厂，如果这些燃煤发电厂能进一步提升相关技术，其能源效率还有较大的提升空间。

第五章 电力市场化改革与火电行业资源配置效率研究[①]

改革开放以来,随着电力市场化改革的逐步推进,我国电力行业投资主体单一、政企不分以及垄断一体化经营等问题已明显缓解,但仍存在电源结构能耗高与资源配置效率低的问题。许多研究表明,资源配置效率对全要素生产率具有重要影响(Banerjee&Duflo,2005;Restuccia&Rogerson,2008;Hsieh&Klenow,2009),资源若能更有效地配置,将有助于实现电力行业高质量发展,这也是未来电力市场化改革的目标。目前我国正积极推进以"建立健全市场体制"为主要目的的新一轮电力体制改革,因此,合理评估已有市场化改革政策对电力行业资源配置效率的影响极具政策参考意义。对此,本章就1998—2007年间的电力市场化改革政策进行简单回顾,并以火电行业为例,应用Hsieh&Klenow(2009)与Li等(2017)的资源错配模型,试图分析这些政策措施是否改善了火电行业的资源配置效率;在不同所有制类型的火电厂中,政策效果是否有所差异?依此深入探讨市场化改革政策对火电行业资源配置效率的影响。

第一节 回顾:电力市场化改革进程

1998—2007年间,中国电力行业主要经历了三次全国范围的重要改革,包括1997年开始的政企分开改革、2002年前后的电力体制改革及2004年起实行的标杆电价。第二章已详细说明了这三次改革的背景、内容和政策效果,这里我们进行简要回顾,并适当补充。

[①] 本章节感谢国家自然科学基金"异质性调整成本视角下电力产业资源错配与全要素生产率改进研究"(71904158)的资助;特别感谢李文杰副教授有关资源错配理论的贡献与指导,使得本章内容更为精确充实。本章内容系基于作者(秦萍、余津娴、李星皓)尚未发表的工作论文改写而成。

一、政企分开改革

1997年之前，我国电力行业长期处于政企不分的局面，电力工业部既是电力主管部门又直接经营国有发电厂，这使得国有发电厂丧失了市场主体的独立性，没有真正地参与市场竞争，生产效率低下。同时，随着其他性质的发电厂不断发展，电力调度不平衡的问题也逐渐凸显，大量非直属发电厂开始要求主管部门政企分开，保证电力的公平调度和公平分配。

为使电力行业逐步实现从上而下的政企分开，我国于1997年组建了国家电力公司，承接电力工业部下属的国有电力资产。1998年，电力工业部被撤销，其行业管理职能被移交到行业协会中国电力企业联合会，政府管理职能则移交至电力司。至此，国务院原组成部门之一——电力工业部的管理职能和国有资产彻底分离，政企分开初步实现。1999年，为进一步实现地方电力部门的政企分开工作，国家经济贸易委员会[①]发布《关于做好电力工业政企分开改革工作的意见》，要求将各省、自治区、直辖市电力局（公司）的政府管电职能移交给省级经济贸易委员会，由各省级经济贸易委员会来负责当地电力行业的规划和监督等工作。2001年，各省级电力局在国家经济贸易委员会的指导下，逐步将电力行政管理职能转移给对应的省级综合经济管理部门，电力行业自上而下的政企分开到此基本实现。

二、电力体制改革

政企分开改革有效地刺激了我国电力行业装机容量和发电量的增长，但当时我国的电力系统在市场结构、输配体制以及上网电价等方面仍然有较多矛盾。比如，国家电力投资集团垂直一体化经营严重，作为重要发电主体的同时也控制了全国90%以上的电网资产，下属发电厂在发电市场上占有输配电的绝对优势，并借此控制了大量的地方优质电力资产；而省为实体的管理模式则造成了严重的省际市场壁垒，使得地区能源禀赋与经济水平不匹配的问题加剧。

为解决这一系列的问题，2002年2月国务院下发《国务院关于印发电力体制改革方案的通知》，开启了以"厂网分开、竞价上网、打破垄断"为主要内容的电力体制改革。2002年底，国家电力公司被纵横双向拆分，主要的发

[①] 2003年3月，根据《第十届全国人民代表大会第一次会议关于国务院机构改革方案的决定》，组建中华人民共和国商务部，不再保留国家经济贸易委员会。

电资产重组后形成五大发电集团，而电网资产则被重组为两大电网公司。此次拆分有力地促进了电力建设，2003年我国电站项目开工数和项目投产数均创造历史新高，到2003年底，全国装机容量达到39141万千瓦，比2002年增长了9.77%[①]。

三、标杆电价

2004年实行的标杆电价是2002年电力体制改革的重要延伸。早年为鼓励电力建设，我国发电厂的上网电价遵循还本付息原则，即制定电价，保证发电厂投资者在合理的时间内偿还所有本金和利息，并获得较高的投资回报。这种一厂一价模式下的电价由各级政府的职能机构以及各方利益主体协商而来，价格形成机制缺乏透明度和科学性，无法正确引导电力投资。国家电力公司拆分后，虽然国家发展和改革委员会提出了过渡性的电价方案，但仍未打破一厂一价的定价模式。2003年7月，国务院办公厅下发《电价改革方案》，提出建立规范与透明的电价管理制度。2004年初，国家发展和改革委员会首次公布了各地区统一调度范围内新投产燃煤机组的标杆上网电价（简称"标杆电价"），并在以后年度根据煤电联动的原则进行适当调整，至此，我国发电厂一厂一价的定价模式才被取消。

第二节　文献综述

一、我国火电行业的政策性研究

国际上关于我国火电行业的政策性研究主要集中于2002年的电力体制改革，并关注火电厂的生产效率和能源效率。如Du等（2009）基于2002年电力体制改革前后的截面数据研究了拆分改革对火电厂生产效率的影响，结果发现改革明显提高了火电厂的劳动投入效率和非燃料投入效率；Zhao&Ma（2013）则发现2002年的电力体制改革只能明显提升大型火电厂的生产效率。也有研究发现2002年的分拆改革对不同规模和地区火电厂生产效率的影响大小具有差异（Gao&Van，2014）。此外，Ciwei&Yang（2010）研究了2007年试行的节能发电调度政策的效果，结果发现该政策可以提升火电厂整体的能源

---

① 中国电力企业联合会规划与统计信息部：《二〇一四年电力工业统计资料汇编》，2015年。

效率。

相较而言，国内的文献更侧重于研究火电行业的电价政策和环境规制政策。在电价政策方面，李眺（2009）基于上市火电企业的数据，研究了 2005 年实行的煤电价格联动机制对我国火电企业效率的影响，结果表明这种定价机制显著提高了火电企业的技术效率；白让让（2009）和于左、孔宪丽（2010）发现政府对电力价格过多的行政干预是造成电煤价格扭曲和煤电关系紧张的重要原因；刘希颖、林伯强（2013）的研究结果则表明煤电价格联动是利大于弊的过渡性措施，未来电力定价机制仍需进行市场化改革。在环境规制方面，白雪洁 & 宋莹（2009）分析了环境规制对火电行业生产效率的影响，发现环境规制通过激励企业进行技术创新，提升了火电行业整体的生产效率水平。

综上所述，已有文献虽对火电行业的多项政策展开研究，却鲜有文献从资源配置效率的角度对火电行业的相关政策进行分析。

二、关于资源配置效率问题的研究

已有研究证明，资源配置效率对于一个经济体的生产率有着重要的影响，改善资源配置效率能提升全要素生产率，带来经济增长（陈永伟、胡伟民，2011；聂辉华、贾瑞雪，2011；Hsieh & Klenow，2009；Restuccia & Rogerson，2008）。Melitz 等（2013）首先发现在对外贸易过程中，低效率的企业会在竞争中被挤出外贸市场，使得市场资源配置情况发生改变，并且这种资源重置会改善行业的整体生产效率。Restuccia & Rogerson（2008）构建了企业异质的增长模型，并通过数据校准证明了企业之间的要素配置扭曲会对宏观经济的全要素生产率产生影响。Hsieh & Klenow（2009）则开创性地从资源错配视角出发研究资源配置效率，他们将全要素生产率（Tota Factor Productivity，TFP）区分为实体生产率（The Quantity-based TFP，TFPQ）和全要素收益生产率（The Revenue-based TFP，TFPR），首次提出使用全要素收益生产率的离散程度来量化资源配置效率，并比较了中国、印度和美国的全要素生产率，发现资源配置的扭曲是中国、印度和美国全要素生产率存在差异的主要原因，如果中国的资源配置效率与美国相同，则全要素生产率可以上升 86.6% ~ 115.0%。此后，Hsieh & Klenow（2009）的分析框架得到了国内外学者的广泛应用（陈永伟、胡伟民，2011；聂辉华、贾瑞雪，2011；Li 等，2017）。

国内文献有关资源配置效率问题的研究主要分析资源错配给中国制造业带来的损失，并从不同角度探索资源错配的成因（辉华、贾瑞雪，2011；龚关、胡关亮，2013；杨振、陈甬军，2013；周黎安等，2013；江艇等，2018）。易纲等（2003）认为资源配置效率的改善对我国全要素生产率的提高有重要贡献。龚关、胡关亮（2013）使用边际产出价值的离散程度来衡量资源配置效率，他们发现若生产要素得到有效配置，我国1998年和2007年制造业的全要素生产率将分别提高57.1%及30.1%。周黎安等（2013）研究了官员政治周期对地区资源错配的影响，发现在省级党代会召开的当年和后两年，地级行政区的资源错配程度会显著较高，而在接下来的两年则有所降低。江艇等（2018）研究了城市行政级别对不同所有制企业资源错配的影响，发现城市行政级别越高，国有企业资源错配的程度越严重。

然而，从经济改革的角度动态分析我国资源配置效率的文献仍较少，仅Hsieh&Song（2015）对我国国有企业"抓大放小"的改革政策进行研究，他们发现国有与民营企业的劳动生产率在改革后逐渐趋同，生产性资源错配的问题得到部分解决。考虑到改革之于中国经济的重要性，研究不同领域的改革政策如何影响资源配置效率仍有较大的理论和应用拓展空间。

第三节 资源错配理论框架与数据说明

一、资源错配模型

火电行业的要素扭曲程度衡量资源配置效率，要素扭曲程度越高，资源配置效率越低。本章应用的资源错配模型来自Li等（2017）的研究，其在Hsieh&Klenow（2009）的基础上放宽了规模报酬不变的假设，通过构建行业层面的资源错配模型来描述个别厂商的要素扭曲（产出扭曲和资本投入扭曲）与整个行业全要素生产率之间的关系。他们首先假设行业中有M家厂商，各自的产出为Y_i，行业总产出为：

$$Y = \sum_{i=1}^{M} Y_i \tag{5-1}$$

各厂商的生产函数由柯布-道格拉斯（Cobb-Douglass）函数表示：

$$Y_i = A_i (L_i^\alpha K_i^{1-\alpha})^\gamma, \gamma \in (0,1) \tag{5-2}$$

其中，A_i为厂商i的技术水平；L_i为厂商i的劳动投入；K_i为厂商i的资本投入；α为劳动份额；γ为规模报酬递减系数，取值范围从0到1。由于要素市场的扭曲会给厂商带来额外的成本，因此厂商i的利润函数可以表示为：

$$\pi_i = (1 - \tau_{Y_i})P_i Y_i - wL_i - (1 + \tau_{K_i})RK_i \tag{5-3}$$

其中，τ_{Y_i} 和 τ_{K_i} 分别为厂商 i 面临的产出扭曲程度和资本投入扭曲程度，P_i 为厂商 i 的产品价格，R 为资本的租金率。

此外，该模型假设行业内每个厂商的产品同质，根据需求的一阶条件，每个厂商的产出价格相同，即 $P_i = P$。求解利润最大化后可得厂商劳动投入与资本投入的一阶条件，即式（5-4）和式（5-5）。可以看到，厂商的产出扭曲越严重，劳动边际产出收益（$MPPL_i$）和资本边际产出收益（$MRRK_i$）会越高；同时，资本投入扭曲越严重还将使得资本边际产出收益越高。

$$MRPL_i = MRPL_i(w, \tau_{Y_i}, \tau_{K_i}) \triangleq w \frac{1}{1 - \tau_{Y_i}} \quad (5-4)$$

$$MRPK_i = MRPK_i(R, \tau_{Y_i}, \tau_{K_i}) \triangleq R \frac{1 + \tau_{K_i}}{1 - \tau_{Y_i}} \quad (5-5)$$

Li 等（2017）根据一阶条件计算出厂商的均衡生产规模，即式（5-6），可知产出扭曲和资本投入扭曲均会减少厂商的均衡生产规模，若不存在产出扭曲和资本投入扭曲，则厂商可达到其最佳生产规模。

$$Y_i \propto \left(\frac{A_i(1 - \tau_{Y_i})}{(1 + \tau_{K_i})^{\gamma(\alpha-1)}} \right)^{\frac{1}{1-\gamma}} \quad (5-6)$$

Li 等（2017）也依据 Hsieh & Klenow（2009）的模型，区分了全要素实体生产率（$TFPQ$）和全要素收益生产率（$TFPR$），其定义如下：

$$TFPQ_i \triangleq \frac{Y_i}{(L_i^\alpha K_i^{1-\alpha})^\gamma} \quad (5-7)$$

$$TFPR_i \triangleq \frac{PY_i}{L_i^\alpha K_i^{1-\alpha}} \quad (5-8)$$

结合式（5-4）和式（5-5），各厂商的全要素收益生产率可进一步表示为：

$$TFPR_i = \left[\left(\frac{MRPL_i}{w} \right)^\alpha \left(\frac{MRPK_i}{R} \right)^{1-\alpha} \right]^\gamma = \left[(1 - \tau_{Y_i})^\alpha \left[\frac{1 - \tau_{Y_i}}{1 + \tau_{K_i}} \right]^{1-\alpha} \right]^{-\gamma} \quad (5-9)$$

根据 Foster 等（2008）的定义，$TFPR_i$ 可视为厂商一单位有效劳动与资本所得产出的市场价值。由此可知，当市场上不存在产出扭曲和资本投入扭曲时，各厂商无论是劳动边际产出收益或是资本边际产出收益都将会一致，各厂商的全要素收益生产率应无差异，即等于产业平均；反之，如果厂商存在严重的产出扭曲和资本投入扭曲，其劳动边际产出收益和资本边际产出收益会增大，全要素收益生产率也将严重地偏离行业平均水平。

Li 等（2017）通过加总各厂商的生产函数，将行业整体的全要素生产率表示为：

$$TFP = \frac{Y}{L^\alpha K^{1-\alpha}} = \frac{\left\{\sum_{i=1}^{M}\left(TFPQ_i \frac{\overline{TFPR}}{TFPR_i}\right)^{\frac{1}{1-\gamma}}\right\}^{1-\gamma}}{(L^\alpha K^{1-\alpha})^{1-\gamma}} \quad (5-10)$$

其中，$\overline{TFPR}$ 为厂商全要素收益生产率的调和平均值。进一步由式（5-10）可以得到式（5-11）：

$$\mathrm{dlog}\ TFP = -\frac{\sum_{i=1}^{M}\left(\mathrm{dlog}\frac{\overline{TFPR}}{TFPR_i}\right)}{\sum_{i=1}^{M}\left(TFPQ_i \frac{\overline{TFPR}}{TFPR_i}\right)} \quad (5-11)$$

式（5-11）说明当各厂商的全要素实体生产率固定时，行业的全要素生产率与各厂商全要素收益生产率的离散程度呈负相关关系，即各厂商要素的扭曲会降低行业的全要素生产率，因此我们可以根据每年厂商全要素收益生产率的离散程度来观察当年整个行业的要素扭曲程度，以此衡量资源配置效率。

二、火电行业要素状态比值的计算

我们首先设定模型中的主要参数，以计算火电行业内各火电厂全要素收益生产率的离散程度。由于火电行业属于资本密集性行业，故我们设定其劳动份额 α 为 0.1；参考 Li 等（2017）的研究，固定资产折旧率 δ 设为 20%，资金利率 ρ 设为 3%，则资本的租金率 R 为 0.23，规模报酬递减参数 γ 设为 0.8。同时，我们使用由式（5-7）变形而来的式（5-12）测算各火电厂的全要素实体生产率：

$$A_i = c \times \frac{PY_i}{((wL_i)^\alpha K_i^{1-\alpha})^\gamma} \quad (5-12)$$

由式（5-12）可知计算全要素实体生产率所需要的数据为各火电厂的产出（PY_i）、劳动投入（wL_i）和资本投入（K_i）。一般来说，计算全要素实体生产率时，不同质量产品的产出数量差异难以反映，因此用火电厂的净产出增加值来代替其生产量更合适。需要注意的是，虽然式（5-12）包含未知参数 c，但并不影响各火电厂间相对全要素实体生产率的计算。

接下来，参考 Hsieh&Klenow（2009）与 Li 等（2017）的研究，我们还将计算要素状态比值来反映火电行业的资源配置效率程度。由式（5-9）已知，当市场上不存在资本投入扭曲与产出扭曲时，则各火电厂的全要素收益生产率是一致的，即：

$$TFPR_i = \overline{TFPR} \quad (5-13)$$

将式（5-13）和（5-12）代入式（5-10），可得火电行业全要素生产率（$\bar{A}$），其可由所有火电厂的全要素实体生产率 i 表示：

$$\bar{A} = \frac{(\sum_{i=1}^{M} A_i^{\frac{1}{1-\gamma}})^{1-\gamma}}{(L^{\alpha} K^{1-\alpha})^{1-\gamma}} \qquad (5-14)$$

进而可获得式（5-15）中的要素状态比值，即现有要素资源下，存在要素扭曲时的产出（真实产出）与没有扭曲的产出（理想产出）之比，该比值越大说明两种产出越接近，整个火电行业的要素扭曲程度越小，资源配置效率越高。

$$\frac{Y}{Y_{efficient}} = \prod \left[\sum_{i=1}^{M} \left(\frac{A_i}{\bar{A}} \frac{\overline{TFPR}}{TFPR} \right)^{\frac{1}{1-\gamma}} \right]^{(1-\gamma)} \qquad (5-15)$$

三、数据说明

本章使用的火电厂数据主要来自 1998—2007 年的中国工业企业数据库，选取火电厂的工业增加值表示产出（Y），固定资产净值表示资本投入（K），应付工资总额表示劳动投入（L），并将其作为估算资源错配的主要指标。我们对数据进行了如下处理：首先，根据行业代码识别出数据库中所有的火电厂，剔除工业增加值或固定资产净值等指标为 0 或小于 0 的异常样本，并对数据库中 2001 年和 2004 年火电厂缺失的工业增加值进行了估计；其次，为避免计算受到极端值的影响，我们先算出每个样本每年的平均资本产出（工业增加值与固定资产净值的比值，APK）与平均劳动产出（工业增加值与应付工资总额的比值，APL），并根据 APK 和 APL 按年对数据进行了前后 2% 的截尾处理，最终得到 3194 个火电厂样本。

此外，我们根据火电厂登记注册类型和实收资本识别出火电厂的所有制类型；同时，我们还从网络上爬取了五大发电集团下属火电厂的名单，通过模糊匹配来识别样本中的火电厂，以计算五大集团下属火电厂的要素扭曲程度。样本数据的描述性统计如表 5-1 所示。

表 5-1　样本数据描述性统计[①]（单位：千元）

变量	样本量	均值	标准差	最小值	最大值
火电厂的工业增加值	9936	162760	366151	19	13709510

[①] 根据 1998 至 2007 年中国工业企业数据库中收集得到的火电厂样本数据整理得到。

续表

变量	样本量	均值	标准差	最小值	最大值
固定资产净值	9936	555004	1178495	134	21344930
应付工资总额	9936	18817	48542	6	1750000
平均资本产出	9936	0.529	0.764	0.019	10.79
平均劳动产出	9936	9.511	10.328	0.459	85.884

第四节　电力市场化改革下的火电行业资源配置效率

本节将计算火电行业、各种所有制火电厂以及集团/非集团火电厂每年的要素状态比值，从不同角度分析样本期间火电行业要素扭曲的变化趋势以及可能原因，并有针对性地讨论1998—2007年期间三次主要市场化改革政策（政企分开改革、电力体制改革、标杆电价实施）对火电行业资源配置效率的影响。

一、整体趋势

我们首先根据式（5-15）测算了1998—2007年样本火电厂每一年的要素状态比值，据此来观察整个火电行业资源配置效率的变化趋势。结果如表5-2第（1）行所示。可以发现，全样本的要素状态比值出现了几次明显的转折：1999年各省级电力局开始进行政企分开改革时，火电行业要素状态比值明显下降，此后三年又恢复到了1998年的水平；2003年国家电力公司拆分完成，火电行业要素状态比值明显下降；随后2004年全国实行标杆电价，要素状态比值大幅回升，此后也一直保持在较高水平。以上结果说明火电行业的资源配置效率很有可能受到了这三次全国性电力市场化改革政策的影响。

表5-2　不同所有制样本电厂要素状态比值的计算结果[①]

年度	1998	1999	2000	2001	2002	2003	2004	2005	2006	2007
（1）全样本	0.317	0.266	0.319	0.301	0.326	0.272	0.386	0.365	0.379	0.373
（2）国有	0.298	0.246	0.382	0.296	0.372	0.318	0.419	0.351	0.362	0.379
（3）民营	0.346	0.261	0.252	0.261	0.230	0.218	0.330	0.333	0.364	0.327

① 根据1998至2007年中国工业企业数据库中收集的火电厂样本数据整理得到。

续表

年度	1998	1999	2000	2001	2002	2003	2004	2005	2006	2007
（4）外资	0.490	0.534	0.454	0.356	0.371	0.304	0.401	0.553	0.531	0.449

表 5-2 第（2）～（4）行还同时报告了不同所有制类型火电厂子样本的要素状态比值，数值越小说明这一类型火电厂的生产要素扭曲越严重，资源配置效率越低。可以看到，1998—2004年是各类型火电厂要素状态比值变化最明显的时期，其中国有火电厂1998—2001年间的要素状态比值在0.300上下波动，但自2002年开始基本都维持在0.300以上；民营火电厂在1999—2003年的要素状态比值表现最差，在2003年低至0.218，但自2004年开始跳升到0.330，与国有火电厂的差距逐步缩小；外资火电厂的要素状态比值则经历了先降后升的过程，且波动幅度最为明显，从0.500附近下降到0.300，最后又回到了0.500以上。根据上述分析，我们可以认为这三次电力市场化改革政策对所有类型火电厂的资源配置效率都有明显影响。

表5-2的结果尚不能考察不同火电厂全要素收益生产率相对距离的变化。我们在理论框架中介绍了全要素收益生产率的概念，可知当产出和资本投入扭曲存在时，火电厂的全要素收益生产率会偏离行业平均，故各火电厂全要素收益生产率的离散程度能够反映火电行业的资源配置效率。所以我们进一步绘制了每年各火电厂全要素收益生产率的分布图，并标识出火电厂的所有制类型。

图5-1描述了三类火电厂标准化后的全要素收益生产率分布图，纵轴的0刻度线表示当年行业的全要素收益生产率平均水平，每一个分布点表示与当年行业平均水平的偏离程度。整个全要素收益生产率的分布范围被3条虚线分为四个区域：区域1、区域2、区域3、区域4。分布于区域1或区域4意味着火电厂的全要素收益生产率严重偏离行业平均水平，同时也表示这部分火电厂存在严重的要素扭曲。因此，我们依据各类火电厂在区域1至区域4的比例判断哪一类型的火电厂资源配置效率更低。可以看出，与国有和外资火电厂相比较，分布在区域4的民营火电厂更多，说明民营火电厂的资源配置效率更低，一方面可能是因为民营火电厂的资金较为紧张；另一方面可能是因为民营火电厂的话语权较弱，对收益无明确预期。

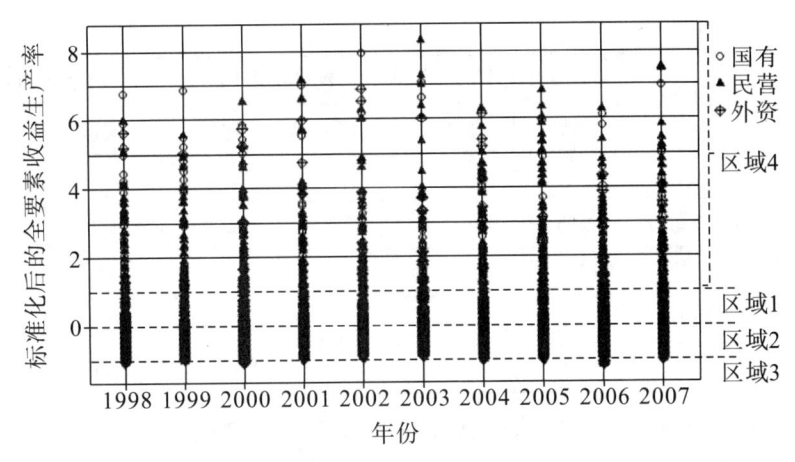

图 5-1 不同所有制类型样本火电厂的全要素收益生产率分布[1]

为了便于对比观察，我们在表 5-3 中统计了 1998 和 2007 年三类火电厂在区域 1 至区域 4 中的分布情况。可以看到在 1998 年，民营火电厂的要素扭曲程度较国有火电厂和外资火电厂更为严重，有超过 17% 的民营火电厂都分布在区域 4，大量民营火电厂都未达到最佳生产规模。而到 2007 年，民营火电厂的要素扭曲程度有了明显改善，分布在区域 1 和区域 4 的民营火电厂占比从 19.6%（2.2%+17.4%）下降到 11.3%（0.2%+11.1%）。

表 5-3 1998 和 2007 年不同所有制类型样本火电厂的全要素收益生产率分布[2]

年度	区域	国有火电厂 家数	国有火电厂 比例	民营火电厂 家数	民营火电厂 比例	外资火电厂 家数	外资火电厂 比例
1998	区域1	3	0.6%	4	2.2%	2	1.2%
	区域2	347	67.9%	94	52.5%	125	75.8%
	区域3	112	21.9%	50	27.9%	30	18.2%
	区域4	49	9.6%	31	17.4%	8	4.8%
	总计	511	100.0%	179	100.0%	165	100.0%

---

[1] 根据 1998—2007 年中国工业企业数据库中收集的火电厂样本数据整理得到。
[2] 根据 1998 和 2007 年中国工业企业数据库中的收集的火电厂样本数据估计得到。

续表

年度	区域	国有火电厂		民营火电厂		外资火电厂	
		家数	比例	家数	比例	家数	比例
2007	区域1	1	0.3%	1	0.2%	0	0.0%
	区域2	225	66.2%	334	66.3%	190	67.9%
	区域3	76	22.3%	113	22.4%	73	26.1%
	区域4	38	11.2%	56	11.1%	17	6.0%
	总计	340	100.0%	504	100.0%	280	100.0%

我们进一步统计了样本数据中1998年和2007年各类火电厂的平均装机容量，如表5-4所示，可以看到1998—2009年民营火电厂平均装机容量由104910千瓦增加到336511千瓦，增长超过两倍，增幅也明显高于国有火电厂和外资火电厂。这说明原本全要素收益生产率偏高的民营电厂获得了较多的资本投入，其要素扭曲得到明显改善，同时，这也可能是样本期间火电行业资源配置效率优化的一个重要原因。

表5-4 1998和2007年不同所有制类型样本火电厂平均装机容量（单位：千瓦）[1]

年度/增幅	国有	民营	外资
1998	218580	104910	280624
2007	559900	336511	388572
增幅	256.15%	320.76%	138.47%

此外，考虑到国家电力公司在这几次电力市场化改革中的重要地位，我们识别出其下属火电厂，这部分火电厂在2002年后被重组到五大发电集团之中，所以我们将其定义为集团火电厂，并进一步将样本分成了集团火电厂与非集团火电厂两类，分别计算了要素状态比值，结果如表5-5所示。可以看到，集团火电厂的要素状态比值在1999和2003年两次改革期间都短暂地大幅下降，主要原因可能是政企分开或者电力体制改革都涉及国家电力公司在电网资产和发电资产上的拆分重组，这些举措都可能会扰乱原本的电力调度从而造成额外的要素扭曲。同时，我们还发现集团火电厂的要素状态比值经历了从高到低的变化，而其他非集团火电厂则是从低到高，2003年后非集团火电厂与集团火电厂基本持平，到2007年甚至超过了集团火电厂。

[1] 根据1998和2007年中国工业企业数据库中收集的火电厂样本数据整理得到。

表 5-5　样本中集团火电厂和非集团火电厂要素状态比值的计算结果[①]

年度	1998	1999	2000	2001	2002	2003	2004	2005	2006	2007
集团	0.421	0.239	0.425	0.495	0.454	0.272	0.394	0.383	0.384	0.350
非集团	0.303	0.282	0.307	0.289	0.316	0.275	0.390	0.359	0.380	0.390

二、三次电力市场化改革政策效果的解释

这里我们结合 1998—2007 年电力行业三次主要的市场化改革政策（政企分开改革、电力体制改革、标杆电价实施），对样本期间火电行业资源配置效率的变化趋势展开进一步分析。

（一）政企分开改革

1999 年电力行业自上而下的政企分开改革逐步落实到地方，2001 年基本完成。从表 5-2 可以看到，全样本的要素状态比值在 1999 年有了明显的下降，从 0.317 下降到 0.266，但仅过一年，2000 年的要素状态比值又恢复到之前水平。这种波动可能是因为政策对整个行业的资源配置效率有短暂冲击，政企分开落实到各省（区、市），扰乱了原本的电网调度框架，从而短期内加剧了要素扭曲问题。从不同所有制火电厂的要素状态比值可知，1999 年前后国有火电厂之间的要素扭曲程度呈下降趋势，而民营和外资火电厂的要素扭曲程度则表现出增加趋势，我们认为这是因为实行政企分开使得地方政府对电力的调度有了更多的话语权，很可能优先给国有火电厂更好的调度机会。

从表 5-5 中则可以观察到集团火电厂的要素状态比值在 2000 年、2001 年及 2002 年都保持较高水平。这可能有两方面原因：一是政企分开使得国家电力公司作为一个独立的主体参与市场竞争，其管理效率得到提升，直属火电厂之间的全要素生产率差距被缩小，要素严重扭曲的情况减少；二是虽然已经政企分开，但厂网还未分开，此时，国家电力公司对电网的经营是垄断的，其直属火电厂在电力调度与分配上具有相对优势，使得其要素扭曲程度减少，这也是此后国家电力公司被纵向拆分的原因之一。

（二）电力体制改革

2002 年的电力体制改革有力地促进了我国电力行业的发展，表 5-6 统计

[①] 根据 1998 至 2007 年中国工业企业数据库中收集的火电厂样本数据整理得到。

了样本数据中集团火电厂和非集团火电厂在 2002 年电力体制改革前后每年新开工的火电厂数量，可以看到 2002 年后，不仅五大集团新开工的火电厂数量增加，其他非集团火电厂的新开工数量也明显增加，改革提高了这部分新建电厂投资的积极性。

表 5-6 样本数据历年新开工火电厂数量[①]

年度	集团	非集团
2000	13	113
2001	13	125
2002	10	121
2003	37	171
2004	20	143
2005	17	109
2006	19	66

回到表 5-2，可以看到 2002 年电力体制改革后，所有样本火电厂以及不同所有制火电厂的要素状态比值都有明显下降。一个可能的解释是，虽然此时竞争性的发电市场已初具雏形，但火电厂的上网电价仍是"一厂一价"的定价模式，即有关部门根据火电厂的成本和合理收益核定上网电价。在这个价格机制下，投产发电即可上网，行业没有一个最低生产效率的门槛，导致许多低效率的火电厂也能参与到市场中。同时，"一厂一价"又是一种"事后定价法"，投资者没有明确的价格预期，也就无法判断其最适规模，往往使得投产时的装机容量小于实际运行的最适规模，尤其是对于话语权弱和资金相对紧张的民营火电厂，这会加剧民营火电厂全要素收益生产率的离散程度。"一厂一价"的价格模式并不能引导有效投资，也无法降低生产性要素的扭曲程度。所以电力体制改革后，大量火电厂的投产反而降低了火电行业的资源配置效率。

同时，还可以从表 5-5 观察到，在 2003 年，集团与非集团火电厂的要素状态比值都有明显下降，其中集团火电厂下降得更为严重，这很大程度上是因为国家电力公司是 2002 年电力体制改革政策实施的主要对象，电力资产重新划分带来了严重的短期要素扭曲。值得注意的是 2002 年电力体制改革后，集团与非集团火电厂的要素状态比值明显趋同，基本保持在一个相当的水平。这

---

① 根据 2000 至 2006 年中国工业企业数据库中收集的火电厂样本数据整理得到。

可能是因为厂网分离使得集团火电厂失去了在电力调度和分配上的优势，同时，集团火电厂也不再属于一个整体，而是属于五个相互竞争的集团，标杆电价执行后，集团火电厂和其他非集团火电厂所处的经营环境已经比较类似，所以各自的要素扭曲程度较为一致。

（三）标杆电价实施

对比表 5-2 中 2004 年标杆电价实行前后的数据，可以发现所有样本的要素状态比值大幅提升，并且各类所有制火电厂之间的要素状态比值也都有明显的增加，这很有可能是因为标杆电价起到了引导资源配置的作用。标杆电价改变了以往定价程序和结果不公开、不透明的局面，释放了稳定的价格信号，火电厂不用在争取更高电价上大费周章，反而是在造价成本、运营成本、管理水平上不断竞争。这使得低效火电厂被不断淘汰，最终市场中火电厂的资源配置都在一个合理的区间，从而减少了要素的扭曲。

值得注意的是，标杆电价的实行并不完全是一步到位的，在 2004 年，标杆电价还主要适用于尚未核定上网电价的新投产机组以及已核价机组；2004 年及以后，仍有不少发电厂对发电量超过 2003 年实际发电量的部分（国家发展和改革委员会《关于调整电价的通知》）采用之前核定的上网电价；到 2005 年，国家发展和改革委员会在《上网电价管理暂行办法》中才明确指出原来已核价发电厂的上网电价要逐步统一到标杆电价，此后"同一地区，同一价格"才算是真正实现。这可以为国有、民营以及外资火电厂要素状态比值在 2004 年后的变化提供一定的解释，可以看到，国有火电厂的要素状态比值在 2004 年明显提升后又有了一定程度的下降，而民营和外资火电厂的要素状态比值则有进一步提升。这可能是因为国有火电厂在原有的定价模式中有更强的议价能力，使得它们的全要素收益生产率保持在一个较为平均的水平，所以当标杆电价基本落实后，原有的价格不再被采纳，国有火电厂之间的要素扭曲问题因而加剧，而民营和外资火电厂的要素扭曲程度则有了明显改善。从这个角度来看，标杆电价对于优化民营和外资火电厂的资源配置有着更加深刻的影响。

第五节 主要结论

本章从资源配置效率的角度回顾了 1998—2007 年间电力市场化改革的成效，并针对性地分析了三次主要电力市场化改革对火电行业资源配置效率的影响。我们发现，样本期间火电行业的要素配置状况很大程度上受到了这几次改革政策的影响。从整体来看，政企分开改革并未明显改变火电行业整体的要素扭曲程度，而电力体制改革及标杆电价实行后，火电行业的要素扭曲问题得到普遍改善。从不同结构上看，政企分开后，国家电力公司下属火电厂和国有火电厂的要素扭曲程度不断下降，民营和外资火电厂的要素扭曲问题则加剧，可能是因为国家电力公司和地方政府通过这次改革，在电力调度上获得了优势以及制定电价上的话语权；而当电力体制改革及标杆电价实行后，厂网分开得以实现，市场上有了透明的定价规则和稳定的价格信号，不同类型的火电厂所处的经营环境变得比较相似，由此带来的要素流动又优化了外资和民营火电厂各自的要素配置，这可能是其间整个行业资源配置效率改善的重要原因。此外，2002年厂网分开以及发电侧引入竞争后，行业整体的要素扭曲反而加重，随着标杆电价的落地，资源配置效率才得到明显改善。这说明市场结构改革与价格改革需要配套进行，才能有效地减少要素扭曲。

当前，我国火电行业仍存在高效率火电厂在经济体中数量不足和电源结构能耗高等问题，结合之前政策改革的效果，我们认为进一步推动电力市场化改革有望通过优化火电行业的资源配置进而实现电力行业高质量发展。

第四篇

中国火电行业：大气污染物排放控制与影子价格估算

第六章　中国火电行业大气污染物排放控制

我国电力行业的主要特点是火力发电占据主导地位。2020年，我国火力发电量为51770亿千瓦时，是2000年火力发电量的4.67倍[①]。然而，火力发电过程中通常会产生硫化物、氮氧化物等大气污染物，这些排放出的污染物不仅对生态环境造成威胁，还会危害人体健康。我国自"九五"以来，针对二氧化硫、氮氧化物这些主要污染物的排放采取了一系列的控制政策和措施，目前来看，这些措施基本取得了良好的成效。

第一节　国内火电行业发展概况

火力发电历史久远、应用广泛、技术成熟、可靠性强，是目前最重要的发电方式之一。1875年，人类最早在巴黎北车站的火电厂实现了火力发电；自此，火电正式步入了人类能源供给的舞台。20世纪30年代起，火力发电开始不断发展，发电机组容量经历了200兆瓦级、200～600兆瓦级、1300兆瓦级、4400兆瓦级的发展阶段。到20世纪90年代，发电单机容量基本稳定在300～700兆瓦级。目前，世界上绝大多数国家的电力行业都具有以火力发电为主的特点。表6-1为2020年全球以及世界一些主要国家的火力发电情况，不难看出，除德国和英国外，其余国家火力发电量占全国发电量的比例均超过60%。其中，日本的火力发电量占比高达69.1%，中国的火力发电量占比也高达67.9%。

---

① 中国电力企业联合会电力统计与数据中心：《二〇二〇年电力工业统计资料汇编》，2021年。

表 6-1　2020 年全球及部分国家火力发电情况[1]

地区	全球	美国	日本	德国	韩国	英国	中国
总发电量（太瓦时）	26823.2	4286.6	1004.8	571.9	574.0	312.8	7626.4
火力发电量（太瓦时）	16447.5	2601.3	693.9	231.0	368.8	120.4	5177.0
火力发电量占比（%）	61.3	60.7	69.1	40.4	64.3	38.5	67.9

一、我国火电现状

我国火电始于 1882 年，至今已有 140 年的历史。火电技术起步早，发展成熟，发电原料储量丰富，再加上我国能源需求旺盛，这些条件使得火电在我国电力行业中占据主导地位。图 6-1 显示了我国 2020 年的发电结构情况。2020 年全国全口径发电量 76264 亿千瓦时。其中，火电为 51770 亿千瓦时，占总发电量的 67.9%。水电为 13553 亿千瓦时，占总发电量的 17.8%。此外，核电为 3662 亿千瓦时，风电为 4665 亿千瓦时，太阳能发电为 2611 亿千瓦时。

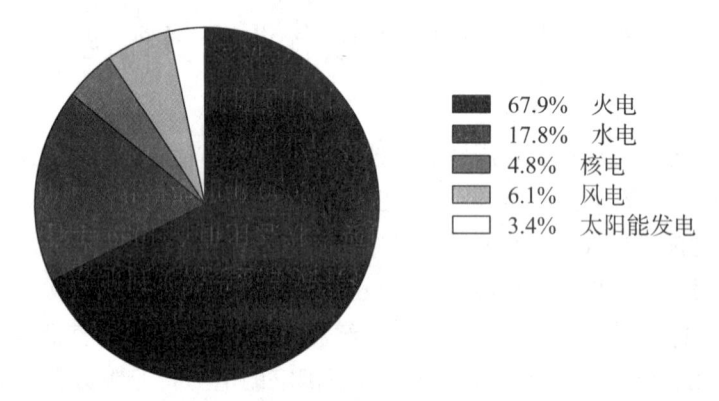

- 67.9%　火电
- 17.8%　水电
- 4.8%　核电
- 6.1%　风电
- 3.4%　太阳能发电

图 6-1　2020 年我国发电结构图[2]

图 6-2 为我国 1998—2020 年火力发电的情况。除了不同年份存在略微波动以外，可以发现，2013 年及以前，火力发电量占全国发电量的比例常年保持在 75% 以上。2013 年以后，火力发电量占全国发电量的比例也基本在 70% 左右。同时，我们也发现，2012 年起，我国火力发电量占比呈现下降趋势。

---

[1] 中国的数据来自中国电力企业联合会电力统计与数据中心：《二〇二〇年电力工业统计资料汇编》，2021 年。其余数据来自英国石油公司（BP）：《BP 世界能源统计年鉴（2021）》，https://www.bp.com/content/dam/bp/country－sites/de_de/germany/home/presse/broschueren/bp－stats－review－2021－full－report.pdf。

[2] 中国电力企业联合会电力统计与数据中心：《二〇二〇年电力工业统计资料汇编》，2021 年。

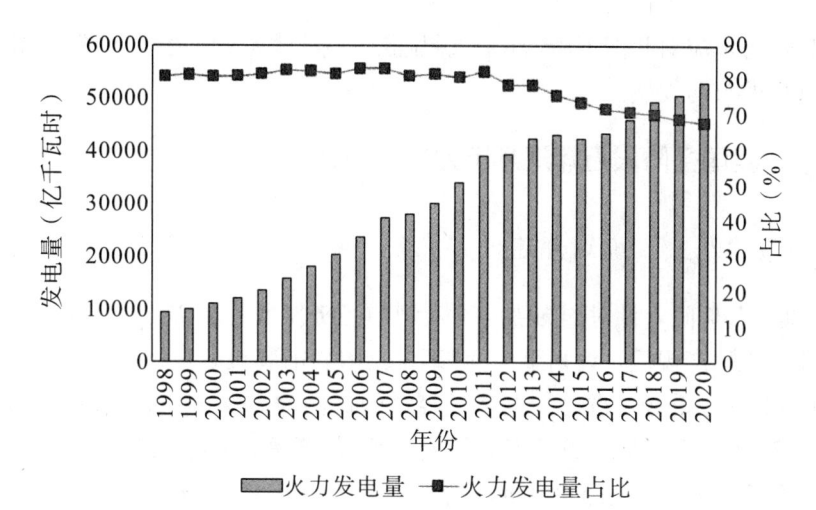

图 6-2　1998—2020 年我国火力发电情况①

图 6-3 以 2020 年为例展示了我国 31 个省（区、市）的火力发电分布图。可以看出，2020 年，山东省火力发电量位居第一，其次是内蒙古、江苏，西藏火力发电量最低，山东省火力发电量是西藏的 5000 多倍。

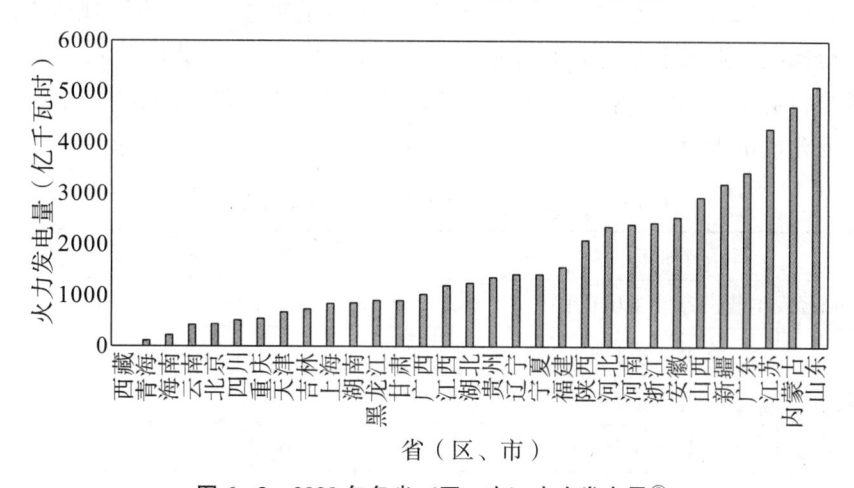

图 6-3　2020 年各省（区、市）火力发电量②

综上，我国电力行业的主要特点是火力发电占据主导地位，2014 年以前，火力发电量占总发电量的比例长期保持在 75% 以上。为了调整电源结构、转变电力生产方式，我国在各个阶段的五年计划中都对电力工业的发展做出了调

---

① 中国电力企业联合会电力统计与数据中心：《二〇二〇年电力工业统计资料汇编》，2021 年。
② 中国电力企业联合会电力统计与数据中心：《二〇二〇年电力工业统计资料汇编》，2021 年。

整规划，力求应对我国不断增长的电力需求，同时实现电力行业生产结构朝着节能减排的方向发展。

二、我国各阶段五年规划电力发展评述

（一）"九五"规划评述

"九五"期间，针对国内供电不足制约经济发展的现实，我国重点推动电力行业扩大生产规模，计划至2000年，全国发电装机容量达到3亿千瓦。其中水电6590万千瓦（占总发电装机容量的比例为22%），火电23310万千瓦（占比77%），核电210万千瓦，风能、太阳能等新能源发电装机容量达到100万千瓦。同时，全国发电量达到14000亿千瓦时。此外，火电行业重点建设"三口"（坑口、港口和路口）电厂。

表6-2对比了我国电力工业"九五"发展规划目标与实际完成量。可以看出，"九五"期间火力发电装机容量占全国发电装机容量和火力发电量占全国发电量的比重都有小幅下降，其中，火力发电量占比从80.18%减少至79.91%。到2000年底，全口径发电装机实际容量超过了"九五"规划的目标值，全国基本形成了相对完备的电力工业体系，电力生产规模稳步提升，生产技术取得进步。同时，在电力改革方面，国家引进外资和集资办电，形成了更加多元化的电力投资格局，各电力企业朝着更为现代化的方向发展。

表6-2 电力工业"九五"规划与完成情况对比[①]

指标名称		1995年	2000年	"九五"规划目标
全口径发电装机容量（万千瓦）		21722.42	31932.09	30000
其中	水电（万千瓦）	5218.36	7935.22	—
	火电（万千瓦）	16294.06	23754.02	—
	核电（万千瓦）	210.20	210.22	—
全口径发电量（亿千瓦时）		10069.50	13684.82	—
其中	水电（亿千瓦时）	1867.70	2431.34	—
	火电（亿千瓦时）	8073.40	11079.36	—
	核电（亿千瓦时）	128.30	167.37	—

[①] 中国电力企业联合会规划与统计信息部：《二〇一四年电力工业统计资料汇编》，2015年。

(二)"十五"规划评述

"十五"期间,我国电力工业迎来了新一轮的发展周期。国家经济和贸易委员会在发布的《电力工业"十五"规划》中提出,"十五"期间电力需求的年均增速为5%。并预计2005年全国发电量达17500亿千瓦时,发电装机容量达3.9亿千瓦,其中,水电装机容量9500万千瓦,火电装机容量28600万千瓦,核电装机容量870万千瓦,风力、太阳能等新能源发电装机容量120万千瓦。

"十五"前期(2001—2002年),全国电力供需形势由2001年基本平衡、个别地区略有紧张发展为2002年的电力需求快速增长、部分地区开始出现电力供应紧张的局面。"十五"后期(2003—2005年),电力需求剧增,电力供需形势更为紧张,中国连续三年遭遇了大范围的"电荒"。因此,为了保证电力供应,全国电力生产规模继续扩大,各种方式发电持续增加。

表6-3 电力工业"十五"规划与完成情况对比[①]

指标名称		2000年	2005年	"十五"规划目标
全口径发电装机容量(万千瓦)		31932.09	51719.00	39000
其中	水电(万千瓦)	7935.22	9500.00	—
	火电(万千瓦)	23754.02	28600.00	—
	核电(万千瓦)	210.22	870.00	—
全口径发电量(亿千瓦时)		13684.82	24975.00	17500
其中	水电(亿千瓦时)	2431.34	3963.96	—
	火电(亿千瓦时)	11079.36	20437.30	—
	核电(亿千瓦时)	167.37	530.88	—

表6-3呈现了"十五"期间火力发电的发展和实施情况,其中,火力发电总量及发电装机总量均有提高,火力发电量占比长期维持在80%左右,火力发电装机容量占比约为四分之三。

(三)"十一五"规划评述

"十一五"期间电力发展的基本方针是:深化体制改革,加强电网建设,

[①] 中国电力企业联合会规划与统计信息部:《二〇一四年电力工业统计资料汇编》,2015年。

大力开发水电，优化发展煤电，积极发展核电，适当发展天然气发电，加快新能源开发，重视生态环境保护，提高能源效率。"十一五"期间经济发展迅速，发电装机容量随之快速增长。中国电力企业联合会数据显示，2010年全国全口径发电装机容量为96641万千瓦，"十一五"期间全国全口径发电装机容量的年均增长率为13.22%。2010年全国发电量42278万千瓦时，"十一五"期间年均增长率为11.1%。此外，"十一五"期间累计新增装机容量是"十五"时期新增装机容量的2.19倍[①]。

（四）"十二五"规划评述

"十二五"期间，国家继续加大电力行业的投入，同时，大力发展水电、核电等相对清洁的电力，降低火力发电量占全国发电量的比重，呼应清洁能源高效利用的发展方针。2011—2015年，我国火电装机容量及发电量占比均有所下降，其中，火力发电装机容量占全国发电装机容量比重由72.3%下降至65.9%，火力发电量占比由82.4%下降至73.7%（见表6-4）。

表6-4 电力工业"十二五"规划与完成情况对比[②]

指标名称		2011年	2015年	"十二五"规划目标
全口径发电装机容量（万千瓦）		106253	152527	149000
其中	水电（万千瓦）	23298	31954	29000
	火电（万千瓦）	76843	100554	96000
	核电（万千瓦）	1257	2717	4000
全口径发电量（亿千瓦时）		47306	57400	—
其中	水电（亿千瓦时）	6681	11127	—
	火电（亿千瓦时）	39003	42307	—
	核电（亿千瓦时）	872	1856	—

（五）"十三五"规划评述

根据《电力发展"十三五"规划》，2020年全国发电装机容量达到20亿千瓦，年均增长5.5%。其中，水电装机容量达到3.4亿千瓦，风电装机容量达

---

① 中国电力企业联合会电力统计与数据中心：《二〇一九年电力工业统计资料汇编》，2020年。
② 中国电力企业联合会电力统计与数据中心：《二〇二〇年电力工业统计资料汇编》，2021年。

到 2.1 亿千瓦以上,太阳能发电装机容量达到 1.1 亿千瓦以上。表 6-5 归纳了"十三五"期间我国电力工业的规划目标与实际完成情况。可以发现"十三五"期间,我国火电装机容量以及发电量占比有所下降,而新能源发电装机容量以及新能源发电量占比均有所上升。其中,新能源发电装机容量占比从 13.5% 上升至 24.3%,新能源发电量占比从 5.1% 上升至 9.5%。

表 6-5 电力工业"十三五"规划与完成情况对比[①]

指标名称		2016 年	2020 年	"十三五"规划目标
全口径发电装机容量（万千瓦）		165051	220204	200000
其中	火电（万千瓦）	106094	124624	—
	水电（万千瓦）	33207	37028	34000
	风电（万千瓦）	14747	28165	21000
	太阳能发电（万千瓦）	7631	25356	11000
全口径发电量（亿千瓦时）		60228	76264	—
其中	火电（亿千瓦时）	43273	51770	—
	水电（亿千瓦时）	11748	13553	—
	风电（亿千瓦时）	2409	4665	—
	太阳能发电（亿千瓦时）	665	2611	—

三、我国火电行业面临严峻的环境问题

我国长期以来保持以火电为主的电力生产结构,火力发电过程中产生的大量二氧化碳、氮氧化物和烟尘等大气污染物会对生态环境造成威胁,严重时会危害人体健康。

我国火电行业排放的大气污染物以二氧化硫、氮氧化物（主要是一氧化氮）和烟尘为主,表 6-6 给出了我国 2005—2020 年火电行业大气污染物的排放量和占比情况。可以发现,2005—2013 年,火电行业大气污染物的排放量占比虽有所下降,但速度极为缓慢。从 2014 年起,火电行业大气污染物的排放量占比的下降趋势才比较明显,但 2020 年,火电行业大气污染物的排放量占比又开始上升。

---

① 中国电力企业联合会电力统计与数据中心:《二○二○年电力工业统计资料汇编》,2021 年。

表6-6 我国2005—2020年火电行业大气污染物排放情况[①]

年份	二氧化硫排放量（万吨） 全国	火电行业	火电行业占比	氮氧化物排放量（万吨） 全国	火电行业	火电行业占比	烟尘排放量（万吨） 全国	火电行业	火电行业占比
2005	2549	1277	50.1%	—	—	—	1183	405	34.3%
2006	2589	1320	51.0%	1524	721	47.3%	1089	387	35.5%
2007	2468	1246	50.5%	1643	811	49.3%	987	329	33.4%
2008	2321	1151	49.6%	1629	810	49.7%	902	279	30.9%
2009	2214	1028	46.4%	1693	829	49.0%	848	247	29.1%
2010	2185	984	45.1%	1852	954	51.5%	829	218	26.3%
2011	2218	901	40.6%	2404	1073	44.6%	1279	216	16.9%
2012	2118	859	40.6%	2337	1085	46.4%	1234	178	14.4%
2013	2044	783	38.3%	2227	965	43.3%	1278	219	17.1%
2014	1974	683	34.6%	2078	783	37.7%	1741	236	13.5%
2015	1859	528	28.4%	1852	552	29.8%	1538	165	10.7%
2016	855	160	18.8%	1503	192	12.8%	1608	80	5.0%
2017	611	64	10.5%	1348	72	5.4%	1285	37	2.9%
2018	516	54	10.5%	1288	58	4.5%	1132	32	2.9%
2019	457	38	8.3%	1234	49	4.0%	1089	22	2.0%
2020	318	37	11.8%	1020	61	6.0%	611	17	2.7%

火电行业污染物排放严重的原因可以归结于三个方面：一是火力发电燃料结构不合理，表现为电煤消费量巨大；二是低效率、高耗能、高污染的小火电机组盲目发展；三是政府对污染排放监管不到位。此外，我国短时间内无法改变以火电为主的电力生产结构，所以，未来相当长时期内我国仍将依赖煤炭来保障电力供应，这也意味着短期内火电污染物排放严重的问题难以改善。为了使电力供给既满足经济增长需求，又保证经济健康稳定增长，电力行业必须节能减排。对此，我国政府在各个五年规划中都对火电行业的发展方向做出了说明，在不断加大电力行业投入的同时，积极引导火电行业向节能减排转型，使

---

① 2015年及以前数据来自历年中国环境统计年报，其余数据来自历年中国生态环境统计年报。

得火电行业发展越来越成熟,技术水平不断提高,越来越适应市场经济持续增长带来的电力需求和经济健康稳定发展带来的环境要求。

第二节　大气污染物排放控制政策评述

一、二氧化硫排放控制

自"九五"期间(1996—2000年)以来,我国针对二氧化硫排放控制(主要是火电行业)的政策和措施主要包括:

第一,建立和完善法律法规体系。如《国民经济和社会发展"九五"计划和2010年远景目标纲要》《中华人民共和国环境保护法》《中华人民共和国大气污染防治法》《中华人民共和国电力法》《火电厂大气污染物排放标准》等。

第二,采取总量控制政策。"九五"期间(1996—2000年)的目标是将二氧化硫的排放量控制在"八五"末二氧化硫排放量的水平,设定2000年的排放上限不能超过2460万吨。"十五"期间(2001—2005年)的目标是在2000年实际排放量的基础上减少10%,设定2005年的总排放量不能超过1800万吨。"十一五"期间(2006—2010年)以在2005年实际排放量的基础上减少10%为目标,设定2010年的总排放量不能超过2295万吨。"十二五"期间(2011—2015年)以在2010实际年排放量的基础上减少8%为目标,2015年的总排放量控制在2086万吨以内,"十三五"期间(2016—2020年)的目标是在2015年实际排放量的基础上减少15%。

第三,进行产业结构调整,主要措施是关停小火电机组。

第四,开发污染物控制技术,包括原煤洗选、烟气脱硫等技术。

第五,运用经济手段治理,如开展排污收费、排污许可证制度、进行排污交易试点等。

如表6-6所示,"十五"期间我国虽然采取了"两控区"计划等措施控制二氧化碳的排放,但由于经济发展速度和能源消费增长过快,我国火电行业发展迅速,导致"十五"期间二氧化硫总量减排的目标未能实现。"十一五"期间,我国政府通过实施脱硫电价、建设火电厂脱硫设施和关停小火电机组等手段,最终成功控制了二氧化硫的排放。"十二五"期间,我国政府通过沿用"十一五"期间的相关政策和采取结构减排等方式提前实现二氧化硫的总量减排目标。"十三五"期间,通过淘汰高排放燃煤发电机组、推进重点城市"煤改气"工程、推动环境技术创新等手段,我国的二氧化碳总量减排目标顺利完成。

(一)"九五"期间(1996—2000年)政策评述

"九五"期间我国对大气污染物的排放开始采取总量控制的思路,对二氧化硫排放的总量要求是:到"九五"期末,全国二氧化硫排放总量要控制在1995年的1891万吨左右,2000年二氧化硫的排放总量最高不能超过2460万吨。

《国民经济和社会发展"九五"计划和2010年远景目标纲要》提出,二氧化硫排放控制的主要目的是改善当地空气质量和因二氧化硫排放造成的酸沉降等区域污染问题。对此,我国政府制定并实施了多样化的政策措施。首先,"九五"期间我国制定了一系列排放规划目标来控制二氧化硫的排放。1997年公布的《"九五"期间全国主要污染物排总量控制》提出,由国家根据各省"八五"期间上报的二氧化硫排放量进行综合评估,再将国家二氧化硫排放总量分配到各省(区、市)作为指标控制,各级单位可以依次按级分配,逐级实现计划管理。1998年1月,国务院批复了国家环保局发布的《酸雨控制区和二氧化硫污染控制区控制规划》里的"两控区"划分方案,并提出了酸雨和二氧化硫的控制目标。其次,规定了污染物排放的标准,包括《大气污染物综合排放标准》(GB 16297—1996)、《锅炉大气物污染物排放标准》(GB 13271—91)和《火电厂大气污染物排放标准》(GB 13223—1996),这三项标准都对二氧化硫的排放量做出了具体的规定,重点控制城市以直辖市、省会城市、经济特区城市、沿海开放城市和重点旅游城市为中心,共包含47个城市。此外,"九五"期间我国开始征收二氧化硫排污费,1992年9月发布的《关于开展征收工业燃煤二氧化硫排污费试点工作的通知》(环监〔1992〕361号)明确规定,二氧化硫排污费按照燃煤排放二氧化硫的总量计算,每公斤二氧化硫排污收费不超过0.2元。1996年,国务院批准二氧化硫排污费试点地区扩大到"两控区",并要求在16个试点城市削减二氧化硫排放量5.34万吨。

通过实施一系列政策措施,"九五"期间我国二氧化硫的排放受到了较好的控制,虽然前期(1996—1997年)的二氧化硫排放量呈增长趋势(见图6-4),但仍处于总体控制范围之内。从1998年起,政府加强了监管的力度,开始实施"两控区"专项减排、排污费征收等政策,二氧化硫排放量开始下降。1998年二氧化硫排放量为2090万吨,同比下降10.9%。1999年二氧化硫排放量继续降低至1857.5万吨,同比下降11.1%,甚至低于1995年的水平,治理成效显著。2000年二氧化硫排放量为1995.1万吨，略有回升，但也在总体控制范围内。

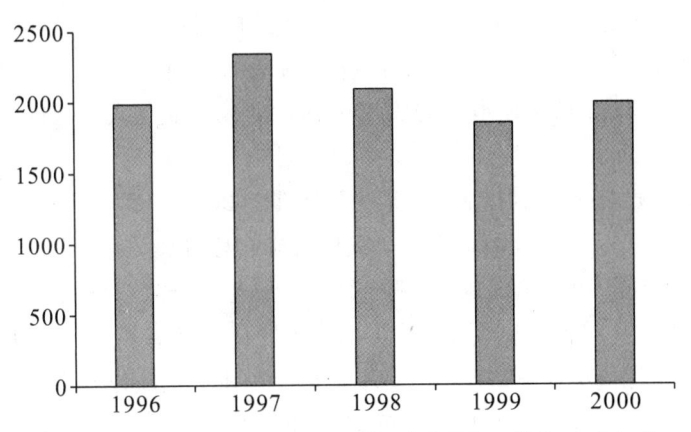

图6-4 我国"九五"期间二氧化硫排放量（单位：万吨）[1]

总体而言，我国在"九五"期间实施的二氧化硫控制政策成效显著。其中，1998年出台的"两控区"专项减排和排污费征收政策在很大程度上控制了二氧化硫的排放。除了"两控区"外，"九五"期间还规定淮河、辽河、海河、太湖、巢湖、滇池及北京市为二氧化硫治理重点地区，简称"三河、三湖、两区、一市"，其中，仅北京就出台了50项措施控制二氧化硫排放。2000年，全国二氧化硫排放量为1995.1万吨，低于2460万吨的目标上限，47个重点城市的二氧化硫浓度达到环境质量标准。

（二）"十五"期间（2001—2005年）政策评述

"十五"期间我国对二氧化硫设定的总量控制目标是：到"十五"期末，全国二氧化硫排放总量要在2000年1995万吨的基础上减少10%，总排放量控制在1800万吨内。

为实现"十五"期间对二氧化硫排放控制的目标，我国政府出台了相关政策法规和措施，主要包括：对"九五"期间的排污收费制度实行重大改革，实施《排污费征收使用管理条例》；提高火电厂二氧化硫的排放标准，开始实施《火电厂大气污染物排放标准》（GB 13223—2003）；实施"两控区"酸雨和二氧化硫污染防治"十五"规划；到2003年底以前，基本关停单机容量为5万千瓦及以下的常规小火电机组。其中，影响较大的是"两控区"酸雨和二氧化

---

[1] 数据收集整理自历年中国环境年鉴。

硫污染防治"十五"规划，该规划要求：2005年"两控区"的二氧化硫排放量在2000年1316.4万吨的基础上减少20%，将总量控制在1053万吨以内；同时，"两控区"火电厂的二氧化硫排放量要控制在510万吨内，相当于在2000年"两控区"火电厂二氧化硫排放量的基础上削减20%。此外，在"两控区"内建设37个燃煤发电厂的脱硫工程，削减二氧化硫排放能力105万吨/年。

经过相关严格的控制措施，"十五"前期（2000—2002年），二氧化硫排放的控制取得了一定的成绩，全国二氧化硫排放总量从2000年的1995.0万吨降低到2002年的1926.6万吨，"两控区"二氧化硫排放总量从1316.4万吨降到1148.8万吨。然而，到了2005年，除了脱硫设施装配有所成功外（2005年全国调查范围内的1403家火电厂有566家安装了脱硫设施，去除二氧化硫230万吨，比2001年72万吨的去除量增加了两倍多，2005年的去除率也从2001年的10%增加到20.7%），我国的二氧化硫总排放量不降反升。2005年全国二氧化硫实际排放量为2549万吨，比2000年增加了27.8%，没有完成控制在1800万吨内的目标。2005年，"两控区"的二氧化硫排放量为1467万吨，比2000年增加了11.4%，也未完成1053万吨以内的目标；"两控区"火电厂数由2002年的574家增加到832家，共排放二氧化硫598万吨，超出控制目标88万吨。

"十五"后期二氧化硫减排失控的原因主要有三点。第一，经济增长和能源需求超过预期目标，2002—2005年我国GDP的年增长率均超过9%，能源消费总量也以48%的增长率从2002年的159431万吨标煤增长到2005年的235997万吨标煤。此外，水泥、钢铁等重要工业原材料生产量大幅上升，以电力、煤炭、石油为主的能源工业、高能耗、高污染的火电行业的快速发展对环境造成了巨大压力，最终导致工业二氧化硫排放量逐年递增。第二，在2002年电力体制改革后，中国连续三年遭遇了大范围的"电荒"，全国性的电力短缺使得5万千瓦以下小火电机组的关停受到阻碍，原计划关停小火电机组总容量150万千瓦，最终也只实现了83万千瓦。第三，脱硫项目建设滞后，据中国环境规划院副院长邹首民透露，"十五"期间计划通过脱硫改造工程削减105万吨二氧化硫，最终只完成了70%。脱硫设施建设工程质量隐患突显，如防腐施工不到位等影响了设备的正常运行。此外，脱硫设施没有满负荷运转，据统计，2005年我国火电厂的二氧化硫去除率达到了20.7%，但仍远低于全国工业二氧化硫的平均去除率（33.5%），且二氧化硫实际去除量仅占设计去除量的 17.5%[1]，脱硫设施运行负荷仍有很大提升空间。

"十五"期间实施的二氧化硫排放控制政策在初期取得了一定成绩，后期由于主客观原因，二氧化硫总量减排失控。林伯强认为，在减排初期，边际减排成本较低，只需一些相对简单的措施（比如关停小火电机组、采用低硫低灰的煤炭替代等）不需投入大量资金就可以实现比较大幅度的减排，但是，随着边际减排成本逐渐上升，进一步减排就需要采用安装烟气脱硫装置等成本更高的方式[2]。这从另一角度解释了我国为什么在"十五"初期（2000—2002 年）二氧化硫得到了很好控制，但"十五"后期总量减排失控的现象。

（三）"十一五"期间（2006—2010 年）政策评述

"十一五"期间我国关于二氧化硫排放的总量要求是：2010 年全国二氧化硫排放总量要比 2005 年的 2549 万吨减少 10%，排放总量必须控制在 2295 万吨内。"十一五"期间，政府主要通过实施脱硫电价、建设火电厂脱硫设施和关停小火电机组等手段来控制二氧化硫的排放。

脱硫电价是推广火电厂烟气脱硫技术的前提保证。2006 年我国发布政策明确规定新建和现有脱硫机组上网电价均提高 1.5 分/千瓦时，2007 年下发的《脱硫电价办法》进一步规定 2005 年底前投产的机组上网电价在现行基础上增加 1.5 分/千瓦时。由此看出，"十一五"前期我国主要的二氧化硫治理方案是以脱硫电价作为烟气脱硫的成本补贴，推动火电厂自主脱硫。

火电厂脱硫设施的建设也是实现二氧化硫减排的重要保证。火电脱硫可划分为燃烧前脱硫、炉内脱硫和烟气脱硫三类。2007 年 3 月 28 日发布的《现有燃煤电厂二氧化硫治理"十一五"规划》提出，将在"十一五"期间安排约 1.37 亿千瓦现有燃煤机组实施烟气脱硫。随后发布的《能源发展"十一五"规划》规定：到 2010 年底，火电供电标准煤耗每千瓦时下降至 355 克，厂用电率下降至 4.5%。新建火电机组必须同步安装高效除尘设施，通过使用低硫燃料、装设脱硫设备等综合措施，严格控制火电厂二氧化硫排放。此外，在"十一五"新建燃煤发电厂基本都安装脱硫设施的前提下，还必须通过工程措施削减现役火电机组二氧化硫排放量 490 万吨。据统计，截至 2010 年底，全国火电行业脱硫机组总装机容量为 5.78 亿千瓦，占全国火力发电机组容量的

---

[1] 国家环境保护总局：《中国环境统计年报（2005）》，中国环境科学出版社，2006 年，第 34 页。
[2] 林伯强：《燃煤电厂"近零排放"边际成本较高》，《中国证券报》，2014 年 11 月 28 日第 4 版。

比例为 82.6%，比 2005 年的比例增加了 5 倍[1]。

除了建设脱硫设施这类工程减排方式，"十一五"也采取了结构减排方式控制二氧化硫的排放，比如关停小火电机组。小火电机组能耗高、污染重、效率低，且缺乏有效监管，严重威胁电网安全，因此非常有必要进行关停。2007 年 1 月 31 日，国务院批准的《关于加快关停小火电机组的若干意见》决定在"十一五"期间，关停单机容量在 5148 万千瓦左右的小火电，减排 160 万吨二氧化硫。同时实施以"上大压小"（指将新建电源项目与关停小火电机组挂钩，在建设高参数、大容量、低消耗、少排放机组的同时，相应关停一部分小火电机组）为中心的引导性政策措施，如改进发电调度方式、加强小火电机组上网电价管理、开展排污取水许可指标交易等。到 2009 年 6 月底，我国提前完成了"十一五"期间关停 5000 万千瓦的指标，到"十一五"末，5 年累计关停小火电机组达 7210 万千瓦，高于原计划的 44.2%。该政策的成功实施是多种因素综合作用的结果，如，电力供需趋缓提供了有利的客观条件，政府的高度重视提供了有利的主观条件，适当的政策和政策的严格执行奠定了基础（薛立强，2011）。

据统计，"十一五"期间，我国将 2005 年的 2549 万吨二氧化硫排放量降至 2010 年的 2185 万吨，而且于 2009 年提前实现了"十一五"二氧化硫总量减排目标[2]。此外，火电行业能效水平大幅度提高，2010 年火电供电煤耗由 2005 年的 370 克标准煤/千瓦时降到 333 克标准煤/千瓦时[3]，低于《现有燃煤电厂二氧化硫治理"十一五"规划》中要求的 355 克标准煤/千瓦时。环境规划院的相关研究认为，"十一五"期间的各种控制政策中工程减排贡献最大，其中火电厂脱硫工程实现二氧化硫削减量 761.69 万吨，占总削减量的 61.54%[4]。脱硫工程的实施促成了二氧化硫减排的成功，进而保障了"十一五"规划目标的顺利实现。

（四）"十二五"期间（2011—2015 年）政策评述

"十二五"期间关于二氧化硫排放的总量要求是：到 2015 年，全国二氧化

---

[1] 洪亚雄、吴舜泽、薛文博等：《"十一五"大气污染物总量减排的环境效果回顾性评估》，《世界环境》，2013 年第 6 期，第 16~19 页。

[2] 中华人民共和国环境保护部：《中国环境统计年报（2011）》，中国环境出版社，2012 年，第 26 页。

[3] 中国电力企业联合会规划与统计信息部：《二〇一四年电力工业统计资料汇编》，2015 年。

[4] 洪亚雄、吴舜泽、薛文博等：《"十一五"大气污染物总量减排的环境效果回顾性评估》，《世界环境》，2013 年第 6 期，第 16~19 页。

硫排放总量控制在2086.4万吨。并且，要求到2015年，火电供电煤耗降低到325克标准煤/千瓦时，比2010年的333克标准煤/千瓦时减少8克标准煤/千瓦时。火电厂厂用电率下降至6.2%；火电行业二氧化硫排放总量控制在800万吨内，比2010年减少16%。

虽然"十一五"期间实施的工程减排成效巨大，但由于工程建设总量和速度已经接近极限，"十二五"期间必须寻找新的减排突破口，减排方式必须转换为以结构减排为主，即通过调整经济结构、产业结构和生产结构来实现总量减排。2012年国务院确定七大国家战略性新兴产业发展方向（这些产业能源、资源消耗低，但产品价值高），通过发展高科技产业来调整产业结构。2013年国务院印发《"十二五"节能减排综合性工作方案》，提出了抑制高耗能和高排放行业过快增长、加快淘汰落后产能、推动传统产业改造升级以及调整能源消费结构等政策措施。2012年，《节能减排"十二五"规划》提出，"十二五"期间要重点淘汰小火电机组2000万千瓦，进而优化产业结构。《中国环境与发展重要政策进展（2011—2012）与国合会政策建议影响》报告显示，全国2011年全年关停小火电机组346万千瓦，5000多万千瓦新增燃煤发电机组全部安装脱硫设施[①]。

此外，在"十一五"基础上提高工程减排的脱硫效率也达到了很好的减排效果，比如实施更加严格的排放标准，通过"倒逼"机制来提高火电机组脱硫效率。虽然我国用了不到10年时间为80%左右的火电机组安装了烟气脱硫设备，但在实际运行中，由于煤种、偷漏排、管理操作水平等各种因素的影响，一些设备不能稳定运行，导致实际脱硫效率下降。2012年1月1日开始实施的被称为"世界最严火电环保标准"的《火电厂大气污染物排放标准》（GB 13223—2011）规定：新建燃煤发电厂二氧化硫的排放限值为100毫克/立方米；现有发电厂中燃煤硫分较高地区的发电厂执行限值为400毫克/立方米，其他的执行200毫克/立方米；重点地区燃煤发电厂限值为50毫克/立方米。据统计，2013年3400万千瓦现役火电机组脱硫设施实施增容改造；各地煤改气工程新增用气量26亿立方米，替代原煤490万吨，减少二氧化硫排放量3.9万吨；综合脱硫效率提高到90%以上[②]。由此可见，实施基于先进可行工艺和污染控制技术更加严格的排放标准，可通过"倒逼"机制，大幅提升行业

---

① 中国环境与发展国际合作委员会：《中国环境与发展重要政策进展（2011—2012）与国合会政策建议影响》，http://www.cciced.net/zcyj/yjbg/ndyxbg/201607/P020160708377148883928.pdf。
② 中华人民共和国环境保护部：《中国环境统计年报（2013）》，中国环境出版社，2014年，第26页。

整体的治污水平和生产能力。

同时，在"十二五"期间，我国政府也更加重视基于市场手段的经济措施在二氧化硫减排问题上的应用。2014年9月，国家发展和改革委员会发布的《关于调整排污费征收标准等有关问题的通知》规定，到2015年6月底，各省要将废气中的二氧化硫排污费征收标准调高至不低于每污染当量1.2元，相当于1260元/吨。

截至2012年底，全国脱硫机组装机容量7.18亿千瓦，占燃煤发电装机总容量的比例高达92%。全国燃煤机组脱硫设施投运率由2005年的不足60%提高到目前的95%以上。截至2013年末，全国二氧化硫排放总量为2044万吨，提前实现"十二五"减排目标。2015年，全国二氧化硫排放量为1859万吨，比2011年下降了16%。

（五）"十三五"期间（2016—2020年）政策评述

根据《"十三五"生态环境保护规划》（国发〔2016〕65号），"十三五"期间二氧化硫排放的总量目标是：2020年二氧化硫排放总量要在2015年实际排放量的基础上下降15%。

"十三五"期间，我国通过深入推进结构减排措施，分区制定更严格的排放标准，以及强化经济政策等方式以实现二氧化硫减排目标。

在结构减排方面，《"十三五"生态环境保护规划》提出，各省（区、市）要对照国家大气环境质量标准，深入推进钢铁、水泥等重污染行业过剩产能退出，大力推进清洁能源使用。

在排放标准方面，各省（区、市）深入实施《大气污染防治行动计划》，大幅削减二氧化硫等污染物的排放量。同时，京津冀及周边地区、长三角、珠三角等区域建立了常态化区域协作机制，在区域内制定统一的规划、标准、检测手段。重点行业、领域制定实施统一的环保标准、排污收费政策、能源消费政策。

在经济政策方面，最重要的是建立了排污税，通过严厉的经济手段促使企业减排。2018年1月1日正式施行的《中华人民共和国环境保护税法》规定，各省（区、市）二氧化硫的税额标准为每污染当量1.2~12.0元不等。此外，全国继续深入推进二氧化硫排放权交易，通过降低手续费等方式鼓励企业自助减排。如2017年山西省将排污权交易手续费下调60%，当年二氧化硫交易量高达 15239 吨，占全省工业二氧化硫排放量的 7.87%，约为 2015 年的 4 倍①。

2020 年，全国二氧化硫排放量为 318 万吨，比 2015 年降低了 82%。"十三五"规划目标成果实现主要得益于该时期更严格的控制政策。其中，火电行业排放了 37 万吨二氧化硫，占全国二氧化硫排放总量的比例不足 2015 年的一半。

二、氮氧化物排放控制

总体来看，我国氮氧化物排放总量在"十一五"期间呈上升趋势，在 2011 年后，排放量又不断下降。类似地，火电行业氮氧化物排放量也呈现先上升后下降的变化趋势（见表 6-6）。

目前我国针对氮氧化物排放控制采取的政策措施既有命令控制型手段，也有经济政策。命令控制型政策包括实施相关法律法规、设定排放总量目标和限制排放浓度，而经济政策主要包括征收排污费环境保护税和实施脱硝电价补贴。从法律法规层面上看，"九五"期间通过了《中华人民共和国大气污染防治法》，修订了《火电厂大气污染物排放标准》；"十五"期间重新修订的《中华人民共和国大气污染防治法》规定企业应当对燃料燃烧过程中产生的氮氧化物采取控制措施；"十一五"期间，国务院颁布的《国家环境保护"十一五"规划》明确规定将氮氧化物纳入污染源监测和统计范围，为总量控制奠定基础。同期，政府颁发了《火电厂氮氧化物防治技术政策》和《关于印发"十二五"节能减排综合性工作方案的通知》，明确了各地区的排放总量控制计划。"十三五"期间通过了《中华人民共和国环境保护税法》，明确规定自 2018 年 1 月 1 日起，对污染物征收环境保护税，不再征收排污费。排放总量方面，国家在"十二五"期间开始设定氮氧化物排放总量目标，同时明确了各地区的氮氧化物排放总量。排放浓度方面，"十二五"期间颁布的《火电厂大气污染物排放标准》（GB 13223—2011）明确规定了以煤、油、气为燃料的锅炉或燃气轮机组的氮氧化物排放浓度。环境保护方面，《中华人民共和国环境保护税法》规定自 2018 年 1 月 1 日起，每污染当量大气污染物的税额根据行业、地区从 1.2 元至 12 元不等。排污收费方面，颁布的《排污费征收标准管理办法》规定自 2004 年 7 月 1 日起，每一氮氧化物污染当量按 0.6 元进行收费，其中，一污染当量相当于 0.95 千克。脱硝电价方面，2012 年，国家发展和改革委员

---

① 涂正革、金典、张文怡：《"威逼"还是"利诱"？——基于两控区与二氧化硫排放权交易政策的评估》，《中国地质大学学报》，2021 年第 3 期，第 90~109 页。

会发布的《关于扩大脱硝电价政策试点范围有关问题的通知》规定自2013年1月1日起,将脱硝电价试点范围由现行的14个省的部分燃煤发电机组,扩大为全国所有燃煤发电机组,脱硝电价补贴标准为每千瓦时0.008元。

(一)"十五"期间(2001—2005年)政策评述

"十五"期间的氮氧化物排放控制政策主要包括限制排放浓度和征收排放费,2003年公布的《火电厂大气污染物排放标准》对火力发电锅炉氮氧化物最高允许排放浓度进行了规定(见表6-7),并且规定第3时段[1]火力发电锅炉必须预留烟气脱除氮氧化物装置空间。2004年出台的《排污费征收使用管理条例》规定,从2004年7月1日起,按每一当量0.6元的规定征收锅炉氮氧化物排放费。此外,新建火电项目采取的氮氧化物控制措施还包括:采取低氮燃烧技术、循环流化床(CFB)燃烧技术、整体式煤气化联合循环(IGCC)技术。2004年1月1日审批后的火电项目,预留烟气脱除氮氧化物装置空间。东部火电密集区域、敏感区域火电项目,同步建设烟气脱除氮氧化物装置,扩建、改造项目配合现有老机组的低氮燃烧改造。

表6-7 火力发电锅炉及燃气轮机组氮氧化物最高允许排放浓度(单位:毫克/立方米)[2]

时段		第1时段	第2时段	第3时段
实施时间		2005.1.1	2005.1.1	2004.1.1
燃煤锅炉	煤的挥发分<10%	1500	1300	1100
	10%<煤的挥发分≤20%			650
	煤的挥发分>20%	1100	650	450
	燃油锅炉	650	400	200
燃气轮机组	燃油			150
	燃气			80

---

[1] 1996年12月31日前建成投产或通过建设项目环境影响报告书审批的新建、扩建、改建火电厂建设项目,执行第1时段排放控制要求。1997年1月1日起至本标准实施前通过建设项目环境影响报告书审批的新建、扩建、改建火电厂建设项目,执行第2时段排放控制要求。自2004年1月1日起,通过建设项目环境影响报告书审批的新建、扩建、改建火电厂建设项目(含在第2时段中通过环境影响报告书审批的新建、扩建、改建火电厂建设项目,自批准之日起满5年,在本标准实施前尚未开工建设的火电厂建设项目),执行第3时段排放控制要求。

[2] 国家环境保护总局、国家质量监督检验检疫总局:《火电厂大气污染物排放标准》(GB 13323—2003),2003年。

(二)"十一五"期间(2006—2010年)政策评述

2008年1月发布的《国家酸雨和二氧化硫污染防治"十一五"规划》(环发〔2008〕1号)指出,近年来我国的氮氧化物排放量逐年增加,已达到2000万吨左右,排放量的增幅超过二氧化硫,并且氮氧化物对酸雨的贡献率呈逐年上升的趋势。为此,《国家酸雨和二氧化硫污染防治"十一五"规划》强调加强工业废气污染防治,将氮氧化物纳入污染源监测和统计范围,为实施总量控制创造条件,并同时开始强调脱硝改造和烟气脱硝技术。2009年3月23日,环境保护部[1]印发《2009—2010全国污染防治工作要点》,表示要以火电行业为重点,开展工业氮氧化物的污染防治,并规定,在京津冀、长三角和珠三角地区新建的火电厂必须同步建设脱硝装置,到2015年底前,现役机组全部完成脱硝改造。2010年2月,环境保护部同时发布《火电厂烟气脱硝工程技术规范 选择性催化还原法》(HJ 562—2010)和《火电厂烟气脱硝工程技术规范 选择性非催化还原法》(HJ 563—2010),规定了选择性催化还原(SCR)和选择性非催化还原(SNCR)烟气脱硝工程的设计、施工、验收、运行和维护等技术要求。规范的出台指明了烟气脱硝的技术路线和施工工艺,对火电行业的发展非常有帮助。

此外,"十一五"期间还进行了氮氧化物排放浓度的限制,2009年7月,环境保护部发布的《火电厂大气污染物排放标准》规定:自2010年1月1日起,重点地区的新建、扩建、改建火电厂建设项目氮氧化物排放浓度不高于200毫克/立方米,其他地区不高于400毫克/立方米。至2015年1月1日,重点地区的所有火电机组氮氧化物排放浓度都要求不高于200毫克/立方米,其他地区不高于400毫克/立方米。

除了以上基于现有技术的污染治理措施之外,"十一五"期间我国还鼓励新技术的开发:鼓励高效低氮燃烧技术及适合国情的循环流化床锅炉的开发和应用,鼓励具有自主知识产权的烟气脱硝技术、脱硫脱硝协同控制技术以及氮氧化物资源化利用技术的研发和应用,鼓励低成本高性能催化剂原料、新型催化剂和失效催化剂的再生与安全处置技术的开发和应用,鼓励开发具有自主知识产权的在线连续监测装置,鼓励适合于烟气脱硝的工业尿素的研究和开发。

氮氧化物的排放和污染特性比二氧化硫复杂得多,其排放因子的获得也比

---

[1] 2018年3月,第十三届全国人民代表大会第一次会议批准了《国务院机构改革方案》,组建生态环境部,不再保留环境保护部。

二氧化硫更为复杂,所以,不能简单地根据物料平衡计算氮氧化物的排放量,应根据典型燃烧设备、移动源和工业部门排放设备的测试分析结果获得相应的排放因子。"十一五"期间我国缺乏相关数据,基础研究工作较为薄弱,因此开展氮氧化物的总量控制还不具备条件。实际上,根据美国和欧洲控制氮氧化物排放的历史状况和进程看,氮氧化物的控制落后于二氧化硫10到15年。

"十一五"期间,我国氮氧化物排放负荷巨大。火力发电、工业和交通运输部门三者的氮氧化物排放量之和占我国氮氧化物排放总量的85%,基本呈现三足鼎立之势。氮氧化物排放量的迅速增加导致了一系列的环境问题:"十一五"期间全国降水中硝酸根离子平均浓度较2005年大幅度增长,由氮氧化物等污染物引起的臭氧和细粒子污染问题日益突出,威胁着人们的身体健康。因此,若不严加控制氮氧化物排放量,今后一段时期我国城市光化学烟雾、酸雨污染和灰霾天气还将呈迅速发展和恶化之势。

(三)"十二五"期间(2011—2015年)政策评述

"十二五"期间我国针对氮氧化物的污染特征,进入了以质量改善为切入点、以主要行业为突破口的大规模削减阶段。政府主要制定了总量控制政策,计划"十二五"期间将全国氮氧化物排放总量控制在2046.2万吨以内,新增削减能力794万吨。2015年工业氮氧化物排放量指标为1391万吨,相比2010年减少15%。火电行业氮氧化物排放量750万吨,相比2010年下降21%。"十二五"期间氮氧化物的总量控制推行以防治火电行业排放为核心的工业氮氧化物防治体系和以防治机动车排放为核心的城市氮氧化物防治体系。"十二五"期间总量控制政策的一大突破是:在确定国家总量控制目标的同时,也将减排任务分解到了各省(区、市),确定了各省(区、市)减排项目清单。

2015年,全国氮氧化物排放量为1852万吨,比上年减少11%;火电行业氮氧化物排放量为552万吨,比上年减少近30%。"十二五"总量控制目标得以实现。

(四)"十三五"期间(2016—2020年)政策评述

"十三五"期间我国在氮氧化物排放控制方面最大的突破是通过了《中华人民共和国环境保护税法》,规定自2018年1月1日起不再征收排污费,改征环境保护税,每污染当量大气污染物的税额为1.2元至12.0元不等。此外,"十三五"期间氮氧化物的总量控制目标是:2020年氮氧化物的排放总量比2015年下降15%。与此同时,推进重点行业节能改造,淘汰高污染、低效率的小火电机组。

2020年，全国氮氧化物排放总量为1020万吨，比2015年下降了近45%，"十三五"总量规划目标成功实现。

第三节 主要结论

在电力结构中，我国火力发电的装机容量和发电量均处于主导地位，尽管电力行业一直在积极转变电力生产方式、调整电源结构，但短期内电源结构很难改变，所以在未来一段时期内，火电仍将是中国电力供应的主要来源。

针对火电行业排放的二氧化硫、氮氧化物等大气污染物问题，我国自"九五"以来采取了行政命令型政策和经济政策进行污染控制。行政命令性手段主要包括：实施相关法律法规、采取总量控制政策和浓度控制政策。经济手段主要有征收排污费、征收环境保护税和开展排污权交易。行政命令型的直接监管方式在我国控制污染物排放的问题上取得了一定的成效，但这种减排措施的实施效果已接近极限，减排潜力较小。而从经济效率的角度看，经济政策的执行效果要优于行政命令型的直接监管方式，我国近年来大气污染物得到有效的控制主要归功于这期间实施的各种经济政策。

根据对相关政策的梳理，我国火电行业污染物排放控制还存在一些问题，主要表现为：电力环保法律法规仍不完善；环境保护税标准偏低，使得一些火电厂宁愿缴纳环境保护税也不愿进行治理，污染物排污交易没有形成真正的市场，目前的交易试点具有很强的行政色彩，缺乏市场化的交易价格，也无法衡量节能减排给火电厂带来的成本负担。为此，政府应该出台火电排污专项法律，为各类调控手段提供法律保障；强化经济手段控制火电厂减排，完善环境保护税收体系；建立监管机构间的合作机制，加强排污监管的制度化、法制化和规范化建设；鼓励火电厂自主减排，增强火电厂污染减排的社会责任感；充分发挥社会监督力量，培养公众的参与意识。

第七章　中国火电厂二氧化硫影子价格估算

　　火电在中国电力生产结构中占据了主要地位。在提供生产生活所需电力的同时，火电行业产生了大量污染，包括二氧化硫、氮氧化物和烟尘。其中，二氧化硫污染物不仅对人体健康和生产生活造成较大的影响，更为严重的是形成酸雨，给生态系统以及农业、森林、水产资源等带来严重危害，因此，抑制二氧化硫排放的任务显得尤为迫切，而减少火电行业的二氧化硫排放量是其中的关键一环。根据第六章的分析，环境保护税的征收是"十三五"期间我国二氧化硫排放量大幅下降的重要原因，未来需要进一步完善环境保护税收体系。然而，制定环境保护税需要二氧化硫在市场上的价格信息作为参考。在市场价格不可得的情况下，就需要用影子价格来替代市场价格。度量火电厂排放的污染物的影子价格事关污染物市场价格信息的完善，更关系到我国节能减排和环境治理的成效，因此，研究我国火电厂污染物影子价格度量方法及其应用具有十分重要的现实意义。

　　本章采用方向性距离函数中的随机前沿估计法，对我国火电厂二氧化硫的影子价格进行了估计。具体而言，本章研究的问题如下：①中国火电厂二氧化硫影子价格是多少？②不同地区火电厂的二氧化硫影子价格有何差异？③二氧化硫的影子价格与排放量有什么关系？④火电厂的装机容量、控股类型，以及其他属性如何影响二氧化硫的影子价格？

第一节　研究背景

　　火电在中国电力生产结构中占据了主要地位。根据统计，2014年全国全口径发电量共56801亿千瓦时，其中火力发电43030亿千瓦时，占全国总发电量的75.8%[1]。

---

[1] 中国电力企业联合会电力统计与数据中心：《二〇一九年电力工业统计资料汇编》，2020年。

近 10 年来,尽管电力行业在积极转变电力生产方式、调整电源结构,但我国火力发电量占比一直居高不下,如 2020 年火力发电量仍占全国总发电量的 67.8%[①]。由于短期内电源结构很难改变,在未来一段时间内,电力行业还将不断发展壮大,所以火电还将是未来中国电力供应的主体来源。

然而,火电行业在提供生产生活所需电力的同时,产生了大量污染。火电行业产生的污染物主要有二氧化硫、氮氧化物和烟尘。其中,二氧化硫对人体健康的影响主要是通过强烈刺激人体的结膜和上呼吸道黏膜,引起支气管炎、肺炎等疾病;对生产活动产生的影响主要为引起房屋建筑、金属材料、皮革纸张等制品腐蚀。此外,二氧化硫还可导致植物叶片变黄甚至枯死,更为严重的是形成酸雨,给生态系统以及农业、森林、水产资源等造成严重危害。

我国自"九五"规划以来针对火电行业的二氧化硫排放问题采取了一系列政策措施,成效显著。2020 年,火电行业二氧化硫排放量占全国二氧化硫排放量的比例为 11.8%,远低于 2005 年的 50.1%。然而,值得注意的是随着减排工作的深入开展,边际减排逐渐上升。2020 年我国火电行业的二氧化硫排放量仅比上一年减少了一万吨。再者,尽管"十五"到"十三五"期间国家采取的一些行政命令型管理措施在一定程度上控制了二氧化硫的排放,但这种减排方式常采取"一刀切"的办法,浪费了资源,也增加了成本。美国有关研究表明,在减排相同数量二氧化硫的条件下,强制安装脱硫装置的成本是通过市场方法控制二氧化硫排放的成本的 2.6 倍(王志轩,2008)。经济学家认为从经济效率的角度看,市场政策会优于行政命令型措施。当然,中国政府也认识到了市场机制的重要性,开始通过市场政策控制二氧化硫的排放:2001 年发布的《国家环境保护"十五"计划》制定了有利于企业脱硫的经济政策,如提高二氧化硫排污收费标准,开展二氧化硫排污权交易等;2016 年 12 月通过的《中华人民共和国环境保护税法》规定自 2018 年 1 月 1 日起不再征收排污费,对二氧化硫等污染物开始征收环境保护税。但是,基于市场的政策措施往往需要足够的市场信息作为参考,比如,环境保护税税率的合理制定需要二氧化硫在市场上的价格信息作为参考。然而,污染物本身是没有市场价格的,而且由于我国目前二氧化硫交易市场并不完善,也很难找到可靠的替代价格数据。在市场价格不可得的情况下,国内外的研究通常用影子价格来替代市场价格。广义的影子价格是资源在最优决策下边际价值的反映,代表生产或消费某种商品的机会成本。具体到本章内容,影子价格是指少排放一单位二氧化硫所放弃的

[①] 中国电力企业联合会电力统计与数据中心:《二〇二〇年电力工业统计资料汇编》,2021 年。

发电量带来的潜在收益，它可以近似地反映发电厂的边际污染减排成本。文献研究中常把二氧化硫这类污染物当作非合意产出，把为了社会需要而生产的产品称为合意产出，根据两者的数量关系和合意产出的市场价格，可以计算出二氧化硫的影子价格。本章以此来估算火电厂二氧化硫的影子价格，从而为政策制定者制定相关控制政策提供实证依据。

第二节 文献综述

一、国外研究

国外的研究主要通过估计距离函数，利用距离函数和收益函数或成本函数的对偶性估计污染物的影子价格。根据距离函数的不同，污染物影子价格的估计方法可以分为基于Shephard距离函数的估计方法和基于方向性距离函数的估计方法。

Shephard距离函数又可以细分为Shephard投入距离函数（IDF）和Shephard产出距离函数（ODF）。Lee（2005）基于Shephard投入距离函数（IDF）估算了1977—1986年美国51个燃煤发电厂排放的二氧化硫的影子价格，估计得到的影子价格低于之前研究的结果。他认为可能是因为之前的研究忽略了资本投入和二氧化硫的替代关系。更多的研究基于Shephard产出距离函数（ODF）来估计二氧化硫的影子价格。Coggins&Swinton（1996）估计了美国威斯康星州1990—1992年42个燃煤发电厂排放的二氧化硫的影子价格，结果得到的平均价格高于市场上二氧化硫排放权的交易价格。他们认为这可能和当地监管法规较为严格有关。Aiken等（2003）估算了1970—1996年美国19个两位代码的制造业行业产生的二氧化硫和PM_{10}的影子价格，结果发现这19个行业二氧化硫影子价格的平均值高于之前研究的估计值。他们认为可能是选取的超对数函数假设所有的行业均受到严格的环境管制，从而导致了较高的边际减排成本。Swinton（2004）运用Shephard产出距离函数估算了1994—1998年美国40家燃煤发电厂排放的二氧化硫的影子价格。

自Färe等（2001）引进方向性距离函数（DDF）来估计污染物的影子价格后，越来越多的研究开始基于方向性距离函数来估计影子价格。韩国学者Lee等（2002）采用数据包络分析（DEA）方法估计方向性距离函数，测算了1990—1995年韩国43家发电厂排放的硫化物、氮氧化物和总悬浮颗粒物的影子价格，发现样本发电厂现有状态下的平均影子价格比完全效率状态下的平均影子价格低10%。Färe等（2005）基于1993—1997年美国209家发电厂的数据，分别用数据包络分析（DEA）和随机前沿分析（SFA）估计了二次型方向性距离函数，发现利用DEA方法估计出的二氧化硫影子价格高于SFA方法，但SFA估计出的价格更接近于二氧化硫排放许可证的市场价格。Vardynan&Noh（2006）基于1997—1999年美国电力行业的二氧化硫排放数据，利用参数法分别估计了Shephard距离函数、双曲线距离函数以及不同方向向量的方向性距离函数，结果发现方向向量的不同是导致不同方法估计得到的影子价格存在差异的原因。Murty等（2007）运用随机前沿分析估计方向性距离函数，进而估算出印度APGENCO发电企业下属5家燃煤发电厂1996—1997年和2003—2004年排放的二氧化硫、悬浮颗粒物（SPM）和氮氧化物的影子价格，也发现利用DEA估计出的二氧化硫影子价格比SFA估计的结果高。Färe等（2012）利用SFA估计方向性距离函数，进而得到1985—1998年美国76家燃煤发电厂二氧化硫和氮氧化物的影子价格。总结国外的研究可以发现外国学者很少研究中国二氧化硫的影子价格。

二、国内研究

国内学者研究影子价格的成果不太多，大多关注二氧化碳的影子价格。首先，不少学者基于行业或省级层面的数据进行了研究。陈诗一（2010）分别利用参数法和非参数法对1998—2008年我国38个工业行业排放的二氧化碳的影子价格进行了估算，并基于影子价格测算了行业的绿色生产率指数。Wang等（2011）基于2007年中国28个省（区、市）的二氧化碳排放数据，运用非参数线性规划法估计了每个地区的二氧化碳边际减排成本，估计得到的平均减排成本为475.3元/吨。Wei等（2012）利用DEA方法估计得出1995—2007年中国29个省（区、市）的二氧化碳边际减排成本为30.0~275.2元/吨不等，并指出该方法的缺陷是假设每个省（区、市）的技术和劳动流动是非同质的，这与DEA方法中决策单元同质的假定不符。Zhang等（2014）分别基于Shephard距离函数和二次型方向性距离函数估计了2006—2010年中国30个省（区、市）排放的二氧化碳的影子价格。也有学者基于企业层面的微观数据展开了研究。秦少俊等（2011）基于方向性距离函数估计得到2007年上海市19家火电厂的二氧化碳影子价格为234.2元/吨，同时发现火电厂机组的减排成本与装机容量正相关。Lee&Zhang（2012）利用参数法估计了2009年中国30家制造业企业的投入距离函数，得出二氧化碳的影子价格为3.13美元/吨，同时发现不同行业企业的影子价格差异很大。Wei等（2013）同时利用DEA方法和SFA方法分别估算出2004年中国124家火电厂排放的二氧化碳的平均影子价格为2059.8元/吨和612.6元/吨，还发现影子价格和火电厂的规模、运行年龄负相关，和环境管制程度、火电厂技术水平正相关。

国内估计工业污染物影子价格的研究很少，针对二氧化硫影子价格的研究则更为稀缺，主要是因为相关数据难以获得，尤其是微观层面的数据更加难得。Xu等（2010）运用超对数函数形式和线性规划来估计产出距离函数的参数，进而求得1986—1992年云南省和福建省34家造纸厂污染物的影子价格以检验管理的效率和征税的影响。万伦来、陶建国（2012）运用非参数产出方向性距离函数，对2009年安徽省煤炭开采和洗选企业煤炭资源开采利用过程中排放的废水、废气和固体废物的影子价格进行了估计。汪慧玲等（2014）首次利用二次参数形式的距离函数估计了2000—2012年中国30个省（区、市）农业生产过程排放的总氮、总磷和化学需氧量三种污染物的影子价格。

到目前为止，国内研究二氧化硫影子价格的文献较少。涂正革（2010）通过基于方向性距离函数的DEA非参数方法估计了1998—2005年中国30个省（区、市）规模以上工业企业二氧化硫的影子价格，得到的影子价格介于3100~379300元/吨之间，平均价格为82600元/吨。他重点分析了北京、甘肃和河北这三个典型地区工业企业二氧化硫的影子价格及其变化特点。袁鹏、程施（2011）利用参数线性规划法估计二次型方向性距离函数，对2003—2008年我国284个地级及以上城市工业部门的废水、二氧化硫和烟尘的影子价格进行了估计，得到工业部门二氧化硫的影子价格为51580元/吨，比同期二氧化硫排放权交易价格要高。以上研究对于工业二氧化硫边际减排成本的核算来说是有意义的尝试，但问题是缺乏基于微观数据的估算，不能真实地反映企业的边际减排成本，实际的政策指导意义不大。

三、研究方法总结

国外最早估算影子价格的研究出现在1981年，Pittman（1981）以Shephard距离函数为理论基础，创造性地通过估计Shphard距离函数估算了污染物的影子价格。由于估计Shphard距离函数不需要投入与产出的价格等信息，适用范围很广，此后许多学者也陆续开始使用Shephard产出距离函数或Shephard投入距离函数来估算工业企业污染物的影子价格（Coggins&Swinton，1996；Aiken&Pasurka J. R.，2003；Swinton，2004；Lee，2005）。Murty（2007）认为使用Shephard投入和产出距离函数来估计技术效率会忽略企业的减排行为进而低估企业的生产效率。Shephard 产出距离函数是在投入固定的情况下通过同时扩张所有产出（包括合意产出和非合意产出）达到技术有效；Shephard 投入距离函数则是在产出全部固定的情况下通过缩减投入来达到技术有效，两者均不能在减少非合意产出的情况下增加合意产出。

为了克服 Shephard 距离函数的缺点，Färe 等（2001）引进方向性距离函数来估计影子价格。使用方向性距离函数估计影子价格时，合意产出和非合意产出的数量可以朝着不同的方向改变；而且，不成比例的增加合意产出和减少非合意产出带来的福利改变是可以测度的，这对于生产者减排污染物有很大的实用价值，因此被认为是更合理的估计污染物影子价格的方法，也被越来越多的研究所采用。

估计方向性距离函数的方法可以分为参数法和非参数法。非参数法一般指数据包络分析（DEA）法。2002 年，Lee 等（2002）首次采用 DEA 估计方向性产出距离函数，由于该方法无须设定函数形式，简单易操作，故常出现在文献中（涂正革，2010；Wang 等，2011；Wei 等，2012）。但 DEA 中关于决策单元是同质的假定往往和现实不符，且非参数估计可能在某些点上由于斜率不唯一而无法获得影子价格，而参数估计能解决可微的问题。相比之下，参数形式的距离函数由于具有良好的微分性质而得到更广泛的应用（易纲等，2003；袁鹏、程施，2011；Aiken&Pasurka J. R.，2003；Coggins&Swinton，1996；Vardanyan&Noh，2006）。

参数法主要是通过线性规划法或随机前沿分析（SFA）求解方向性距离函数，两种方法各有利弊。线性规划法的优势在于，可以根据假设的结果对参数加以限制，在衡量效率时它能解释所有相对生产性前沿的偏离，但线性规划法并未考虑测量误差和随机扰动项。随机前沿分析允许测量误差和随机扰动项的存在，而且在估计函数时能进行统计上的检验，如参数的显著性检验、投入品和产出品的可分性检验、合意产出与非合意产出的可分性以及方向性距离函数的单调性检验等（Murty 等，2007），但使用随机前沿分析时，最后通常存在一定数量样本的解不满足产出集假设的情况。

在实证方面，国外研究估计得到的二氧化硫影子价格从 31 美元/吨到 4480 美元/吨不等，国内研究估计得到的二氧化硫影子价格在 5 万元/吨到 7 万元/吨之间（见表 7-1）。不同研究的估计结果存在一定的差异，这主要与计算影子价格时选取的样本、参照物和估计方法有关。并且，Shephard 距离函数形式以及方向性距离函数的方向向量的不同也会导致不同的影子价格结果。Färe 等（2005）认为，方向性距离函数法估计得到的影子价格比 Shephard 产出距离函数法估计得到的影子价格高，是因为生产可能集内部产出的移动会使决策个体面临一个较缓的生产技术。此外，有研究发现采用确定形式的方向性距离函数比随机形式估算得到的影子价格要高（Färe 等，2005；Murty 等，2007），而随机前沿分析（SFA）估计出的影子价格和二氧化硫排污许可证的市场价值比较接近（Färe 等，2005）。综上，本章采用随机前沿分析（SFA）来估计方向性距离函数。

表 7-1 国内外关于二氧化硫影子价格的研究[①]

研究	研究年份	方法	影子价格	样本
Lee，2005	1977—1986	Shephard 投入距离函数	167.6 美元/吨	51 家燃煤发电厂
Coggins & Swinton，1996	1990—1992	Shephard 产出距离函数	292.7 美元/吨	42 家燃煤发电厂
Aiken 等，2003	1970—1996	Shephard 产出距离函数	49200 美元/吨	19 个行业
Swinton，2004	1994—1998	Shephard 产出距离函数	143~269 美元/吨	40 家燃煤发电厂
Lee 等，2002	1990—1995	DEA 方向性距离函数	3107 美元/吨	43 家发电厂
Färe 等，2005	1993—1997	DEA 方向性距离函数 SFA 方向性距离函数	1117~1974 美元/吨 76~142 美元/吨	209 家发电厂
Murty 等，2007	1996—1997 2003—2004	SFA 方向性距离函数	41.84 美元/吨	5 家燃煤发电厂
Vardynan & Noh，2006	1997—1999	Shephard 距离函数 双曲线距离函数 方向性距离函数	208 美元/吨 249~1331 美元/吨 31~1127 美元/吨	52 家发电厂
Färe 等，2012	1985—1998	SFA 方向性距离函数	2660~4480 美元/吨	76 家燃煤发电厂
涂正革，2010	1998—2005	DEA 方向性距离函数	3100~379000 元/吨（平均 82600 元/吨）	30 个省（区、市）
袁鹏、程施，2011	2003—2008	线性规划法方向性距离函数	51580 元/吨	284 个城市

虽然国外关于二氧化硫影子价格的研究起步很早，研究方法也多样，但较少关注中国的火电行业，而国内的研究也仅限于工业行业排放的二氧化硫，对火电厂二氧化硫排放的研究由于数据的难得而微乎其微。国外的研究通常利用微观数据计算二氧化硫的影子价格，国内的研究近些年也开始基于企业层面的微观数据进行分析。事实上，真正创造产出和产生污染的是企业，而不是省市

[①] 该表由作者根据表中文献整理归纳得到。

或者行业，利用省级或者行业层面的数据无法计算出企业之间进行二氧化硫排放权交易的真正成本，因此得出的研究结论对政策的指导意义也不大。所以本章选取中国 2013—2014 年统调口径的火电厂的相关数据来估算二氧化硫的影子价格，得到的结果具有一定的政策指导性。

综合考虑，为了有效估计二氧化硫的影子价格并进行相应的统计检验，本章采用随机前沿分析（SFA）法来估计二次型方向性距离函数，并对最后的结果进行检验，以排除不满足假设的样本。

第三节 二氧化硫影子价格的估算模型

一、环境生产技术及方向性距离函数

火电厂发电产生的正常产出，也就是电能被称为合意产出，产生的如二氧化硫、氮氧化物和烟尘等污染物通常被称为非合意产出，包括非合意产出在内的产出与投入之间的技术结构关系称为环境生产技术。假设火电厂有 N 种投入品 $\boldsymbol{x} = (x_1, x_2, \cdots, x_n) \in R_N^+$，生产出 M 种合意产出 $\boldsymbol{y} = (y_1, y_2, \cdots, y_m) \in R_M^+$，以及 J 种非合意产出 $\boldsymbol{b} = (b_1, b_2, \cdots, b_J) \in R_J^+$，则环境生产技术可以用生产可能性集 $P(x)$ 表示：

$$P(\boldsymbol{x}) = \{(\boldsymbol{y}, \boldsymbol{b}) : \boldsymbol{x} \text{ 能生产}(\boldsymbol{y}, \boldsymbol{b})\}, \boldsymbol{x} \in R_+^N \quad (7-1)$$

Färe 等（1993）首先利用 Shephard（1970）提出的 Shephard 距离函数来描述环境技术生产可能性集。随后，Chambers 等（1998）改进了 Shephard 距离函数，提出用方向性距离函数将企业投影到生产前沿面来描述企业合意产出和非合意产出的不同方向的变化。Färe 等（2001）正式将方向性距离函数引入污染物的影子价格估算中。根据 Färe 等（2001，2005）的研究，方向性距离函数将生产可能性集 $P(x)$ 表示为：

$$D(\boldsymbol{x}, \boldsymbol{y}, \boldsymbol{b}; g_y, -g_b) = \max\{\boldsymbol{\beta} : (\boldsymbol{y} + \boldsymbol{\beta} g_y, \boldsymbol{n} - \boldsymbol{\beta} g_b) \in P(\boldsymbol{x})\} \quad (7-2)$$

其中方向向量 $\boldsymbol{g} = (g_y, g_b)$ 代表合意产出和非合意产出在生产可能性集内进行扩张和收缩的方向，$\boldsymbol{g} \in R^M \times R^J$。最优解 $\boldsymbol{\beta}^* = D(\boldsymbol{x}, \boldsymbol{y}, \boldsymbol{b}; g_y, -g_b)$ 代表产出组合 $(\boldsymbol{y}, \boldsymbol{b}) \in P(\boldsymbol{x})$ 在可能性集中产出扩张（或收缩）的最大程度。$\boldsymbol{\beta}^*$ 为 0 表示产出向量在生产前沿上，此时火电厂的生产有效率。当 $\boldsymbol{\beta}^*$ 为正值，表示生产无效率，且 $\boldsymbol{\beta}^*$ 值越大，表示效率越低。

如图7-1，对于生产可能性集中的火电厂 A，Shephard 产出距离函数定义下的合意产出和非合意产出是同向扩张的，火电厂 A 所对应的前沿面上的点为点 C。而方向性距离函数定义下火电厂 A 沿着给定的方向性向量 $\boldsymbol{g} = (g_y, g_b)$，扩张合意产出的同时缩减非合意产出，进而移动到生产前沿面上的 B 点。

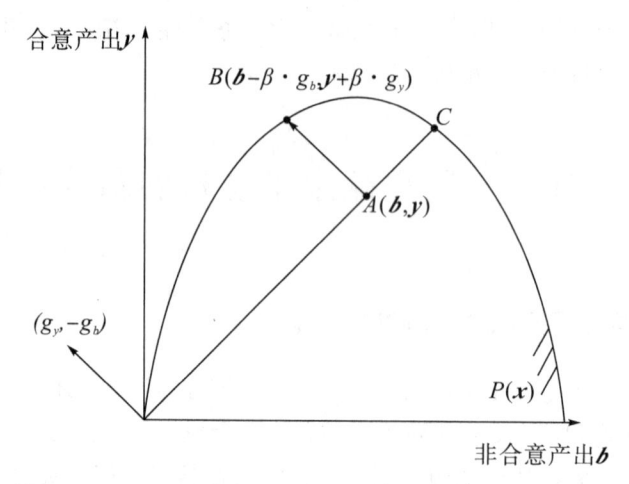

图7-1 Shephard 产出距离函数和方向性距离函数示意图①

方向性距离函数保留了生产可能性 $P(\boldsymbol{x})$ 集的性质，包括非负性、单调性、弱处置性和转移性。对于生产前沿面上的点，方向向量的选取不会影响估计结果；而对于生产集内的点，方向向量的选取影响影子价格的大小。由于本章只关注影子价格的相对大小，因此方向向量的选取对本章结果的影响不大。目前实证研究中广泛应用的方向向量是 $\boldsymbol{g} = (1, -1)$，该方向向量将合意产出和非合意产出等比例地反向变动，是比较政策中性的方向向量。此外，选择这样的方向向量能降低模型求解难度。因此我们也选取方向向量 $\boldsymbol{g} = (1, -1)$，来计算影子价格。

二、影子价格模型

影子价格模型的理论基础是产出距离函数和收益函数对偶性，若令 $\boldsymbol{p} = (p_1, p_2, \cdots, p_M)$ 和 $\boldsymbol{q} = (q_1, q_2, \cdots, q_J)$ 分别代表合意产出和非合意产出的价格向量，则基于方向向量 $\boldsymbol{g} = (1, -1)$ 的收益函数可表示为：

$$R(\boldsymbol{x}, \boldsymbol{p}, \boldsymbol{q}) = \max_{y, b} \{\boldsymbol{py} - \boldsymbol{qb} : D(\boldsymbol{x}, y, b; 1, -1) \geqslant 0\} \qquad (7-3)$$

---

① 该图由作者根据 Shephard 产出距离函数和方向性距离函数的原理描绘得到。

Chambers 等（1998）已证明式（7-3）的拉格朗日乘子为 $\lambda = pg_y - qg_b = p + q$，因此收益函数可写成：

$$R(x,p,q) = \max_{y,b}\{py - qb : (p+q)D(x,y,b;1,-1) \geq 0\} \quad (7-4)$$

收益函数的一阶条件为：

$$\begin{cases} (p+q)\nabla_y D(x,y,b;1,-1) = -p \\ (p+q)\nabla_b D(x,y,b;1,-1) = q \end{cases} \quad (7-5)$$

由上述一阶条件得到影子价格：

$$q = -p\left[\frac{\partial D(x,y,b;1,-1)/\partial b}{\partial D(x,y,b;1,-1)/\partial y}\right] \quad (7-6)$$

此时，非合意产出 b 的影子价格 q 等于为了减少一单位的 b，放弃生产 y 所损失的潜在收益，在本章表示为减少一单位的二氧化硫，减少发电量所损失的收益，同时也是二氧化硫的边际减排成本。

在求解影子价格时，我们假设所有火电厂都位于生产前沿面上。而对于在生产前沿面内的火电厂（如点 B），我们通过沿着方向向量扩张（或缩减）产出，先使其达到生产前沿面上有效率的生产点（如点 A），再求对应的影子价格（见图 7-2）。

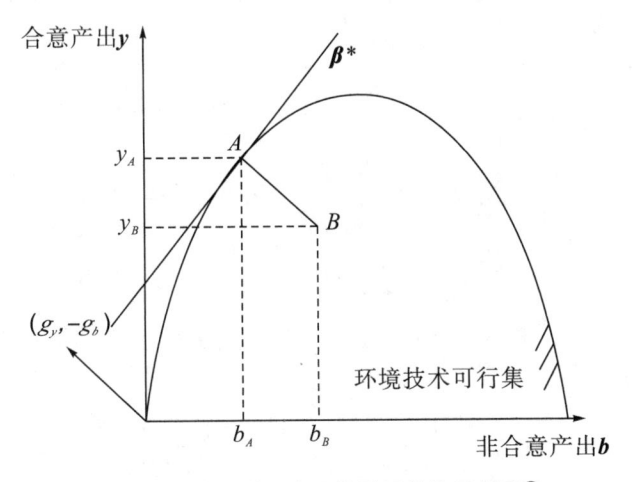

图 7-2 方向性距离函数影子价格示意图[①]

由于方向性距离函数具有转移性，其导数具有产出的零次齐次性，因此对火电厂的生产行为进行沿着方向向量扩张的调整不会影响影子价格计算的准确性。

---

① 该图由作者根据方向性距离函数的原理描绘得到。

三、模型估计方法

常用的方向性距离函数的形式有超对数型和二次型，Vardanyan&Noh（2006）利用蒙特卡罗方法对两种函数形式进行了比较，得出二次型函数优于超对数型函数的结论。因此，这里我们选取二次型来进行估计，设第 k 个火电厂的二次型方向性距离函数为：

$$D(x^k, y^k, b^k; 1, -1) = \alpha + \sum_{n=1}^{N} \alpha_n x_n^k + \sum_{m=1}^{M} \beta_m y_m^k + \sum_{j=1}^{J} \gamma_j b_j^k$$
$$+ \frac{1}{2} \sum_{n=1}^{N} \sum_{n'=1}^{N} \alpha_{nn'} x_n^k x_{n'}^k + \frac{1}{2} \sum_{m=1}^{M} \sum_{m'=1}^{M} \beta_{mm'} y_m^k y_{m'}^k$$
$$+ \frac{1}{2} \sum_{j=1}^{J} \sum_{j'=1}^{J} \gamma_{jj'} b_j^k b_{j'}^k + \sum_{n=1}^{N} \sum_{m=1}^{M} \delta_{nm} x_n^k y_m^k$$
$$+ \sum_{n=1}^{N} \sum_{j=1}^{J} \eta_{nj} x_n^k b_j^k + \sum_{m=1}^{M} \sum_{j=1}^{J} \mu_{mj} y_m^k b_j^k \quad (7-7)$$

其中投入品 x 有 N 种，合意产出 y 有 M 种，非合意产出 b 有 J 种。

基于方向性距离函数的性质，得到：

$$\begin{cases} \sum_{m=1}^{M} \beta_m - \sum_{j=1}^{J} \gamma_j = -1 \\ \sum_{m'=1}^{M} \beta_{mm'} - \sum_{j=1}^{J} \mu_{mj} = 0, m = 1, 2, \cdots, M \\ \sum_{j'=1}^{J} \gamma_{jj'} - \sum_{m=1}^{M} \mu_{mj} = 0, j = 1, 2, \cdots, J \\ \sum_{i}^{M} \delta_{nm} - \sum_{i=1}^{J} \eta_{nj} = 0, n = 1, 2, \cdots, N \end{cases} \quad (7-8)$$

根据式（7-7）和（7-8），可得第 k 个火电厂生产的第 j 种非合意产出的影子价格为：

$$q_j^k = -p \left[\frac{\partial D(x^k, y^k, b^k; 1, -1) / \partial b_j^k}{\partial D(x^k, y^k, b^k; 1, -1) / \partial y_m^k} \right]$$
$$= -p \left[\frac{r_j + \frac{1}{2} \gamma_{j'} b_{j'}^k + \eta_{nj} x_n^k + \mu_{mj} y_m^k}{\beta_m + \frac{1}{2} \beta_{mm'} y_m^k + \delta_{nm} x_n^k + \mu_{mj} b_j^k} \right] \quad (7-9)$$

式（7-9）可以通过线性规划法或随机前沿分析（SFA）来求解，这里我们采用 SFA 来估计，其对应的随机前沿函数如下：

$$0 = D(x^k, y^k, b^k; 1, -1) + \varepsilon^k \quad (7-10)$$

其中，$\varepsilon^k = \nu^k - \mu^k$，服从 $N(0, \sigma_\nu^2)$；μ^k 服从 $N^+(\mu, \sigma_\mu^2)$。

根据方向性距离函数的转移性，可得：

$$D(x^k, y^k + \alpha^k, b^k - \alpha^k; 1, -1) + \alpha^k = D(x^k, y^k, b^k; 1, -1) \quad (7-11)$$

$$-\alpha^k = D(x^k, y^k + \alpha^k, b^k - \alpha^k; 1, -1) + \varepsilon^k \quad (7-12)$$

这里我们采用 Färe 等 (2005) 的修正普通最小二乘法（COLS）对随机前沿函数进行估计。其估计步骤是：首先运用 OLS 对模型进行初步估计。其次对模型进行修正。修正的方法是先通过 OLS 估计出每个火电厂的 ε，获得估计参数，并通过从截距项 α 中减去 $\varepsilon = \min(\varepsilon^k)$ 的方式获取真实的 α 的估计值。最后通过式（7-9）计算出影子价格。

第四节　数据描述

一、总体统计描述

本章以国家能源局提供的 2013—2014 年中国统调口径的火电厂为基本研究单元。统调口径的火电厂是指由设于省级及以上电网企业的调度机构直接调度的火电厂，其中省级及以上电网企业指国家电网公司及其所属的五大区域电网公司和 27 家省级电网企业、中国南方电网有限责任公司及其所属的 7 家省级电网公司、内蒙古电力集团公司和陕西地方电力集团公司。本章选取 2013—2014 年作为研究时段估算燃煤发电厂二氧化硫影子价格的主要原因有两点：第一，在此期间，国家更加重视经济手段的减排政策，对二氧化硫的排污费收费标准进行了大幅度的调整，估计这一期间的二氧化硫影子价格可以评价政府调整排污费收费标准是否满足成本有效性；第二，2015 年后，我国为了缓解新能源消纳矛盾，参与调峰的火电机组容量大幅增加，煤电机组停机备用、应急启停调峰会降低煤炭的燃烧效率，由此估算出的影子价格不能准确反映正常发电情况下二氧化硫的边际减排成本。因此，计算 2013—2014 年燃煤发电厂的影子价格更能反映燃煤发电厂真实的二氧化硫边际减排成本。在本章样本中，2013 年有 412 家火电厂，2014 年有 332 家火电厂，共计 744 笔观测值，样本量远远超出此前研究污染物影子价格的文献。

在投入变量的选择上，我们选取平均发电设备容量来代表火电厂当年的资本投入，这主要是因为平均发电设备容量不仅真实反映了火电厂的资本投入，也考虑了新机组投产和旧机组的退役时间，所以更能真实地反映火电厂机组的投产和运营，从而更好地反映火电厂的真实发电能力。进一步，我们选取火电厂的当年从业人员数代表火电厂的劳动投入。此外，遵循 Färe 等（2005）的研究，我们以作为能源投入的年发电消耗标准煤量代表火电厂的可变成本。对于产出变量的选取，研究火电厂污染物影子价格的文献常以发电量作为合意产出（Färe 等，2005；Lee 等，2002；Lee，2005），以污染物为非合意产出。由于本章只估计二氧化硫的影子价格，所为选取发电量为合意产出，选取二氧化硫排放量为非合意产出[①]。

为了估计非合意产出二氧化硫的影子价格，我们还需要获得合意产出发电量的影子价格。我们假设发电量的影子价格等于火电厂的平均售电价格，同时假设隶属于同一企业的火电厂的平均售电价格均相同且等于市场价格。表7-2的样本描述性统计显示2013和2014年样本火电厂的平均售电价格均值在4063.3元/万千瓦时左右。并且，样本火电厂二氧化硫排放量的平均值为571.9吨。

表7-2　2013和2014年样本火电厂主要变量的描述性统计[②]

	变量	观测值	平均值	标准差	最小值	最大值
投入品	发电消耗标准煤量（吨）	744	346508.2	252679.3	13076.4	1702747.0
	平均发电设备容量（万千瓦）	744	93.5	70.9	2.4	500.0
	从业人员数（人）	744	645.9	695.2	8.0	13974.0
产出品	发电量（万千瓦时）	744	117116.3	87152.0	2185.7	586412.0
	二氧化硫排放量（吨）	744	571.9	380.4	82.0	1836.0
	平均售电价格（元/万千瓦时）	744	4063.3	796.5	2045.7	8236.7

二、按地区分类

我们参照"七五"计划中提出的将我国经济区域分成三大经济地带的方法，将样本火电厂按所在省（区、市）分成东部、中部和西部三组。根据中国

[①] 本章选取的是2013—2014年样本火电厂第一季度的二氧化硫排放量数据，主要有三点原因：一是本章所用的数据是每一季度的累计排放量数据，但有些火电厂填报的是当季数据，一一校核工作量太大，而第一季度的数据的当季数据就为累计数据；二是本章估算出的这两年的影子价格差异并不大；三是火电厂在短时间内很难革新脱硫技术，所以选取第一季度的数据对结果影响不大。

[②] 该表由国家能源局提供的2013—2014年火电企业样本数据整理得到。发电消耗标准煤量、平均发电设备容量、发电量和平均售电价格均是月度数据，本章按取平均值法转成季度数据；从业人员数是年度数据，由于该变量变化不大，本章直接将此年度数据当成季度数据。

电力企业联合会规划与统计信息部发布的《二〇一三年电力工业统计资料汇编》和《二〇一四年电力工业统计资料汇编》，2013年东部地区火力发电总量占全国火力发电总量的比例为47.4％，中部地区占26.5％，西部地区则占26.1％。2014年，东部地区火力发电总量占全国火力发电总量的47.0％，中部地区占26.3％，西部地区占26.7％。本章的火电厂样本来自全国29个省（区、市）（不含北京、西藏和港澳台地区）。其中，2013年全样本发电总量占中国电力企业联合会公布的全国火力发电总量的46.9％，东部地区的火电厂发电量占全样本发电总量的53.4％，中部地区的火电厂发电量占全样本总发电量的24.1％，西部地区火电厂的发电量则占全样本总发电量的22.5％。2014年全样本发电总量占中国电力企业联合会公布的2014年全国火力发电总量的36.8％，东部地区的火电厂发电量占全样本发电总量的49.8％，中部地区的火电厂发电量占全样本总发电量的22.3％，西部地区火电厂的发电量则占全样本总发电量的27.9％。样本各地区火电厂的发电量占比与中国电力企业联合会所统计的各地区火力发电量占全国火力发电总量的比例相比，差别不大，说明本章选取的样本具有代表性。从表7-3可看出，较发达的东部地区火电厂的发电消耗标准煤量高于其他地区，而二氧化硫排放量则低于其他地区，这可能是因为东部地区的环境管制更严，或者是减排技术更先进。

表7-3 按地区分类样本统计描述[①]

变量	东部	中部	西部
观测值	307	221	216
发电量平均值（万千瓦时）	139353.8	97248.9	105837.3
二氧化硫排放量平均值（吨）	499.7	569.6	676.8
发电消耗标准煤量平均值（吨）	406567.7	287267.8	321757.7
平均发电设备容量平均值（万千瓦）	110.1	82.2	81.5
从业人员数平均值（人）	636	713	592

三、按规模分类

一种比较常见的发电厂规模分类标准是按装机容量划分，总容量在100兆瓦及以下的称为小容量发电厂，总容量在100～250兆瓦范围的属于中容量发

---

① 该表由国家能源局提供的2013—2014年火电厂样本数据整理得到。

电厂，250~600兆瓦的属于大中容量发电厂，600~1000兆瓦的属于大容量发电厂，1000兆瓦以上的则属于特大容量发电厂。表7-4显示了按火电厂装机容量划分的样本均值描述性统计，可以发现，随着火电厂装机容量的上升，发电量和发电消耗标准煤量均有所上升，二氧化硫排放量也呈上升趋势。一般而言，大容量机组的发电效率更高，这些新建的机组一般都是大容量机组，而且"十一五"规划要求新建火电机组安装高效除尘设备。因此理论上而言，大容量机组的二氧化硫排放量应该低于小容量机组。而表7-4出现相反结果的原因可能是大容量机组的脱硫设备并没有正常运行，从而导致二氧化硫的减排效果大打折扣。

表7-4 按规模分类样本均值统计描述[①]

变量	特大容量	大容量	大中容量	中容量	小容量
观测值	291	279	126	33	15
发电量平均值（万千瓦时）	194373.7	84914.9	47366.2	23134.4	9926.3
二氧化硫排放量平均值（吨）	745.7	507.3	400.3	351.7	328.9
发电消耗标准煤量平均值（吨）	571785.5	251648.8	145893.9	70852.1	32118.9
平均发电设备容量平均值（万千瓦）	157.6	66.5	34.1	22.9	5.6
从业人员数平均值（人）	766.9	633.9	506.2	350.5	343.8

四、按所属集团分类

2002年电力体制改革后，国家电力公司被拆分为两大电网（南方电网和国家电网）、五大发电集团（华能集团、大唐集团、国电集团、华电集团和中电投集团）和四小发电企业（华润电力、国华电力、国投电力和中广核）。其中，五大发电集团作为我国的发电巨头，其规模是其他发电企业无法比拟的。2018年五大发电集团火电总装机容量为51084万千瓦，占全国火力发电装机容量的44.7%。我们将样本火电厂按是否属于五大发电集团进行分类，结果显示有超过50%的样本火电厂属于五大发电集团。2013年，样本火电厂的期末总装机容量占中国电力企业联合会公布的全国火力发电装机容量的44.1%，其中属于五大发电集团火电厂期末总装机容量占全样本装机容量的57.1%。

---

① 该表由国家能源局提供的2013—2014年火电厂样本数据整理得到。

2014年样本火电厂的期末总装机容量占中国电力企业联合会公布的全国火力发电装机容量的34.8%，样本中五大发电集团的火电厂期末总装机容量占全样本装机容量的65.2%。由此可见，样本中属于五大发电集团的火电厂装机容量占全样本火电厂发电装机容量的比例与全国属于五大发电集团的火电厂装机容量占全国火力发电装机容量的比例较为接近，可以认为我们的样本具有较好的代表性。表7-5是按是否属于五大发电集团进行的样本描述性统计，可以看出属于五大发电集团的火电厂的发电消耗标准煤量和平均发电设备容量均高于其他发电集团，二氧化硫排放量也高于其他发电集团。

表7-5 按所属集团分类样本均值统计描述[①]

变量	五大发电集团	其他发电集团
观测值	444	300
二氧化硫排放量平均值（吨）	645.9	462.4
平均售电价格平均值（元/万千瓦时）	3955.8	4222.4
发电消耗标准煤量平均值（吨）	349227.3	342484.0
平均发电设备容量平均值（万千瓦）	94.4	92.2
从业人员数平均值（人）	690	580

五、按控股经济类型分类

根据国家统计局2005年修订的《关于统计上国有经济控股情况的分类办法》，我们将火电厂分为公有控股经济火电厂和非公有控股经济火电厂。其中，公有控股经济包括国有经济和集体经济，非公有控股经济包括私有经济、港澳台经济和外商经济。本章选取的样本中有87.5%的火电厂属于公有控股经济。表7-6描述了公有控股经济和非公有控股经济火电厂的发电情况和二氧化硫排放情况等。结果显示非公有控股经济火电厂的发电量和发电消耗标准煤量均大于公有控股经济火电厂，且二氧化硫排放量低于公有控股经济火电厂，这可能是由于非公有控股经济火电厂发电效率更高且减排措施做得更好。

---

① 该表由国家能源局提供的2013—2014年火电厂样本数据整理得到。

表 7-6　按控股经济类型分类样本均值统计描述[①]

变量	公有控股经济	非公有控股经济
观测值	651	93
发电量平均值（万千瓦时）	116139.7	123952.4
平均发电设备容量平均值（万千瓦）	92.2	103.1
发电消耗标准煤量平均值（吨）	343861.8	365033.3
二氧化硫排放量平均值（吨）	580.7	510.3
平均售电价格平均值（元/万千瓦时）	4003.2	4483.8

六、按火电厂属性分类

按火电厂属性我们可将样本分为公用火电厂和自备火电厂，自备火电厂是指为企业自身用电而发电的火电厂。一般而言，自备火电厂的容量较小，发电效率较低，基本不上电网，当发电量富余或者处于用电高峰时会接入电网给居民供电。而本章样本中的自备火电厂是上网的火电厂，样本量较少，只占总样本的2.4%，表7-7显示自备火电厂的发电量和平均发电设备容量均低于公用火电厂，但二氧化硫排放量远高于公用火电厂，这主要是因为自备火电厂大多未安装脱硫设施或安装后没有正常运行，而且来自政府和社会的监管也比较薄弱。此外，样本数据还显示自备火电厂的平均售电价格明显低于公用火电厂，这与自备火电厂未缴或少缴各项政府性基金及附加费用的实际情况相符。

表 7-7　按火电厂属性分类样本均值统计描述[②]

变量	公用火电厂	自备火电厂
观测值	726	18
二氧化硫排放量平均值（吨）	569.49	669.52
发电量平均值（万千瓦时）	117233.2	112399.1
平均发电设备容量平均值（万千瓦）	94.0	72.8
发电消耗标准煤量平均值（吨）	346499.8	346848.6
平均售电价格平均值（元/万千瓦时）	4078.99	3430.72

---

① 该表由国家能源局提供的2013—2014年火电厂样本数据整理得到。
② 该表由国家能源局提供的2013—2014年火电厂样本数据整理得到。

第五节　二氧化硫影子价格的估计结果

表 7-8 报告了基于二次型方向性距离函数的随机前沿分析法得到的式 (7-12)中参数的估计值、标准差和 p 值。可以发现，大部分参数在统计上高度显著，因此可以认为该方法是可行的。

表 7-8　二次型方向性距离函数参数估计结果[①]

参数	变量	估计值	标准差	p 值
α	常数项	-0.038	0.009	0.000
修正后	新常数项	0.346		
α_1	x_1	0.888	0.0306	0.000
α_2	x_2	0.085	0.025	0.001
α_3	x_3	0.014	0.007	0.056
β_1	y	-0.962	0.013	0.000
$\gamma_1 = \beta_1 + 1$	B	0.038		
α_{11}	x_1^2	0.011	0.050	0.820
α_{22}	x_2^2	-0.042	0.013	0.001
α_{33}	x_3^2	-0.004	0.001	0.000
α_{12}	$x_1 x_2$	0.018	0.022	0.421
α_{13}	$x_1 x_3$	0.006	0.011	0.618
α_{23}	$x_2 x_3$	-0.027	0.011	0.015
$\beta_2 = \mu = \gamma_2$	y^2, yb, b^2	-0.023	0.010	0.026
$\delta_1 = v_1$	$x_1 y, x_1 b$	0.013	0.022	0.560
$\delta_2 = v_2$	$x_2 y, x_2 b$	0.005	0.015	0.733
$\delta_3 = v_3$	$x_3 y, x_3 b$	0.007	0.005	0.149

将表 7-8 参数的估计值代入式 (7-9)，可计算出每家火电厂的二氧化硫影子价格，进一步通过计算平均值可得到各年火电厂的平均影子价格（见表

---

① 该表由国家能源局提供的 2013—2014 年火电厂样本数据估计得到。

7—9)。值得注意的是，表 7—9 的结果去掉了影子价格为负值的 139 笔（2013 年 412 个样本去掉 85 笔，2014 年 332 个样本去掉 54 笔）观测值。这是因为运用 SFA 估计方向性距离函数时，违背方向性距离函数单调性的观测值会回到斜率为负的生产前沿面上，从而得到负的影子价格。

表 7—9　影子价格估计结果[①]

变量	随机-COLS 估计（满足单独性的样本）	
	2013（$K=327$）	2014（$K=278$）
$\partial D(x,y,b;1,-1)/\partial b$	0.0218906	0.0227335
$\partial D(x,y,b;1,-1)/\partial y$	−0.9781094	−0.9772665
q（影子价格）（元/吨）	19057.59	19548.29

关于本章估算出的二氧化硫的影子价格需要说明的是：

第一，由于不同研究选取的参照物不同或者运用的方法不同，估算出的影子价格也存在差异。本章估算出的全样本火电厂二氧化硫的平均影子价格为 19283.1 元/吨，低于涂正革（2010）基于非参数法估计得到的 1998—2005 年工业二氧化硫的影子价格（平均 82600 元/吨）。我们的结果也低于袁鹏、程施（2011）基于线性规划法得到的 2003—2008 年我国 284 个城市排放的二氧化硫的影子价格（平均价格为 51580 元/吨）。原因在于基于工业或者城市的总量数据进行估计会高估影子价格。而本章选取的是火电厂层面的数据，以发电量为参照物，所以估算出的影子价格较低，也更能反映火电厂真实的边际减排成本。与国外采取相同方法进行估计的研究相比较，本章的结果高于 Färe 等（2005）利用 1993—1997 年美国 209 家发电厂数据估计得到的 76～142 美元/吨，也高于 Murty 等（2007）利用 1996—1997 年和 2003—2004 年印度燃煤发电厂的数据估计得到的 41.84 美元/吨。本章的估计结果与 Färe 等（2005）、Murty 等（2007）的研究结果存在差异的原因在于各国工业发展阶段、环境技术和环境管制环境的不同。

第二，影子价格是一种短期的机会成本，它与排污费、排污权交易价格的相对大小决定了企业是否有动力进行污染物排放权交易。2015 年，湖南岳阳市平江县万丰环保新型墙体材料制造有限公司以 15000 元/吨的价格从政府购买了 0.6 吨二氧化硫排放指标。2014 年，江苏连云港首笔排污权交易均价为

---

① 该表由国家能源局提供的 2013—2014 年火电企业样本数据估计得到。

5051.5元/吨。2014年7月起,天津将二氧化硫排污费征收标准提高至6300元/吨。以上这些实际交易价格均低于本章估算的影子价格,这会影响企业进行交易的积极性。

第三,本章计算得到的影子价格是相对合意产出(发电量)得到的相对影子价格,表示减少一单位二氧化硫排放所放弃的发电量带来的收益。因此,合意产出参照物的选取直接影响非合意产出影子价格的估计结果。由于本章关注的是二氧化硫的相对影子价格,因此合意产出参照物的选取对本章估计结果的影响不大。

第六节 二氧化硫影子价格的分类比较

一、不同地区火电厂的影子价格对比

样本中各省(区、市)火电厂排放的二氧化硫的影子价格估算结果如表7-10所示。

表7-10 各省(区、市)火电厂二氧化硫的平均影子价格(元/吨)[①]

地区	观测值	影子价格	地区	观测值	影子价格	地区	观测值	影子价格
广东	44	29059.2	河南	61	23319.3	云南	10	22696.7
天津	12	24596.0	吉林	23	21278.3	重庆	3	22311.2
江苏	38	22806.4	安徽	15	19815.2	甘肃	20	17834.0
辽宁	25	22166.6	湖北	11	19723.5	四川	9	17769.5
福建	18	21781.8	黑龙江	20	19318.6	广西	13	17652.2
浙江	11	21290.2	湖南	9	19216.6	陕西	17	16142.7
山东	60	18283.4	江西	3	18965.7	新疆	27	13216.5
河北	48	16677.1	山西	42	16437.4	贵州	7	13359.0
上海	1	2696.7				内蒙古	43	11686.4
海南	1	1925.1				宁夏	10	10513.6
						青海	4	9557.2

---

① 该表由国家能源局提供的2013—2014年火电厂样本数据估计得到。

续表

地区	观测值	影子价格	地区	观测值	影子价格	地区	观测值	影子价格
东部	258	21406.8	中部	184	20286.1	西部	163	14789.3

进一步将各省（区、市）分为东部、中部和西部三个地区，各地区火电厂二氧化硫的平均影子价格如图7-3所示。总的来说，东部火电厂二氧化硫的平均影子价格比中西部要高，这与涂正革（2009）以及袁鹏、程施（2011）的估算结果一致，主要是由于发达地区的节能减排设备更先进，环境政策也更严格，因此东部地区火电厂的减排积极性更高，再减排空间更小，边际减排成本更高。如较发达的广东火电厂二氧化硫的平均影子价格最高，为29059.2元/吨。本章样本中，上海和海南只有一家火电厂，因此上海和海南的结果不具有代表性，在此并不讨论。此外，同一区域各省（区、市）火电厂二氧化硫的平均影子价格也存在较大的差异，比如西部地区平均影子价格最高的是云南，高达22696.7元/吨，比最低的青海的平均价格高出13139.5元/吨，这可能是因为各省（区、市）对二氧化硫排放的监管和惩罚力度不同。

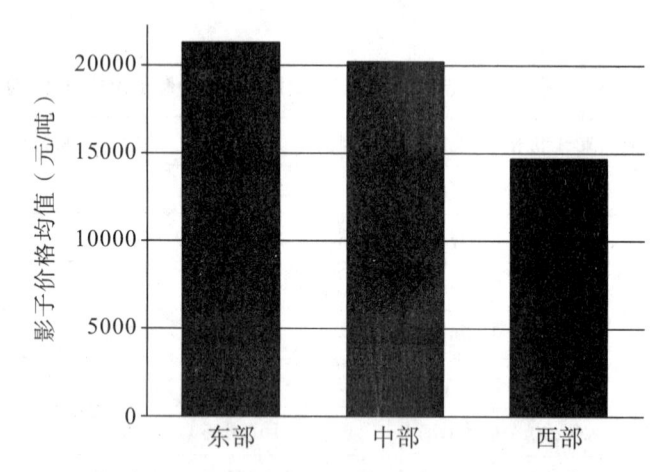

图7-3 不同地区火电厂的平均影子价格对比[①]

二、不同规模火电厂的影子价格对比

图7-4对比了不同规模火电厂二氧化硫的平均影子价格。结果显示，装机容量越小，平均影子价格越高，特大容量火电厂的平均影子价格比小容量火

---

① 该图由国家能源局提供的2013—2014年火电厂样本数据估计得到。

电厂的平均影子价格低 45.9%。图 7-5 进一步给出了各火电厂的影子价格与期末装机容量的关系。根据前述分析，理论上而言，大容量的机组发电效率较高，而且一般都装有脱硫设施，这会使二氧化硫的排放得到一定的控制，边际减排成本也应该会更高。然而，图 7-4 和图 7-5 均显示容量越大的火电厂的影子价格越低，这可能是由于大容量机组的火电厂没有严格执行环保要求，如脱硫设备只装不开。

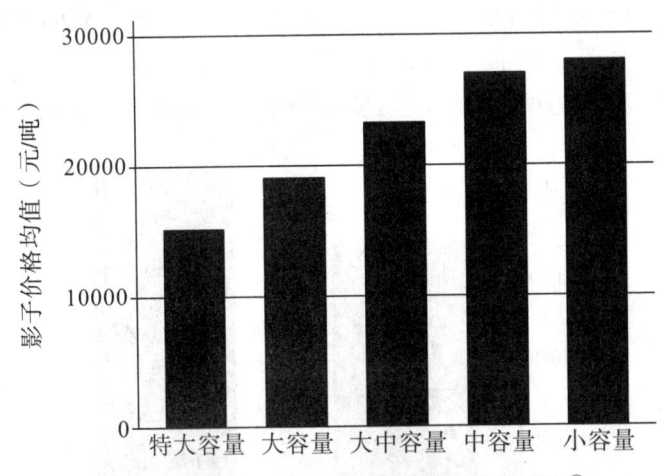

图 7-4 不同规模火电厂的平均影子价格对比[1]

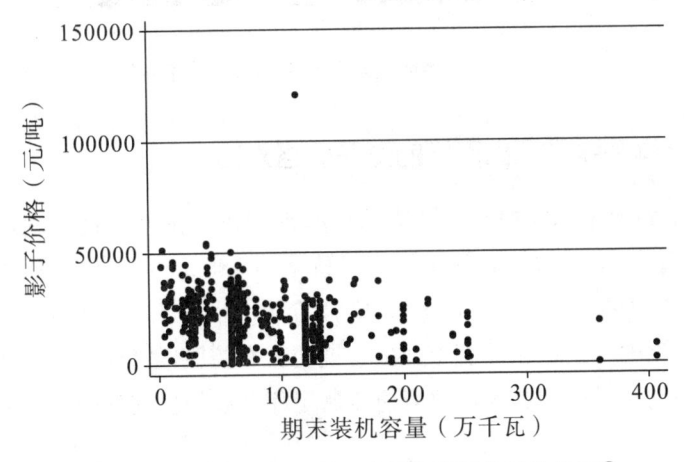

图 7-5 各火电厂期末装机容量和影子价格的关系[2]

---

[1] 该图由国家能源局提供的 2013—2014 年火电厂样本数据估计得到。
[2] 该图由国家能源局提供的 2013—2014 年火电厂样本数据估计得到。

三、不同集团火电厂的影子价格对比

图7-6对比了不同集团样本火电厂的二氧化硫平均影子价格。结果显示，属于五大发电集团的火电厂排放的二氧化硫的平均影子价格为17333.8元/吨，明显低于属于其他发电集团火电厂的平均影子价格。五大发电集团的火电厂平均装机容量一般大于其他发电集团的火电厂，运作效率也会高于其他发电集团的火电厂。因此，理论上而言五大发电集团火电厂二氧化硫的排放量应该更低，影子价格更高。然而，本章的估计结果却相反，这也可能是由于五大发电集团的火电厂虽然发电效率高，但是环保绩效低，没有严格执行环保要求。

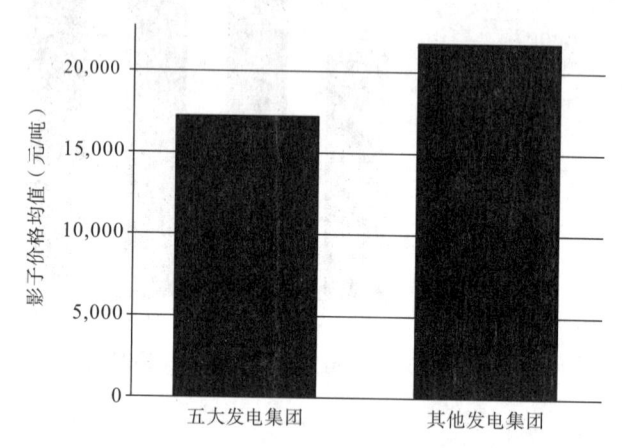

图7-6 不同集团火电厂的平均影子价格对比①

四、不同控股类型火电厂的影子价格对比

图7-7对比了不同控股类型火电厂的平均影子价格，我们发现公有控股经济火电厂排放的二氧化硫的平均影子价格为18827.6元/吨，低于非公有控股经济火电厂的平均影子价格，且t检验结果$[P_r(|T|>|t|) = 0.0000]$也显示两组数据的均值存在显著差异。这说明公有控股经济火电厂比非公有控股经济火电厂的减排空间更大，政府应该制定相关政策优先让公有控股经济火电厂减排。

---

① 该图由国家能源局提供的2013—2014年火电厂样本数据估计得到。

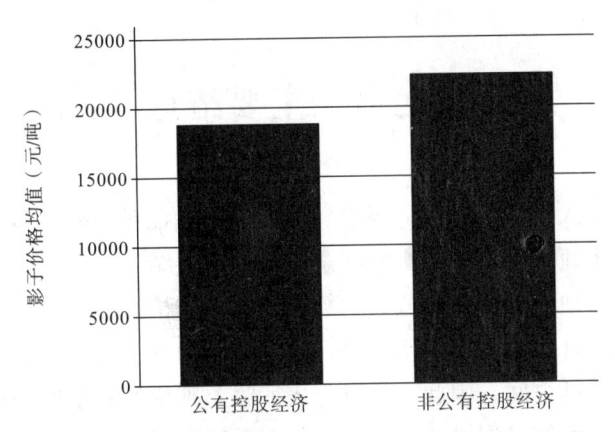

图 7-7　不同控股类型火电厂的平均影子价格对比①

五、不同属性火电厂的影子价格对比

图 7-8 对比了不同属性火电厂的平均影子价格。结果显示样本中公用火电厂的二氧化硫平均影子价格为 19211.4 元/吨，和自备火电厂的平均影子价格差异不大，且 t 检验也不显著。理论上而言，自备火电厂的装机容量较小，发电效率低，且大多未安装脱硫设施，政府环境管制较松，导致二氧化硫排放量较高，减排空间比较大，因此其二氧化硫的影子价格应该低于公用火电厂的价格，但本章估算出的结果偏高，这可能是由于自备火电厂样本数目太少，不具代表性。

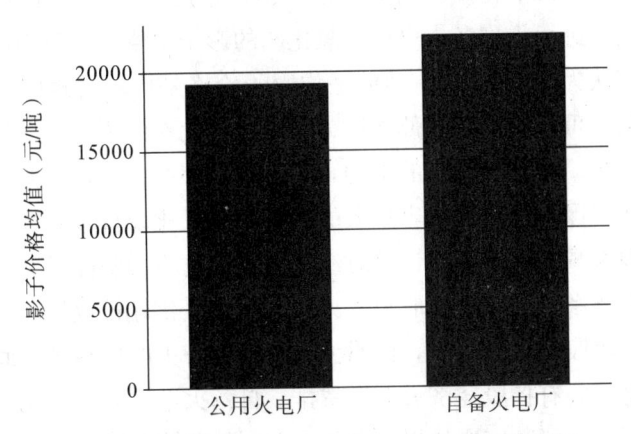

图 7-8　不同属性火电厂的平均影子价格对比②

---

① 该图由国家能源局提供的 2013—2014 年火电厂样本数据估计得到。
② 该图由国家能源局提供的 2013—2014 年火电厂样本数据估计得到。

第七节 主要结论

本章通过将火电厂按地区、规模、所属集团、控股经济类型和属性进行分类来研究二氧化硫影子价格的影响因素,得出如下结论:

第一,不同地区火电厂排放的二氧化硫影子价格存在一定差异,这主要由各地区对环境的管制程度不一所导致,而差异化的影子价格反映了各地区不同的减排成本和减排空间。因此,政府应该征收差别化的环境保护税或者实施跨地区的排污权交易等经济措施,这比采取命令型控制政策更能有效地减少污染治理成本。

第二,二氧化硫的影子价格与排放量呈负相关的关系,即存在污染物减排的规模效应。这意味着二氧化硫排放量越高,边际减排成本越低,减排空间越大。这一结论和已有的研究结论相一致,所以政府应优先督促污染排放规模大的企业进行减排。

第三,本章估算出的二氧化硫的平均影子价格为19283.1元/吨,远高于同期最低的二氧化硫排污收费标准1260元/吨,也高于同期市场上进行排污权交易的价格。这意味着同期的排污收费标准和排污权交易机制的效果有限。

本章基于2013—2014年中国481个火电厂的投入和产出数据,选取发电量作为合意产出,二氧化硫作为非合意产出,运用SFA方法估计了二次型方向性距离函数,进而得到各火电厂二氧化硫的影子价格。通过与已有研究结果的比较,我们认为19283.1元/吨的平均影子价格是比较合理的。从影子价格的分类比较结果可以看出,东部地区火电厂二氧化硫的平均影子价格比中西部要高,各省(区、市)火电厂的平均影子价格也存在差异,因此建议政府应征收差别化的环境保护税。装机容量大的火电厂二氧化硫排放量高,平均影子价格低,存在很大减排空间,建议政府经常检查火电厂的脱硫设备有无正常运转或建立在线监测系统。公有控股经济火电厂的二氧化硫排放量高,平均影子价格低于非公有控股经济火电厂,说明公有控股经济火电厂减排空间很大,因此政府要优先督促公有控股经济火电厂减排。自备火电厂的二氧化硫排放量远大于公用火电厂,建议政府应加强对自备火电厂的监管和统一规划,同时加快市场建设,完善相关政策,促进自备火电厂健康发展。

第五篇
电价影响和火电装机空间分布

第八章　电价对工业污染物排放的影响

便宜的电价会增加电力消费，在促进经济发展的同时，也会导致严重的环境问题。电力消费增加影响环境的机制主要有两个方面：一是来自发电厂，燃煤发电厂在生产电力的过程中会产生排放污染物；二是来自用电部门的工业污染，便宜的电价会促进诸如钢铁、水泥等能源密集型行业加大生产，进而增加污染物的排放量。考虑到污染物对人体健康和生产生活所带来的负面影响，抑制污染物排放的任务显得尤为迫切。从电力消费端来看，一个重要的政策启示就是如何通过调节电力价格来减少工业污染物的排放，为回答该问题，需要收集数据并研究分析电价与工业污染物排放之间的关系。电价与工业污染物排放的关系事关我国节能减排和环境治理成效，理清楚这一问题对减少我国企业的污染物排放具有十分重要的意义。

本章基于安徽省 56 个工厂的烟囱排放与电价的小时数据，采用双重差分模型（DID）来研究分析我国工业污染物排放与电价之间的关系。

第一节　工业污染与分时电价

一、电力消费与工业污染物排放

许多研究经济发展的专家或者研究机构一般都认为便宜的电价与稳定的电力供应有利于经济发展，因此对于发展中国家，提高电力可得性、严格规制电价以及发展电力市场通常被认为是首要关注的政策问题。此外，由于电力行业对经济和社会发展有着非常重要的作用，许多发展中国家的政府也常常对电力部门进行各种改革，以提高电力部门的服务效率并降低电价。

但是，便宜的电价与稳定的电力供应在促进经济增长的同时，也会造成环境压力。电力消费主要通过以下两个方面影响环境：一是来自使用高污染燃料（如煤）生产电力的发电厂；二是来自消费电力的工业行业，便宜的电价会促使能源密集型行业（如钢铁、水泥生产部门等工业）加大生产，进一步导致更多的污染物排放。近年来，中国一直在大力补贴电价，其后果是：一方面钢铁、铝、水泥等能源密集型行业速发展，它们为中国过去几十年爆发式的经济增长做出了重要贡献；另一方面，这些行业也为中国日趋严峻的环境治理带来了更多的挑战。基于此，一种可能的政策是如何通过调节电力价格来减少工业污染物的排放。而研究电力价格和工业污染物排放的关系可以为评估该政策的有效性提供重要的参考。

二、峰谷分时电价背景

自20世纪中期以来，中国许多省（区、市）陆续开始实施峰谷分时电价制度，按照用电量的不同将一天24小时划分为多个时段，在不同的时段按照不同的电价收取电费。一般而言，中国的分时电价制度将一天划分为高峰、平段和低谷三个时段。高峰期指一天中用电需求最大的时段（如早上、晚上的用电高峰期），在这一时段，用户所需支付的电力价格最高。低谷期指一天中用电需求最小的时段，这一时段的电价最低。类似地，平段期的用电量介于低谷期和高峰期之间，电价也介于高峰期和低谷期之间。

本章分析所用的样本数据来自工业化程度较高的安徽省。自2016年1月1日起，降低高峰期电价、保持平段期电价不变、提高低谷期电价的调整政策在安徽省工业部门正式开始实施。本章选择安徽省作为研究对象的原因有以下三点：首先，安徽省的分时电价改革具有独特性。这一时期其他省份进行的电力价格改革或只涉及单方向的调整，或不涉及工业部门，这为本章使用双重差分模型进行研究提供了机会。例如，甘肃省为降低实体经济的用电成本进行了分时电价改革，对不适宜错峰运营的商业企业暂停峰谷分时电价，而其他商业企业的高峰期用电价格每千瓦时降低0.3711元。自2016年1月1日起，浙江省一般工商业企业的用电价格每千瓦时降低4.47分钱。其次，安徽省的分时电价改革具有外生性。在中国，电力价格由中央政府统一制定与调控（Lam，2004）。研究表明，中央政府通常根据宏观经济因素（如汇率、发展目标、电力生产成本等）来制定电价（Lam，2004；Zhang，2012）。因此，电力消费者难以影响电力价格。此外，中央政府也于2010年取消了省以下地方政府可以调低电价至标准以下的政策规定。最后，安徽省具有较好的代表性，能较好地代表全国平均水平。2016年，安徽省的二氧化碳排放总量在全国各省（区、市）中排名第12，GDP总量在全国排名第13。并且，2016年制造业贡献了安徽省44%的GDP，这一比例接近于全国平均水平。此外，相关统计数据也表明安徽省的人均GDP、收入水平、工业化程度与国家平均水平较为接近。另外值得一提的是，中国的水泥、金属制造以及化工业等都是竞争激烈的部门，因此我们有理由认为安徽省工业企业对电价变动的反应与其他省（区、市）工业企业无太大差异。

综上所述，2016年安徽省分时电价的调整具有外生性与独特性，因此，我们可以通过双重差分模型把电力价格对工业污染物排放的影响效应单独分离出来。另外，由于安徽省能较好地代表全国平均水平，这一结果也可以有条件地推广到全国其他地区。因此，本章根据2016年前后安徽省56个工厂烟囱的污染物排放与小时电价的匹配数据，采用双重差分模型研究工业污染物排放与电价之间的关系。

第二节　文献综述

目前，与本章问题相关的研究主要有三类：

第一，中国的工业行业对空气污染的影响。Lei等（2011）专门研究了水泥行业，他们的结论显示在2005年，水泥行业对中国的二氧化硫和颗粒物排放量的贡献分别是5.1%和25%。类似的，Wang等（2016）的研究显示在2013年，钢铁行业对中国的二氧化硫和粉尘污染物排放量的贡献分别是20%和27%。此外，有研究表明，从现在到未来的一段时间内，工业燃煤所产生的污染物都将是大气中一氧化二氮、二氧化硫以及颗粒物最主要的来源（Cai等，2018）。在中国，除制造业企业以外，燃煤发电厂也是空气污染物的主要来源。大量研究显示电力行业排放的二氧化硫、一氧化二氮以及颗粒物占全国二氧化硫总排放量、一氧化二氮总排放量以及颗粒物总排放量的比例分别是31%~59%、21%~44%、9%（Zhao等，2010）。综上所述，在中国，工业污染物排放是造成空气污染的主要原因。

第二，控制工业污染物排放的政策研究与本章研究的问题也有相关性。过去几十年里，中国政府颁布了一系列政策以控制工业污染物的排放，He等（2012）以及Zhang&Wen（2008）的研究详细阐述了这些政策的演进变化，并按实施特点将它们划分为3个时间段。20世纪70年代到20世纪90年代早期是第一个时间段，在这一期间中国政府主要通过命令控制型的环境规制政策控制发电厂、工业制造厂等点源污染的污染物排放，如生态环境部于1991年实施的降低燃煤发电厂污染物排放限值的政策。第二个时间段是从20世纪90

年代到 21 世纪早期，与第一阶段不同，这一时期的政策并非仅局限于工业污染源，还涉及上下游各供应部门的整个产业链。因此，数千家规模虽小但污染物排放量高的工厂、煤厂以及发电厂均被关停（Zhang&Wen，2008）。从 2010 年到现在是第三个时间段，国家制定了更为严格的法律法规和部门规章来控制工业污染物的排放（Zhang 等，2017），例如在 2015 年，生态环境部检查了 177 万家企业的排污情况，并对其中的 30 多万家企业采取了强制关停措施。除了更严格的管制以外，第三阶段控制工业污染物排放的政策还具有多样化的特征，中国政府开始使用价格工具（如排污权交易）或经济激励（如税收减免和补贴）来鼓励工业企业减排。如安装脱硫设施机组的上网电价高于未安装脱硫装置机组的上网电价，就是通过经济激励来鼓励发电厂减排。

第三，制造型厂商污染物排放的影响因素。虽然目前还没有文献研究电价与工业污染物排放的关系，但相关的研究表明中国的工业企业对能源价格（尤其是电价）较为敏感。Hang&Tu（2007）计算了中国制造业所消耗的三种主要能源（煤、石油和电）的价格弹性，结果表明在 1995 年，中国工业部门电力需求的价格弹性为正，即工业部门的电力需求随着电价的上升而增加。虽然电价与电力需求之间的正向关系并不反映因果关系，但也能说明两个问题：一是电力是工业部门一项重要的生产投入，二是工业用电需求在这个时期的增长较为旺盛。He 等（2010）通过一般均衡模型预测了电价的上升对中国宏观经济的影响。他们预测，电价的升高会通过产出减少和加速通货膨胀两种途径对宏观经济产生严重的负面影响。同样，Chen 等（2018）的研究也表明实施减少二氧化硫排放的政策（主要通过关停发电厂来实现）会对城市 GDP 的增长产生较大的影响。有研究表明，当电价升高时，中国的企业会从能源密集型程度较高的行业转移到能源密集型程度较低的行业（Elliott 等，2019）。

总结上述文献，我们可以发现，工业污染是造成中国环境污染问题的主要来源之一。对此，中国政府实施了一系列的政策来控制工业污染物的排放。现有与控制工业污染物排放相关的研究中还没有学者关注电价与污染物排放之间的关系。因此，本章的主要目的是研究电价的变化对制造型企业污染物排放的影响。目前，高频数据和大数据越来越受到研究人员的重视，我们在本章使用的数据也是高频数据——安装在企业烟囱上的传感器所收集的每小时污染物的排放量数据。本章将通过微观数据研究电价的变动对制造型企业污染物排放的影响，这对中国实现减排目标具有一定的政策指导性。

第三节 电价对污染物排放影响的估算方法

一、理论基础

首先,我们建立了一个简单的模型来说明企业的污染物排放量如何随着电价的变动而变化。

假设企业根据以下函数制定生产决策:

$$q = f(E) \Rightarrow E = g(q) \tag{8-1}$$

且

$$g(q) = 0, \ g'(q) > 0, \ g''(q) > 0 \tag{8-2}$$

式(8-1)表示产出 q 是电力投入 E 的函数,将其进行变换得到电力投入 E 为产出 q 的函数。不失一般性,在式(8-2)中,我们假设电力投入与产出存在正相关的关系,并且,电力投入的增加速度随着产出的增加而增加(即满足边际报酬递减规律)。

其次,考虑到本章研究目的,我们假设企业按照典型的包括三种价格的分时电价制度支付电费。因此,企业每天的利润最大化问题可用以下式子来表示:

$$\underset{0 \leqslant q_t \leqslant q}{\text{Max}} \ p \sum_{t=1}^{T} q_t - \underline{\pi} \sum_{t=1}^{\tau} g(q_t) - \pi \sum_{t=\tau+1}^{\tau+h} g(q_t) - \bar{\pi} \sum_{t=\tau+h+1}^{T} g(q_t) - F \tag{8-3}$$

其中,p 和 π 分别表示企业的产品价格和电价。其中,$\underline{\pi}$ 表示低谷期电价,π 表示平段期电价,$\bar{\pi}$ 表示高峰期电价。我们假设典型企业是价格接受者,原因有以下两点:第一,钢铁、水泥、铝在全球均有生产,属于竞争性行业。第二,本章使用的污染排放数据来源于每家企业的烟囱,很显然,一个烟囱所代表的量级不具备足够的市场势力影响产品价格,因此,产品的价格 p 始终保持不变。q_t 表示第 t 小时的产出,所以式(8-3)中的第一项表示企业每天的收入,第二项到第四项分别表示企业在低谷期、平段期、高峰期所支付的电费。而 F 是企业的固定成本。

再次,我们通过对式(8-3)进行一阶求导获得每一个价格下的最优产量 q^*:

$$G(q, \pi) = p - \pi g'(q_t^*) = 0 \tag{8-4}$$

根据隐函数法则,我们可以通过以下式子来计算出最优产量随电价变动的关系:

$$\frac{\partial q_t^*}{\partial \pi} = -\left(\frac{\partial G}{\partial \pi}\right) \bigg/ \left(\frac{\partial G}{\partial q_t}\right) = g' / \pi g' < 0 \qquad (8-5)$$

根据式（8-5），最优产量将会随着电价的上涨而减少（也可能因为电价上涨的幅度较小或者企业已经在价格上涨之前生产出最优产量，从而导致最优产量随着电价的上升而保持不变）。

我们继续分析产量的变化如何影响污染物的排放，假设二氧化硫（SO_2）和颗粒物（PM）是企业生产过程产生的副产品：

$$e_{SO_2} = \phi(q) \text{ 和 } e_{PM} = \varphi(q) \qquad (8-6)$$

且
$$\phi'(q) > 0 \text{ 以及 } \varphi'(q) > 0 \qquad (8-7)$$

其中，e_{SO_2} 表示二氧化硫的排放量，e_{PM} 表示颗粒物的排放量，$\varphi(q)$ 表示排放量与产出的一个函数。式（8-6）和（8-7）表示企业只有在产量不为零时才会排放污染物，并且污染物的排放量随着产量的增加而增加。因此，根据隐函数法则，污染物的排放量与电价存在负相关关系：

$$\frac{\partial e_{SO_2}}{\partial \pi} = \phi'(q) \frac{\partial q_t^*}{\partial \pi} < 0 \qquad (8-8)$$

$$\frac{\partial e_{PM}}{\partial \pi} = \varphi'(q) \frac{\partial q_t^*}{\partial \pi} < 0 \qquad (8-9)$$

式（8-8）和（8-9）值得注意的一点是，除非两种污染物的排放量与产出的函数关系相同，否则一般来说 $\frac{\partial e_{SO_2}}{\partial \pi}$ 和 $\frac{\partial e_{PM}}{\partial \pi}$ 是不相同的。

通过以上模型推导，我们可以预测电价的变动将通过影响产出从而影响污染物的排放量。

二、实证分析模型

本章主要通过双重差分模型（DID）来识别电价的变动对工业污染物排放的影响。从2016年1月1日起，安徽省的分时电价发生了如下改革：降低高峰期电价，上调低谷期电价，平短期电价保持不变。根据这一电价变化特征，我们将平段期作为对照组，将高峰期和低谷期都作为政策处理组。

实证模型如下：

$$h_{ijpt_1t_2t_3} \ln(y_{ijpt_1t_2t_3}) = \beta_0 + \beta_1 Treat_{ijp} + \beta_2 Post_{ijpt_1t_2} +$$
$$\beta_3 Treat_{ijp} \cdot Post_{ijpt_1t_2} + \gamma_{t_2} + \delta_{ijt_3} + \varepsilon_{ijpt_1t_2t_3}$$
$$(8-10)$$

其中，$h_{ijpt_1t_2t_3}$ 表示 t_1 年第 t_2 月的第 t_3 周的某一天企业 j 的烟囱 i 在价格 p

下所排放污染物的小时数。$\ln(y_{ijpt_1t_2t_3})$ 为 t_1 年第 t_2 月的第 t_3 周的某一天，企业 j 的烟囱 i 在产品价格为 p 下所排放污染物的浓度的对数值。$Treat_{ijt}$ 为处理效应，若观测值属于高峰期或低谷期，取 1；若属于平段期，取 0。变量 $Post_{ijpt_1t_2}$ 也表示一个二元处理效应，若观测值发生在 2016 年 1 月 1 日及以后，取 1；若发生在 2016 年 1 月 1 日之前，取 0。式（8-10）右边的 γ_{t_2}、δ_{ijt_3} 表示固定效应，用于控制样本不随时间和空间变化的特征。其中，γ_{t_2} 表示月份的固定效应，即控制相同月份内对所有烟囱影响作用相同的因素，如其他投入品的成本、气候情况等。δ_{ijt_3} 是一个代表第 t_3 周某一天、企业 j 烟囱 i 的综合固定效应，表示企业 j 的烟囱 i 在某天所具有的独一无二的特征，如某家企业可能会在某一周选择不同的烟囱轮流排放污染物。$\varepsilon_{ijpt_1t_2t_3}$ 是随机误差项。

我们感兴趣的是式（8-10）中的 β_3，它表示相对于电价变动之前，电价变动之后高峰期或低谷期与平段期污染物排放小时数或浓度的差异的变化。这种变化来源于两方面：第一，正如我们在理论基础部分所述，分时电价所划分的三个时间段相互独立，企业仅根据各时间段内的电价制定生产决策，不受其他时间段电价的影响。此时，β_3 表示价格的变化对污染物排放量的直接影响。第二，企业每天会制定一个固定的生产目标，并按成本最小化原则将目标产量分配到不同的时间段。此时，某一时间段产量的增加会导致另一时间段产量的下降，在我们的研究中，低谷期电价的上升会导致这一时间段的产量下降，高峰期或平段期的产量会相应地增加。在第二种情况下，β_3 表示电价改变对污染物排放的直接影响与间接影响的综合效应。然而，无论发生哪一种情况，β_3 都能解释电价的变动对不同时间段污染物排放量变动的主要影响。

上述实证模型在识别电价变动对污染物排放的影响上有以下几个优点：第一，高频数据有助于我们同时控制每小时内影响污染物排放的其他所有因素，如其他投入品以及产品的价格。第二，在中国，所有工业企业都必须遵守分时电价制度。但在很多其他国家，工业企业可以自主选择是否接受分时电价制度，这会影响实证结果的准确性。第三，中国的电力价格完全由中央政府外生决定，消费者以及地方政府难以影响电价。

根据之前所述的企业最优产量决策模型，我们预计：在比较高峰期和平段期时，处理组企业的污染物排放小时数和浓度保持不变或增加（即 $\beta_3 > 0$）；在比较低谷期和平段期时，处理组企业的污染物排放小时数和浓度保持不变或下降（即 $\beta_3 < 0$）。

三、价格弹性的估算

我们可以根据双重差分模型估计得到的处理效应来计算污染物排放的价格

弹性，方法如下：

$$\varepsilon = \frac{ReE \mid Post = 1 - ReE \mid Post = 0}{ReE \mid Post = 0} \bigg/ \frac{ReP \mid Post = 1 - ReP \mid Post = 0}{ReP \mid Post = 0} \tag{8-11}$$

其中，$ReE = \frac{emissions_{treat}}{emissions_{control}}$，$ReP = eprice_{treat} - eprice_{control}$。

式（8-11）中的分子是处理组（高峰期或低谷期）与控制组（平段期）的污染物排放浓度之比的百分比变化，分母是电价的百分比变化。式（8-11）计算得到的弹性表示电价每变化1%，处理组（高峰期或低谷期）与控制组（平段期）的污染物排放浓度之比的百分比变化。并且，我们可以很容易地从式（8-10）的实证结果得到式（8-11）的分子，计算方式如下：

$$\begin{cases} ReE \mid_{Post=1} = \dfrac{e^{\beta_0+\beta_1+\beta_2+\beta_3}}{e^{\beta_0+\beta_2}} \\ ReE \mid_{Post=0} = \dfrac{e^{\beta_0+\beta_1}}{e^{\beta_0}} \end{cases} \tag{8-12}$$

而式（8-11）中的分母可直接由电力价格的实际变化计算得到。

第四节　样本及数据描述

一、行业部门的选择

本章所分析的企业所属行业包括金属制造业（如钢铁、铝等）、水泥生产部门以及化工行业（如肥料、石油相关的制品等）。我们选择这三个部门的原因有以下三点：第一，这三个行业的电力成本占总生产成本的比例较大，如在水泥生产行业，每单位产量所花费的电力成本约占总成本的20%～30%。在金属制造业，这一比例则为15%～50%。第二，这些行业存在激烈的竞争。金属制造业与水泥生产部门存在过度扩张与产能过剩的问题，导致利润率低至1%～10%的水平，甚至为负。例如，中国水泥生产行业的HHI指数仅为0.002（Hubbard，2016），相比较，日本、韩国以及美国的制钢行业的HHI指数在0.3～0.5。第三，金属制造业（如钢铁、铝等）、水泥生产部门以及化工行业不仅属于能源密集型行业，还是污染密集型行业。一方面，这些行业所投入的煤炭、天然气等能源在燃烧时会排放污染物，电价的提高可能促使企业使用这些能源代替电力；另一方面，这些部门的生产过程本身会排放污染物，如水泥制造厂的煅烧过程会产生大量的颗粒物。综上所述，我们认为对于这些部门，轻微的电价变动也可能对企业的利润产生较大的影响，从而影响到企业的产量水平。这样的影响在边际利润低、电力投入占总成本较大比例的金属制造业和水泥生产部门中尤其明显。

二、数据选择

自 2010 年起，环境保护部[①]开始在各省确认空气、水资源以及土地污染的主要来源，被认定为主要污染源的企业（主要包括工厂、废水处理厂、热电厂以及发电厂）需要在每一个排污点（烟囱）安装排放监测装置，主要用于监测二氧化硫与颗粒物的排放，监测装置每隔一小时会将污染物排放数据自动上传到公共服务器。在安徽省，有 28 家水泥生产厂、7 家金属制造厂以及 21 家化工厂被认定为主要的污染源。本章所用数据包括这 56 家企业 2015 年 6 月 1 日至 2016 年 6 月 1 日的污染物排放数据，这一时间段恰好涵盖了安徽省分时电价的改革时间点（安徽省电价改革从 2016 年 1 月 1 日起正式实施）。数据由中国环境监测总站提供。

在安徽省的分时电价制度中，高峰期包括上午 9 点至 12 点、下午 5 点至晚上 10 点；平段期包括上午 7 点至 9 点、中午 12 点至下午 5 点以及晚上 10 点至 11 点；低谷期从晚上 11 点至上午 7 点。2016 年 1 月 1 日之前，高峰期的电价为 0.9081 元/千瓦时，平段期的电价为 0.6074 元/千瓦时，低谷期为 0.3833 元/千瓦时；从 2016 年 1 月 1 日开始，高峰期的电价下降了 0.24%，为 0.9059 元/千瓦时；平段期的电价保持不变；低谷期的电价上涨了 0.42%，为 0.3849 元/千瓦时。通过分别加总三个时间段的排放数据，我们会得到每个时间段对应一个加总的污染物排放量。每 1 个烟囱一天有 3 笔观测值，分别对应 3 个电价。

[①] 2018 年 3 月 13 日，十三届全国人大一次会议在北京人民大会堂举行第四次全体会议，组建生态环境部，不再保留环境保护部。

三、变量选择

本章使用污染物排放浓度和排放小时数来表示企业的生产决策。

污染物排放浓度的单位是毫克/立方米（mg/m³），它表示生产的集约边际（intensive margin of production）。我们选择污染物排放浓度表示生产决策的原因在于：企业的生产强度可能会随着边际成本的增加而改变，如成本增加时，企业每小时的产量可能减少 1 个单位，生产强度的变化进而会导致污染物排放浓度产生变化。很多研究也通常用排放浓度作为衡量工业污染的指标（Karplus 等，2018）。另外，排放浓度还被一些研究用于预测空气质量管理政策的实施效应[①]（Sharma 等，2013）。

我们用污染物排放量不为零的小时数来衡量生产的广延边际（extensive margin of production），因为企业在保持生产强度不变的情况下也可能因为生产时间减少而导致产出下降。

本章研究的污染物是二氧化硫和颗粒物。二氧化硫是一种主要空气污染物，颗粒物包括几种不同类型的颗粒污染物，包括总悬浮颗粒物、PM10 以及 PM2.5，中国政府在计量空气质量指数时也常将这两种污染物考虑在内。

综上所述，本章的因变量一共有 4 个：二氧化硫排放浓度的对数值和排放小时数、颗粒物排放浓度的对数值和排放小时数。

四、总体统计描述

图 8-1 展示了样本企业一天中每小时的二氧化硫和细颗粒物排放浓度的平均值。可以看到，不同时间段内二氧化硫排放浓度存在明显差异，颗粒物排放浓度的变化趋势比较平稳。

---

① 测量污染物边际排放量的一种方法是用浓度乘以气体体积，但由于缺乏气体体积的测量数据，我们不能计算出污染物的边际排放量。

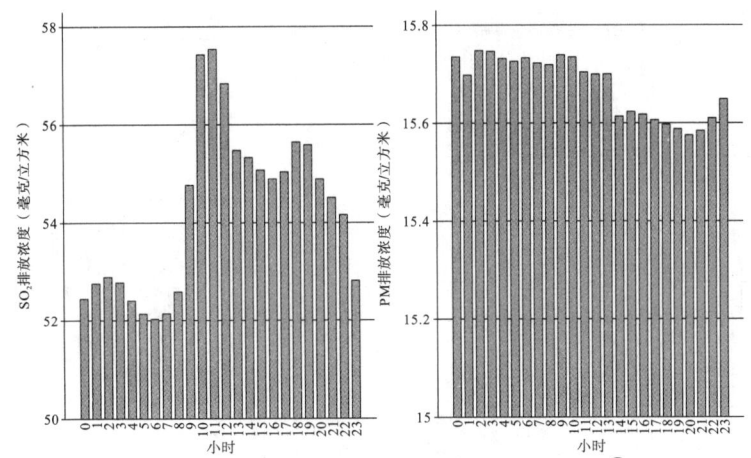

图 8-1 样本企业污染物排放浓度变化情况[①]

将样本按行业分，标准化后的不同行业企业在一天内每小时的二氧化硫和细颗粒物排放浓度平均值的变化情况如图 8-2 所示。可以发现，不同行业的污染物排放浓度呈现不同的分布模式。因此，我们有必要将样本分行业来进行后续的研究。

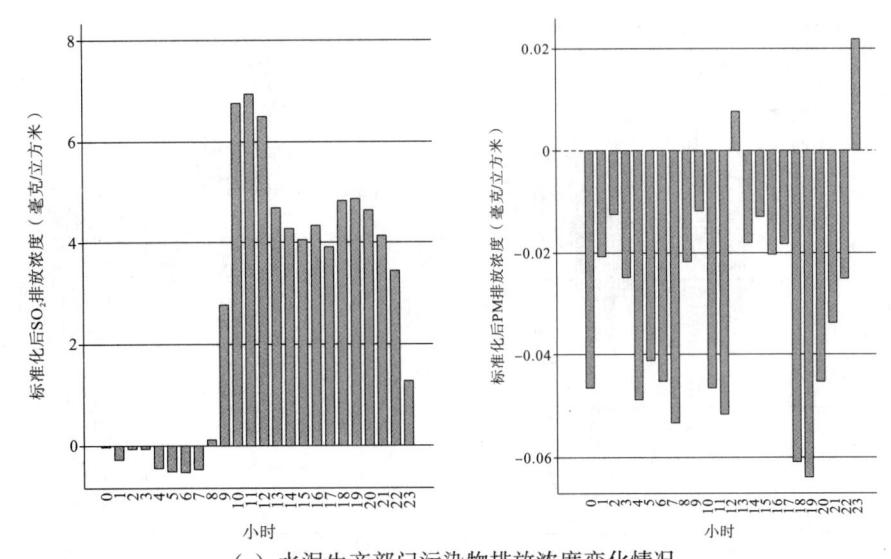

(a) 水泥生产部门污染物排放浓度变化情况

图 8-2 样本企业每小时污染物排放浓度（按行业分）[②][③]

---

① 该图由中国环境监测总站提供的安徽省 56 家重点监控企业污染排放数据整理得到。
② 该图由中国环境监测总站提供的安徽省 56 家重点监控企业污染排放数据整理得到。
③ 以各行业企业夜晚 24：00（0：00）的 SO_2 或 PM 排放浓度为基准，每小时 SO_2 或 PM 的排放浓度与该基准之差进行标准化处理。

(b) 化工行业污染物排放浓度变化情况

(c) 金属制造业污染物排放浓度变化情况

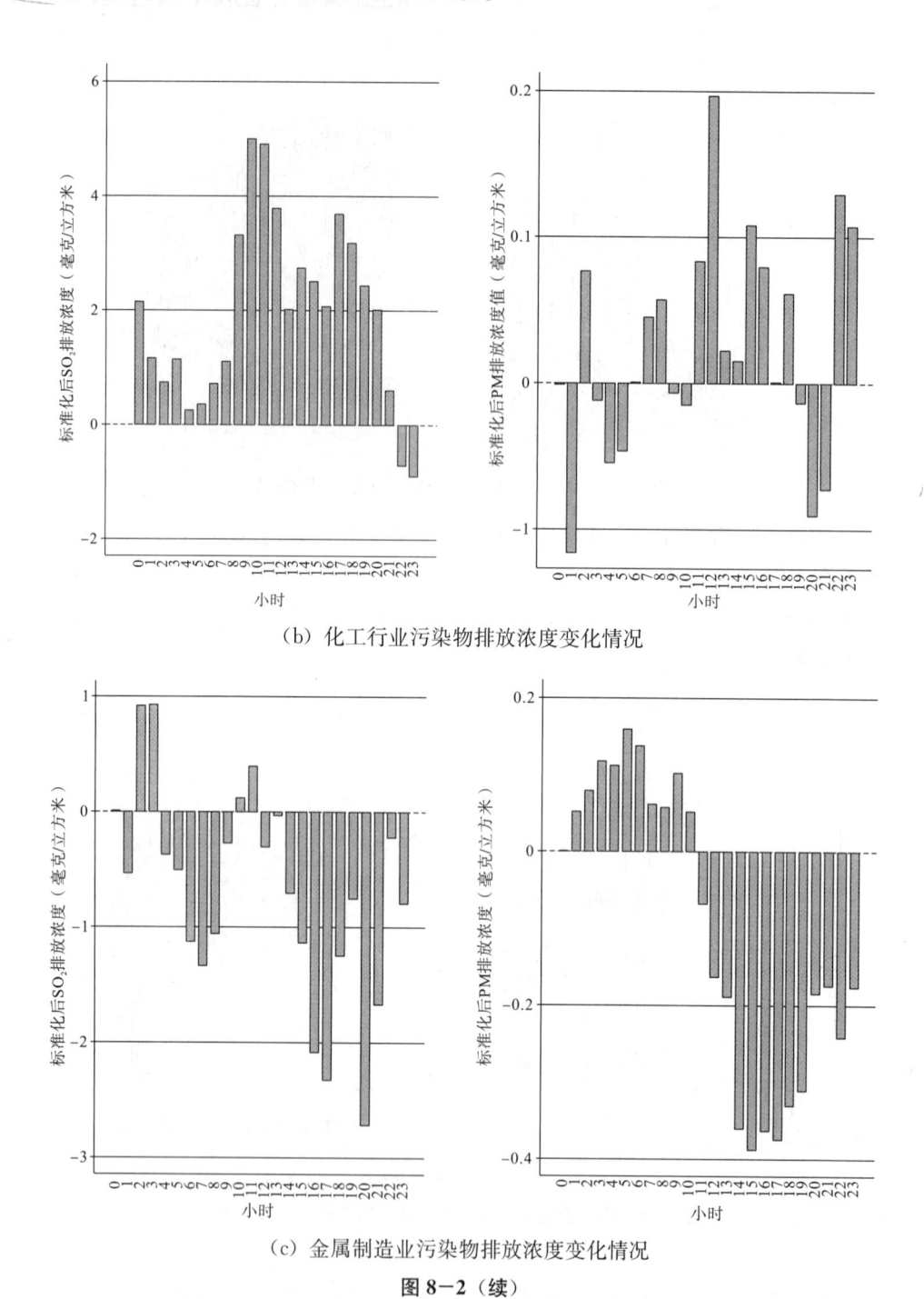

图 8-2（续）

表 8-1 显示样本数据的描述性统计，可以发现即使是在电价最低的低谷期，二氧化硫与颗粒物的排放浓度都很低，一个可能的解释是，尽管此时电价

很低,但其他投入品(如劳动力)的价格仍然较高。鉴于此,如果我们直接用横截面数据对电力价格与污染物排放浓度进行相关性分析,很可能得到电价与工业污染物的排放浓度存在正相关的结论。这同时也说明基于电价政策变化特征,只有用双重差分模型才有可能揭示电价变动和污染物排放之间的真实关系。

表 8-1 样本数据描述性统计[①]

	观测值	均值	标准差	最小值	最大值
金属制造企业样本量	7	—	—	—	—
水泥生产企业样本量	21	—	—	—	—
化工企业样本量	28	—	—	—	—
高峰期二氧化硫排放浓度取对数(毫克/立方米)	25082	3.28	1.37	−4.49	6.21
平段期二氧化硫排放浓度取对数(毫克/立方米)	34412	3.29	1.36	−4.47	6.26
低谷期二氧化硫排放浓度取对数(毫克/立方米)	34954	3.17	1.43	−4.5	6.3
高峰期细颗粒物排放浓度取对数(毫克/立方米)	34982	2.69	0.51	−4.05	4.00
平段期细颗粒物排放浓度取对数(毫克/立方米)	47975	2.71	0.52	−4.35	4.05
低谷期细颗粒物排放浓度取对数(毫克/立方米)	48756	2.68	0.55	−4.4	4.02
高峰期二氧化硫的排放时长(小时)	25082	7.48	1.19	1.00	8.00
平段期二氧化硫的排放时长(小时)	34412	6.53	1.13	1.00	7.00
低谷期二氧化硫的排放时长(小时)	34954	8.31	1.74	1.00	9.00
高峰期细颗粒物排放时长(小时)	34982	7.94	0.47	1.00	8.00
平段期细颗粒物排放时长(小时)	47975	6.91	0.62	1.00	7.00
低谷期细颗粒物排放时长(小时)	48756	8.76	1.17	1.00	9.00

① 该表由中国环境监测总站提供的安徽省 56 家重点监控企业污染排放数据整理得到。

图 8-1、图 8-2 以及表 8-1 还表明二氧化硫的排放浓度高于细颗粒物的排放浓度，我们猜测可能的原因是样本企业在生产过程中使用了大量的煤，而煤在燃烧过程中会排放大量的二氧化硫。但是，细颗粒物的排放小时数高于二氧化硫排放小时数（见表 8-1），我们猜测可能是因为细颗粒物是一种常见的污染物，排放渠道和来源多种多样。

另外，考虑到分时电价的时间段不同，高峰期、平段期、低谷期的时长分别为 8 小时、7 小时、9 小时，这也可能是导致不同时间段的污染物排放时长存在差异的一个原因。

第五节 电价对工业污染物排放影响的估计结果

一、基准结果

我们以每个烟囱排放的二氧化硫为样本单元，基于式（8-10）的模型估计了电价变动对排放小时数的影响。表 8-2 展示了分行业影响的估计结果。第（1）、（2）列显示对于金属制造企业，高峰期与平段期的排放小时数没有显著差异，但低谷期二氧化硫的排放小时数比平段期少 0.265 小时左右。同样，表 8-2 第（3）、（4）列表明水泥厂二氧化硫排放小时数在高峰期与平段期没有显著差异，低谷期比平段期少 0.249 小时。表 8-2 第（5）、（6）列表明，不同于金属制造业和水泥生产部门，化工行业企业高峰期和低谷期的二氧化硫排放时间比平段期分别少 0.091 和 0.383 小时。

表 8-2 二氧化硫排放小时数回归结果[①]

系数/变量	二氧化硫排放小时数					
	金属制造业		水泥行业		化工业	
	(1) 高峰期-平段期	(2) 低谷期-平段期	(3) 高峰期-平段期	(4) 低谷期-平段期	(5) 高峰期-平段期	(6) 低谷期-平段期
β_1	1.031*** (0.026)	1.948*** (0.030)	0.940*** (0.016)	1.918*** (0.018)	1.047*** (0.027)	1.970*** (0.047)

---

① 该表由中国环境监测总站提供的安徽省 56 家重点监控企业污染排放数据估计得到。

续表

系数/变量	二氧化硫排放小时数					
	金属制造业		水泥行业		化工业	
	(1)高峰期－平段期	(2)低谷期－平段期	(3)高峰期－平段期	(4)低谷期－平段期	(5)高峰期－平段期	(6)低谷期－平段期
β_2	−0.257*** (0.058)	−0.149*** (0.053)	−0.234*** (0.040)	−0.207*** (0.040)	−0.163** (0.066)	−0.081 (0.086)
β_3	−0.022 (0.029)	−0.265*** (0.046)	0.009 (0.019)	−0.249*** (0.031)	−0.091*** (0.031)	−0.383*** (0.067)
节假日固定效应项系数	0.194*** (0.056)	−0.064 (0.076)	0.102*** (0.056)	−0.060 (0.049)	0.246*** (0.043)	−0.168 (0.105)
常数项	6.599*** (0.038)	6.615*** (0.032)	6.534*** (0.023)	6.575*** (0.025)	6.297*** (0.043)	6.309*** (0.043)
观测值	13,136	15,168	32,053	37,627	14,305	16,571
R^2	0.191	0.316	0.175	0.299	0.173	0.298
组数	266	266	497	497	266	266

注：所有模型均控制月度固定效应项以及烟囱的个体固定效应；*** $p<0.01$,** $p<0.05$,* $p<0.1$。

我们还以二氧化硫排放浓度均值的自然对数形式作为因变量来估计电价的影响（见表8-3）。如表8-3第(1)、(2)列所示，对于金属制造企业，高峰期与平段期的二氧化硫排放浓度无显著差异，而低谷期却比平段期下降了4%左右。结合之前排放小时数的回归结果分析，我们发现，相较于平段期，金属制造企业不仅通过降低生产运营的时间，还通过降低生产强度的方式来应对低谷期电价的上涨。表8-3第(3)、(4)列则表明，对于水泥厂，高峰期二氧化硫的排放浓度比平段期增加了2.1%，低谷期比平段期减少了2.7%。然而，表8-3第(5)、(6)列表示，对于化工企业，高峰期和低谷期的二氧化硫排放浓度相较于平段期均无显著差异。

表 8-3　二氧化硫排放浓度回归结果[①]

系数/变量	二氧化硫排放浓度均值的自然对数					
	金属制造业		水泥行业		化工业	
	(1)高峰期-平段期	(2)低谷期-平段期	(3)高峰期-平段期	(4)低谷期-平段期	(5)高峰期-平段期	(6)低谷期-平段期
β_1	0.031***(0.011)	0.015***(0.011)	0.014***(0.007)	-0.130***(0.009)	0.045***(0.012)	-0.043**(0.018)
β_2	-0.286***(0.072)	-0.211***(0.062)	-0.059***(0.035)	-0.098***(0.025)	-0.176***(0.059)	-0.148**(0.069)
β_3	-0.011(0.014)	-0.040**(0.018)	0.021**(0.010)	-0.027**(0.011)	-0.010(0.014)	-0.037(0.027)
节假日固定效应项系数	-0.078(0.062)	-0.083*(0.045)	0.015(0.030)	-0.042*(0.025)	0.145***(0.048)	0.003(0.060)
常数项	3.681***(0.048)	3.634***(0.043)	2.956***(0.026)	3.073***(0.019)	3.688***(0.044)	3.333***(0.052)
观测值	13,136	15,168	32,053	37,627	14,305	16,571
R^2	0.009	0.009	0.004	0.017	0.030	0.034
组数	266	266	497	497	266	266

注：所有模型均带有月度固定效应项和烟囱的个体固定效应项；*** $p<0.01$，** $p<0.05$，* $p<0.1$。

综上所述，基准回归结果表明：电价降低（或上升）会导致二氧化硫排放浓度和排放时长增加（或减少）。

其次，我们对每个烟囱细颗粒物的排放浓度以及排放小时数进行了类似的分析（见表 8-4 和 8-5），得到的结论与二氧化硫排放浓度和排放时长的分析结果较为一致。从排放时长分析，金属制造业和水泥厂高峰期细颗粒物的排放时间比平段期长 0.05 小时左右。三个行业低谷期细颗粒物的排放时长均比平段期低 0.15 小时左右。从排放浓度分析，金属制造业高峰期的细颗粒物排放浓度相对于平段期增加了 1.3%，而低谷期比平段期下降了 2.4%。对于水泥厂，高峰期细颗粒物的排放浓度比平段期多 0.7%，低谷期比平段期少了 3%。化工企业的所有回归系数均不显著。

[①] 该表由中国环境监测总站提供的安徽省 56 家重点监控企业污染排放数据估计得到。

表8-4 细颗粒物排放小时数回归结果①

系数/变量	细颗粒物排放小时数					
	金属制造业		水泥行业		化工业	
	高峰期-平段期	低谷期-平段期	高峰期-平段期	低谷期-平段期	高峰期-平段期	低谷期-平段期
β_1	1.030*** (0.017)	1.955*** (0.018)	1.025*** (0.009)	1.937*** (0.009)	1.015*** (0.022)	1.930*** (0.021)
β_2	−0.030 (0.024)	−0.061 (0.037)	−0.090*** (0.015)	−0.167*** (0.023)	−0.083*** (0.029)	−0.147*** (0.040)
β_3	0.049** (0.021)	−0.161*** (0.033)	0.035*** (0.011)	−0.167*** (0.018)	0.034 (0.025)	−0.154*** (0.040)
节假日固定效应项系数	0.071*** (0.018)	−0.151*** (0.052)	0.063*** (0.014)	−0.101*** (0.026)	0.103*** (0.017)	−0.113* (0.061)
常数项	6.922*** (0.016)	6.912*** (0.023)	6.931*** (0.009)	6.938*** (0.011)	6.954*** (0.016)	6.969*** (0.023)
观测值	15,847	17,921	56,289	66,334	10,821	12,476
R^2	0.514	0.522	0.441	0.500	0.502	0.518
组数	322	322	854	854	196	195

注：所有模型均控制月度固定效应项和烟囱的个体固定效应项；*** $p<0.01$, ** $p<0.05$, * $p<0.1$。

表8-5 细颗粒物排放浓度回归结果②

系数/变量	细颗粒物排放浓度均值的自然对数					
	金属制造业		水泥行业		化工业	
	高峰期-平段期	低谷期-平段期	高峰期-平段期	低谷期-平段期	高峰期-平段期	低谷期-平段期
β_1	0.013*** (0.005)	0.011** (0.005)	0.010*** (0.003)	−0.011*** (0.002)	0.004 (0.006)	−0.046*** (0.012)

---

① 该表由中国环境监测总站提供的安徽省56家重点监控企业污染排放数据估计得到。
② 该表由中国环境监测总站提供的安徽省56家重点监控企业污染排放数据估计得到。

续表

| 系数/变量 | 细颗粒物排放浓度均值的自然对数 ||||||
| | 金属制造业 || 水泥行业 || 化工业 ||
	高峰期－平段期	低谷期－平段期	高峰期－平段期	低谷期－平段期	高峰期－平段期	低谷期－平段期
β_2	0.022 (0.029)	0.012 (0.030)	−0.063*** (0.010)	−0.080*** (0.010)	−0.008 (0.019)	−0.035 (0.022)
β_3	0.013** (0.007)	−0.024** (0.009)	0.007** (0.003)	−0.030*** (0.004)	0.006 (0.007)	0.001 (0.014)
固定效应项系数	0.007 (0.022)	−0.043* (0.025)	0.016* (0.008)	−0.024** (0.010)	−0.023 (0.026)	−0.067** (0.027)
常数项	2.507*** (0.024)	2.508*** (0.024)	2.794*** (0.005)	2.794*** (0.006)	2.709*** (0.020)	2.734*** (0.026)
观测值	15,847	17,921	56,289	66,334	10,821	12,476
R^2	0.025	0.027	0.011	0.020	0.011	0.015
组数	322	322	854	854	196	195

注：所有模型均控制月度固定效应项和烟囱的个体固定效应项；*** $p<0.01$，** $p<0.05$，* $p<0.1$。

二、弹性计算结果

通过将实证模型（8-10）的估计结果带入式子（8-11）和（8-12），我们可以计算污染物排放浓度的价格弹性。本章的价格弹性指电力价格变动 1%，高峰期或低谷期与平段期排放浓度之比的百分比变化。需要说明的是，我们仅计算排放浓度（生产强度）的价格弹性，并没有计算排放小时数的价格弹性。因为排放小时数是以离散形式记录的，计算出来的弹性系数的精确度难以得到保证。污染物排放浓度的价格弹性计算结果见表 8-6。

表 8-6　相对排放浓度的价格弹性[①]

变量	二氧化硫排放浓度					
	金属制造业		水泥行业		化工业	
	高峰期－平段期	低谷期－平段期	高峰期－平段期	低谷期－平段期	高峰期－平段期	低谷期－平段期
DID 模型 β_3	−0.011	−0.040**	0.021**	−0.027**	−0.010	−0.037
DID 模型边际效应（%）	不显著	−4.1	2.1	−2.7	不显著	不显著
电价变动（%）		0.71	−0.73	0.71		
弹性系数		−5.8	−2.9	−3.8		

变量	细颗粒物排放浓度					
	金属制造业		水泥行业		化工业	
	高峰期－平段期	低谷期－平段期	高峰期－平段期	低谷期－平段期	高峰期－平段期	低谷期－平段期
DID 模型 β_3	0.013**	−0.024**	0.007**	−0.030***	0.006	0.001
DID 模型边际效应（%）	1.3	−2.4	0.7	−3	不显著	不显著
电价变动（%）	−0.73	0.71	−0.73	0.71		
弹性系数	−1.8	−3.4	−0.96	−4.2		

注：所有模型均控制月度固定效应项和烟囱的个体固定效应项；*** $p<0.01$，** $p<0.05$，* $p<0.1$。

首先，表 8-6 显示高峰期排放浓度与平段期排放浓度之比的弹性系数绝对值小于低谷期与平段期排放浓度之比的弹性系数绝对值。可能的原因是，在高峰期企业的产量接近或已经达到最大产值，即使投入品的价格降低，企业产量继续增加的空间也比较小。相反，低谷期与平段期排放浓度之比的弹性系数绝对值较大，在 3.4~5.8 之间，可能是因为企业在低谷期降低产量比提高产量更容易。

其次，就不同行业的弹性系数分析而言。金属制造业与水泥行业的弹性系数绝对值都远大于化工行业。原因在于，相较于化工行业，金属制造业与水泥行业的边际利润更低，面临更加激烈的市场竞争，电力成本占总投入成本的比

[①] 该表由中国环境监测总站提供的安徽省 56 家重点监控企业污染排放数据估计得到。

例也更大,因此它们的生产决策更易受到电力价格的影响。

三、证伪检验

虽然 DID 模型能够较为严谨地估计电价变化对工业污染物排放的影响,但由于其他因素干扰,DID 的实证结果仍有可能存在偏差。因此,我们在这一部分进行安慰剂检验以证明本章实证结果的可靠性。

首先,我们假设安徽省 2016 年 1 月 1 日实施的分时电价改革发生在 2015 年 1 月 1 日。如果类似的实证结果出现在我们所假设的时期,则说明之前的实证结果存在内生性问题,但表 8-7 显示三个行业的污染排放浓度和小时数都没有出现类似于本章基准结论的变化。

表 8-7 假设电价改革于 2015 年 1 月 1 日实施的证伪检验

行业	名称	变量	排放小时数的DID估计结果	排放浓度的DID估计结果
金属制造业	二氧化硫	高峰期-平段期	不显著	-0.107**
		低谷期-平段期	不显著	不显著
	细颗粒物	高峰期-平段期	不显著	-0.106***
		低谷期-平段期	不显著	不显著
水泥行业	二氧化硫	高峰期-平段期	不显著	-0.055**
		低谷期-平段期	不显著	不显著
	细颗粒物	高峰期-平段期	不显著	-0.064***
		低谷期-平段期	不显著	不显著
化工业	二氧化硫	高峰期-平段期	不显著	不显著
		低谷期-平段期	不显著	不显著
	细颗粒物	高峰期-平段期	不显著	-0.117***
		低谷期-平段期	不显著	不显著

注:不显著表示回归系数在 95% 的置信水平上不显著。*** $p<0.01$,** $p<0.05$,* $p<0.1$。

其次,我们还使用山东省的同期数据进行证伪检验。山东省与安徽省相邻,是一个工业化程度较高、制造业比较发达的省份。类似的,我们假设安徽省 2016 年 1 月 1 日实行的分时电价改革也于 2015 年 1 月 1 日在山东省实施。表 8-8 的 DID 估计结果显示山东省二氧化硫与细颗粒物的排放浓度并未出现与本章结论相似的结果。

表 8-8 假设山东省实施电价改的证伪检验

行业	名称	变量	排放小时数的 DID 估计结果	排放浓度的 DID 估计结果
金属制造业	二氧化硫	高峰期－平段期	不显著	−0.019*
		低谷期－平段期	不显著	不显著
水泥行业	二氧化硫	高峰期－平段期	不显著	不显著
		低谷期－平段期	不显著	不显著
化工业	二氧化硫	高峰期－平段期	不显著	不显著
		低谷期－平段期	0.087***	不显著

注：不显著表示回归系数在 95% 的置信水平上不显著。*** $p<0.01$，** $p<0.05$，* $p<0.1$。

四、工作时间

在安徽省的分时电价制度下，高峰期、平段期以及低谷期分布在一天的不同时间段，因此本章结论受到其他政策干扰的可能性较小。然而，企业可能在连续的时间段内制订生产计划，因此，这一部分模拟了一个典型的工作日：假设一个工作日有三个班次，分别是上午 6 点至下午 2 点，下午 2 点至晚上 10 点，以及晚上 10 点至第二天上午 6 点。在我们假设的三个班次中，第一个班次均匀分布在分时电价的三个时间段，第二个班次的大部分时间属于高峰期，第三个班次的大部分时间属于低谷期，因此第一、二、三个班次与分时电价中的平段期、高峰期、低谷期一一相对应。对此，我们提出一个假设：即使三个班次所涵盖的时间并未与分时电价中的三个时间段完全匹配，若我们用三个班次的数据进行实证分析，得到的结论应与本章的实证结果一致。对三个班次的数据进行 DID 回归，表 8-9 显示的结果与基准结果相似，进一步证明了本章基准回归结果的可靠性。

表 8-9 分班次的回归结果[①]

行业	名称	变量	排放小时数的DID估计结果	排放浓度的DID估计结果
金属制造业	二氧化硫	第2班次-第1班次	0.129***	0.019
		第3班次-第1班次	-0.204***	-0.059***
	细颗粒物	第2班次-第1班次	0.078***	0.013*
		第3班次-第1班次	-0.103***	-0.011
水泥行业	二氧化硫	第2班次-第1班次	0.059***	0.030**
		第3班次-第1班次	-0.159***	-0.024**
	细颗粒物	第2班次-第1班次	0.064***	0.018***
		第3班次-第1班次	-0.080***	-0.005*
化工业	二氧化硫	第2班次-第1班次	-0.008	0.014
		第3班次-第1班次	-0.184***	-0.042**
	细颗粒物	第2班次-第1班次	0.088***	0.022***
		第3班次-第1班次	-0.059**	0.02

注：不显著表示回归系数在 95% 的置信水平上不显著。*** $p<0.01$，** $p<0.05$，* $p<0.1$。

第六节 主要结论

本章根据安徽省 56 家工业企业 2015 年 6 月 1 日至 2016 年 6 月 1 日的烟囱排放数据，通过双重差分模型研究分析电力价格变化对工业企业污染物排放的影响，主要结论如下：

第一，分时电价制度改革后，在排放浓度方面，高峰期二氧化硫和细颗粒物的排放浓度比平段期平均增加了 1.3%，低谷期比平段期平均减少了 3%。在排放小时数方面，高峰期污染物的排放时间比平段期平均增加了 0.04 小时，低谷期比平段期平均减少了 0.22 小时。

第二，考虑行业类型、时间段以及污染物类型的异质性对估计结果的影

---

① 该表由中国环境监测总站提供的安徽省 56 家重点监控企业污染排放数据估计得到。

响，本章发现：首先，相比化工行业，电力价格与污染物排放之间的关系在金属制造业以及水泥行业中表现得更为明显，因为金属制造业和水泥行业的电力成本占总成本的比例较大，对电力价格的变动更敏感。其次，高峰期电价下降对污染物排放的影响小于低谷期电价上升对污染物排放的影响，原因可能是企业生产能力有限，不太可能因为电价的略微下降就大规模扩大生产。最后，电价变动对二氧化硫和细颗粒物排放有不同影响。总之，电力价格变动会影响中国一些工业部门的生产决策，最终导致这些行业的污染物排放量发生变化。

本章结论对依赖能源密集型和污染密集型产业来发展经济的国家以及地区有如下几点政策启示：

第一，在中国、印度等发展中国家，许多城市正在经历严重的空气污染，政府在改善环境问题上面临着艰巨挑战。本章结论表明电力价格可以作为一个控制工业企业污染物排放的政策工具。另外，异质性分析结果表明：使用电力价格这一政策工具来控制工业污染物排放时，相关部门应考虑到厂商所在行业部门的特征及其生产能力情况。

第二，目前，主要的发展中国家都在大力推进电力部门改革。电力部门改革的一个重要目的是改善电力生产效率并降低电费。我们的研究结论提醒这些乐观的政策制定者，电价降低也会产生其他方面后果，如可能会导致企业排放更多的污染物，而这又与目前很多国家出台的空气污染控制政策相矛盾。例如，中国在2018年6月颁布了"蓝天"政策以改善空气质量，但同时在全国范围内进行电力市场改革；同样，印度于2019年4月1日开始实施的电力市场改革力求实现发电厂与用户的直接关联，从而降低电价，但这些电力市场改革却与2019年初开始实施的以改善印度多个城市迅速恶化的空气质量的国家空气清洁计划同时进行。

第三，本章结论表明政策制定者可以通过分时电价实现一天不同时段之间的污染物转移，这类似于交通部门通过收费缓解高峰期的交通堵塞。在夜晚，大部分居民都在家休息且污染来源少，政策制定者可以调高白天的电价、调低晚上的电价，将白天的污染转移至晚上。

第九章 火电装机空间分布及其影响因素

截至 2020 年底，我国火电装机容量 124624 万千瓦，占全国发电装机容量的比例为 56.6%[①]，是我国第一大电源。火电在为我国经济发展提供能源，为当地经济提供税收和就业的同时，也导致了目前备受关注的污染问题，尤其是大气污染。因此，火电装机的空间分布不仅关系到火电厂的成本收益，对当地的经济发展和空气质量也会产生深远影响。本章基于 2011—2020 年省级层面的数据，旨在描述我国火电装机空间分布的变迁，并分析火电装机空间分布的驱动因素。

第一节 火电装机空间分布变迁

1998 年，《国务院办公厅转发国家经贸委关于深化电力工业体制改革有关问题意见的通知》（国办发〔1998〕146 号）将辽宁、吉林、黑龙江、山东、上海、浙江等部分省市列为"网厂分开，竞价上网"试点，电力体制改革拉开序幕。但总体来说，电力市场仍处于国家电力公司垄断阶段，市场格局还未形成。2002 年，国务院下发《电力体制改革方案》（国发〔2002〕5 号），正式开启了以"厂网分开、竞价上网、打破垄断、引入竞争"为主要内容的电力体制改革。原国家电力公司被拆分成了 2 家电网公司和 5 大发电集团，并允许其他社会资本投资建厂。此后，我国火电装机容量迅速增长。截至 2020 年底，我国火电装机容量高达 124624 万千瓦，约为 2002 年火电装机容量的 4.7 倍[②]。

图 9-1 描绘了 2011 和 2020 年我国 31 个省（区、市）火电装机容量的变化情况，按 2011 年火电装机容量从高到低排列。2011 年，火电装机容量排名前三的是广东、内蒙古和江苏，火电装机容量均超过 7000 万千瓦。其中，广

---

① 中国电力企业联合会电力统计与数据中心：《二〇二〇年电力工业统计资料汇编》，2021 年。
② 中国电力企业联合会电力统计与数据中心：《二〇二〇年电力工业统计资料汇编》，2021 年。

东火电装机容量接近 8000 万千瓦，排名全国第一，占全国火电装机容量的比例近 10%。山东、浙江两省的装机容量相当，均高于 6000 万千瓦。其他省（区、市）的火电装机容量相对较小，与广东等省（区、市）存在很大差距，例如，2011 年西藏火电装机容量只有 97 万千瓦。2020 年，各省（区、市）的火电装机容量均有所上升，大部分地区的火电装机容量增长超过一倍。尤其值得注意的是山东和新疆。山东的火电装机容量从 2011 年的 6805 万千瓦增长到 2020 年的 15560 万千瓦，超过广东、内蒙古和江苏，成为火电装机第一大省。新疆火电装机容量从 2011 年的 2138 万千瓦增加到 2020 年的 10763 万千瓦，增长了近 4 倍，排名从第 21 上升至第 5。除山东和新疆以外，其他省（区、市）火电装机容量的排名没有发生太大的变化。2011 年排名靠前的广东、内蒙古、江苏等地区在 2020 年继续保持领先地位，而其他省（区、市）的火电装机容量虽有所增加，但与广东等地的差距进一步扩大。

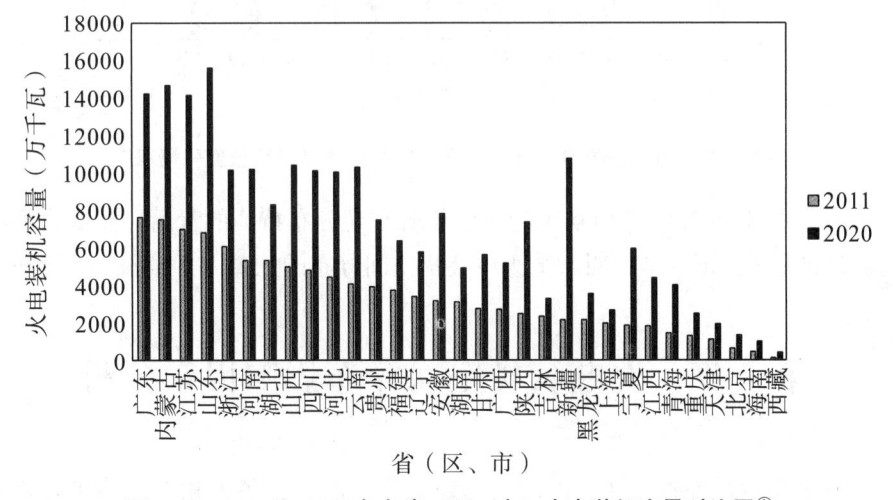

图 9-1　2011 和 2020 年各省（区、市）火电装机容量对比图[①]

图 9-2 具体描绘了我国 31 个省（区、市）2011—2020 年火电装机容量的变化情况。2013 年以前，各省（区、市）的火电装机容量水平虽然存在差异，但增长趋势较为一致，都比较平缓。自 2013 年起，各地区火电装机容量的增长趋势出现了明显差异。一些地区，如西藏、海南、天津等一直处于缓慢增长状态，这些地区的火电装机容量水平也比较低。山东、内蒙古、广东等初始装机容量就比较高的地区的火电装机容量自 2013 年起发展迅猛，迅速拉开了与

---

① 数据收集整理自历年电力工业统计资料汇编。

其他地区火电装机容量的差距。而新疆则是后来居上，实现了火电装机容量的飞跃式增长。

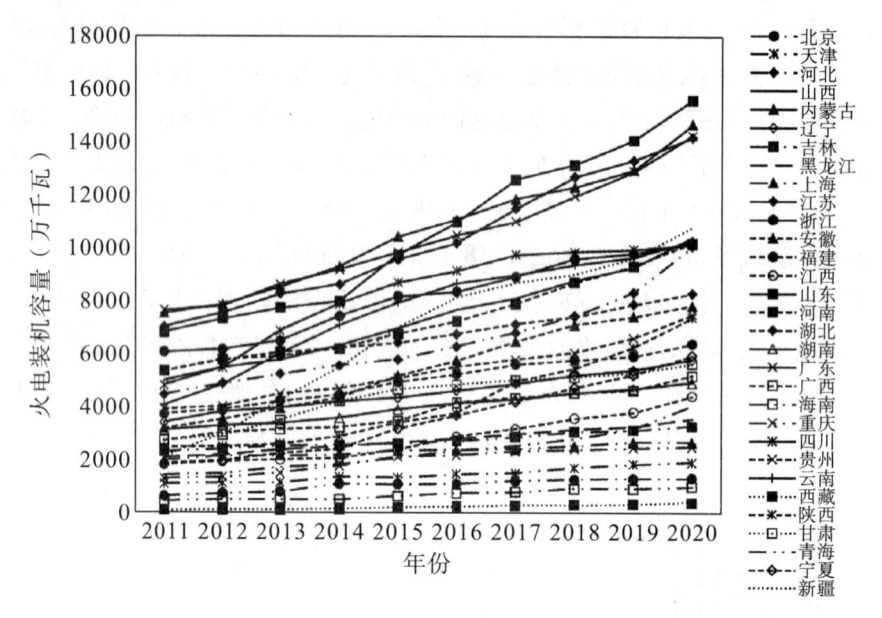

图 9-2　2011—2020 年各省（区、市）火电装机容量变化情况①

在图 9-1 和图 9-2 所揭示的火电装机空间分布特征的背后，到底是哪些因素在起作用？下一节将对影响火电装机空间分布的主要因素做出具体分析。

第二节　火电装机空间分布影响因素分析

2013 年后，各省（区、市）火电装机容量的增长各不相同，装机容量的快速增长主要出现在山东、内蒙古、广东等地区。本节主要探讨影响火电装机空间分布的因素。具体而言，火电装机容量的增长主要是由需求因素驱动，还是由资源禀赋驱动？需求因素驱动意味着火电装机容量增长出现在需求旺盛的地区，通过运煤来解决燃料需求问题。资源禀赋驱动意味着火电装机容量增长出现在煤炭资源丰富的地区，通过输电的方式将电力运输出去。需求因素驱动还是资源禀赋驱动，是本节探讨火电装机空间分布的主要思路。

中国的煤炭资源分布不均衡，主要呈现"西北多，东南少"的特征。然

---

① 数据收集整理自历年电力工业统计资料汇编。

而，火电装机的空间分布却与煤炭资源的分布相反，中国的火电装机大多分布在用电负荷中心地区，即东南沿海的电力消费大省。杨超（2012）在研究火电厂分布时提出了煤电一体化下的时空替代效应，指的是当某一生产要素的价格上升时，为实现资源的有效配置，火电厂会用便宜的生产要素替代昂贵的生产要素，以最小化生产成本。火电装机容量的空间分布存在输电成本和运煤成本之间的权衡，煤电一体化扩大了新增火电装机的空间范围，而不是仅限于煤炭资源丰富的地理位置，这可能也是很多沿海发达地区虽然煤炭资源并不丰富，但火电装机容量颇具规模的主要原因。

一、资源禀赋驱动

（一）资源禀赋与火电装机容量

近几年，随着天然气、石油等燃料的发展，火电中非煤炭燃料的占比有所提高，但火电厂主要还是依靠煤炭燃烧发电。因此理论上而言，一个地区原煤产量的丰富程度对火电装机容量的发展具有重要意义，因为在其他条件不变的情况下，靠近原煤产地的新建火电机组可以节省运煤成本。

图9-3是2020年各省（区、市）的火电装机容量和原煤产量图，各地区按照原煤产量由低到高的顺序排列。原煤产量最高的山西和排名第二的内蒙古，火电装机容量水平都很高，并且这两个地区并不是中国经济最发达、用电负荷最高的地区。因此，山西和内蒙古的火电装机容量增长主要由煤炭资源禀赋驱动。对于其他地区而言，煤炭资源禀赋因素对火电装机容量的驱动作用并不明显。例如，山东的原煤产量约为山西的十分之一，但火电装机容量却超过了山西。而火电装机容量很高的江苏、湖北、广东、浙江等省份的原煤产量排名均在十名之后。因此，在我国，原煤产量越丰富，火电装机容量水平越高的观点并不适用于大多数省（区、市）。值得注意的是，这些原煤产量较少的地区，正好是经济发展水平很高、用电负荷较大的地区，这意味着对于这些地区而言，需求因素更可能是火电装机发展的驱动力。

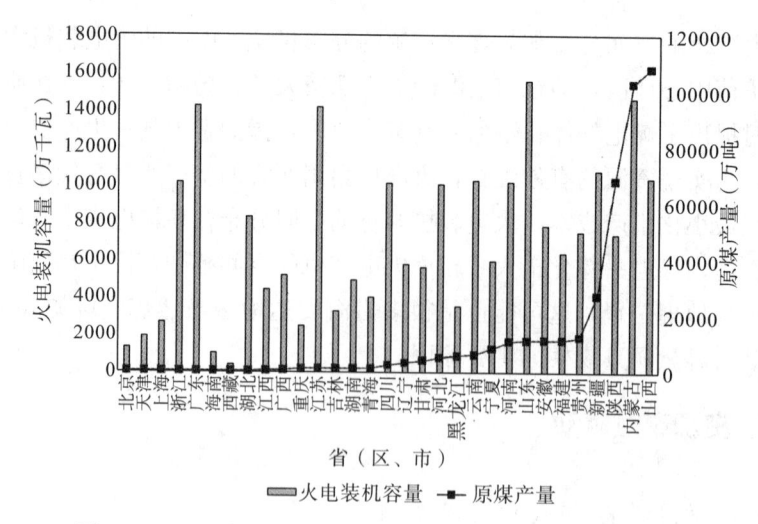

图 9-3 2020 年各省（区、市）火电装机容量和原煤产量①

图 9-3 只给出了 2020 年的数据，不能反映火电装机容量与原煤产量整体的相关性关系。因此，图 9-4 根据 2011—2020 年各省（区、市）火电装机容量和原煤产量数据（300 多笔观测值），对火电装机容量与原煤产量的相关性进行分析。可以发现，火电装机容量对原煤产量的拟合出的直线斜率仅为 0.04525，且 R^2 只有 10.8%，意味着火电装机容量与原煤产量的相关性较弱。

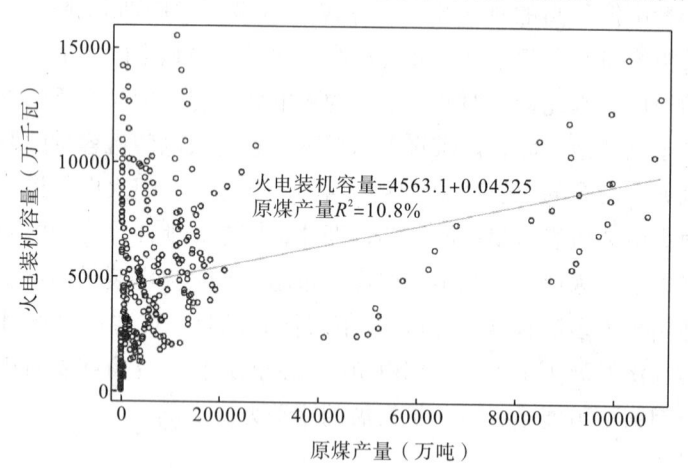

图 9-4 2011—2020 年各省（区、市）火电装机容量和原煤产量的相关性②

---

① 火电装机容量数据来自中国电力企业联合会电力统计与数据中心：《二〇二〇年电力工业统计资料汇编》，2021 年。原煤产量数据来自历年中国能源统计年鉴。

② 火电装机容量数据来自历年电力工业统计资料汇编，原煤产量数据来自历年中国能源统计年鉴。

（二）资源禀赋的约束：电网覆盖情况

火电装机分布在煤炭资源丰富地区意味着需要通过电网输出电力，因此，电网覆盖情况直接影响火电厂的运输成本，从而影响火电装机的空间分布。内蒙古火电装机容量受煤炭资源禀赋驱动，实现了火电装机容量的快速增长，其原因可能是同期或前期电网的扩建。图9-5描绘了2011—2020年内蒙古火电装机容量和电网投资完成额的变化情况。内蒙古的电网投资完成额在2012年达到第一个顶峰，提高了电力输送的能力。2015—2018年内蒙古电网投资完成额逐年上升，为这一时期及后续火电装机的发展提供了有利条件。因此，大规模的电网建设降低了向外输电的成本，使得内蒙古的资源禀赋优势得以发挥，火电装机也因此迅速发展。

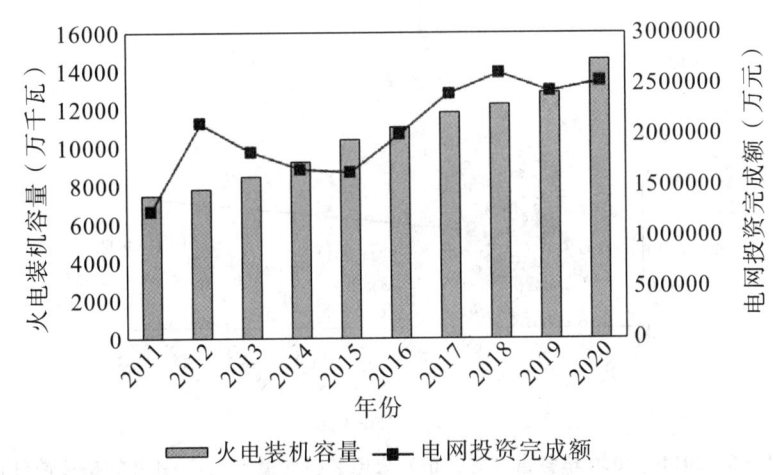

图9-5　2011—2020年内蒙古火电装机与电网投资完成额情况[①]

二、需求因素驱动

不同地区的电力需求可以用不同的变量测度。由于能源发展，尤其是电力需求是经济发展最主要的驱动力，因此人均GDP可以用于反映地区的电力需求。从更直接的角度，全社会用电量也能用于衡量某一地区的电力需求。

（一）人均GDP与火电装机容量

人均GDP，是人均国内生产总值的简称，常被用于衡量一国或地区的经

[①] 数据收集整理自历年电力工业统计资料汇编。

济发展水平。图9-6是根据2011—2020年各省（区、市）火电装机容量和人均GDP数据（300多笔观测值）所描绘的火电装机容量与人均GDP的相关性分析图。可以发现，除了少部分经济非常发达的省（区、市）（如上海、北京等）以外，其他省（区、市）的火电装机容量和人均GDP水平存在显著的正相关关系，初步表明对于大多数省（区、市）而言，火电装机主要受需求因素驱动。值得注意的是，少部分经济非常发达的省（区、市），如上海、北京等，虽然人均GDP水平很高，但火电装机发展水平并不突出。一方面，可能是因为火电厂在这些经济发达地区建厂的成本太高，相比而言输电成本更低；另一方面，可能是因为北京、上海的环境容量较低，难以容纳大规模的火电装机带来的大气污染。

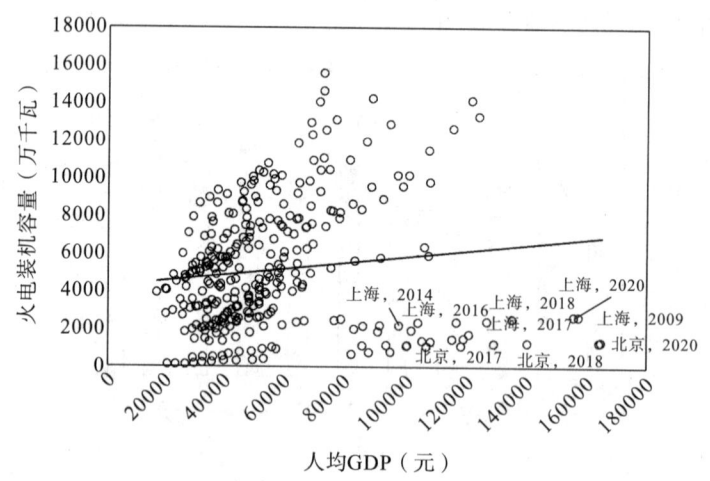

图9-6　2011—2020年各省（区、市）火电装机容量与人均GDP的相关性分析[①]

（二）全社会用电量与火电装机容量

一个地区电力需求最直接的衡量指标是电力消费总量。如果火电装机主要受到需求因素驱动，那么电力消费总量越高的地区，火电装机容量也会越高。图9-7绘制了2011—2020年各省（区、市）火电装机容量与全社会用电量的散点图和相关关系的拟合线。在此需要说明的是，此前我们以人均GDP衡量电力需求，这里使用总量数据而非人均用电量，是因为一个地区即使人均用电量很低，也可能因为人口规模大而驱动火电装机容量的发展。可以发现，火电

---

① 火电装机容量数据收集整理自历年电力工业统计资料汇编，人均GDP数据收集整理自历年中国统计年鉴。

装机容量与全社会用电量存在较强的正相关性，进一步验证了火电装机空间分布主要由需求因素驱动这一猜想。

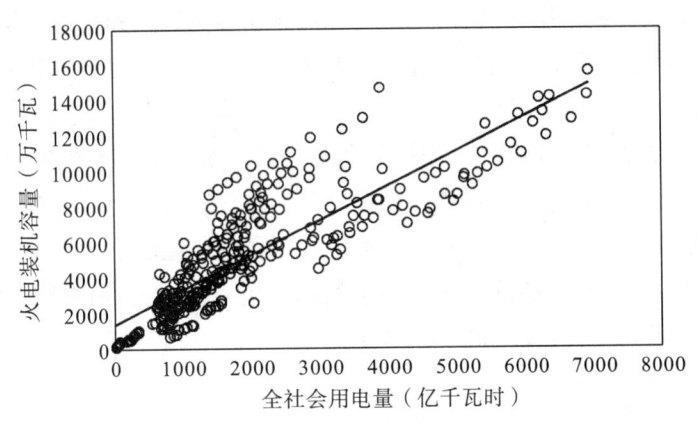

图 9-7 2011—2020 年各省（区、市）火电装机容量与全社会用电量的相关性分析[①]

（三）需求因素的约束：煤炭输进能力

位于电力消费量较高地区的火电厂需要从外地运输主要燃料——煤炭，因此，煤炭输进能力是火电装机空间分布的一个重要约束。煤炭运输方式主要包括公路、铁路和水路三种。在我国，公路运输网比铁路和水路要大十几倍，其分布面也更广泛，因此公路运输在中、短途运输中比较有优势，省（区、市）内运煤也多采用公路运输方式。然而，公路运输运行续航时间短，长途运输成本高，不适合长距离跨省（区、市）运煤。水路运输是以船舶为主要运输工具、以港口或港站为运输基地、以水域（海洋、河、湖）为运输活动范围的客货运输方式。但规模以上的港口在我国并不普遍，只集中在几个省市，比如天津、河北、江苏、山东、广东，大部分产煤地区并不具备水运的条件，而内蒙古、山西等地也不具备规模以上的港口。因此，水运也不是我国运煤的主要途径。与水运相比，铁路运输通常不易受气候条件的影响，可保障全年的正常运行，具有高度的连续性。铁路运输还具有载运量较大、运行速度较快、运费较低廉、运输准确、遭受风险较小的优点，是运煤最主要的交通方式。

我国煤炭资源多集中在山西、陕西及内蒙古西部，而煤炭消耗大户则集中在华东、华南地区，"西煤东运"和"北煤南运"对我国经济的发展尤其重要。目前，我国"西煤东运"和"北煤南运"主要集中在大秦线（山西大同—河北

---

① 数据收集整理自历年电力工业统计资料汇编。

秦皇岛港）和朔黄线（山西朔州站—河北黄骅港）。大秦线和朔黄线担负着中国六大电网企业、五大发电集团、十大钢铁公司和众多火电企业的生产用煤和出口煤炭运输任务。此外，沿海地区的煤炭运输多为铁运和水运相结合，如朔黄线的终点就是黄骅港，相当一部分大秦线运输的煤炭通过秦皇岛港运往东南沿海地区。

图9-8是2011—2020年我国31个省（区、市）火电装机容量和铁路里程的相关性分析。火电装机容量和铁路里程存在显著的正相关关系，这表明火电厂倾向建厂于铁路运输比较发达的地区，以降低运煤成本。但也有可能是因为火电装机容量水平较高的地区经济也发达，更有能力提高铁路运力。因此，图9-8仅表示相关关系，而非因果关系。

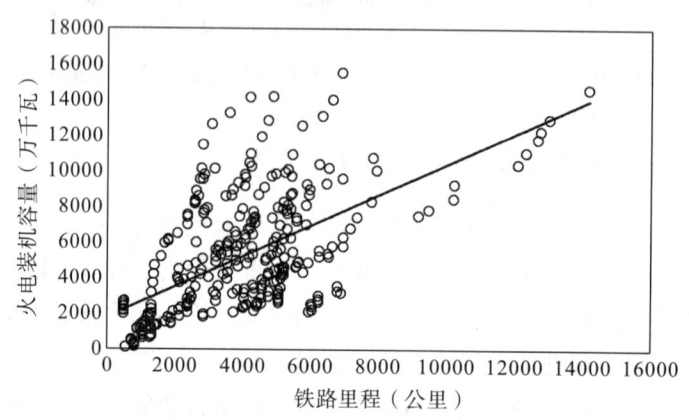

图9-8　2011—2020年各省（区、市）火电装机容量与铁路里程的相关性分析[①]

三、其他因素

一般而言，火电厂地理位置的选择应该根据中长期电力规划、燃料资源、运输条件、地区自然条件和建设计划等因素全面考虑。吕云峰、费龙（2008）利用GIS（地理信息系统）通过可视化方法研究发现，除了经济因素，水资源可采集度和运输费用都是火电企业建厂时考虑的关键因素。王占武等（2011）根据TOPSIS法研究火电厂地理位置选择的综合决策，将影响因素分为地理因素、技术因素、经济因素、环境因素、社会因素，他们认为其他非经济因素在火电厂地理位置的选择上也起到了重大决定性作用。

[①] 火电装机容量数据收集整理自历年电力工业统计资料汇编，铁路里程数据收集整理自历年中国统计年鉴。

(一) 地表水资源

水资源的可利用性是火电装机正常运转的一个重要影响因素,此处的水资源指的是地表水资源,是陆地上可实施人为控制、水量调度分配和科学管理的水,也就是可以被人类生活、生产、服务所利用的水资源。对于火电装机而言,冷却水是必不可少的,而冷却水的费用一般和取水距离、地形高差有关。地表水资源需要从湖泊沿岸被取水提升、加压,靠专用管道输往电厂后,才能在生产中为火电厂所利用。由于取水口的一级泵站加压能力有限,在输水的过程中,若地面高差大于100米,就要建设升压泵站,从而增加了输水费用。所以冷却水的费用取决于输水管的长度、地形高差。地表水资源比较贫乏的地区,取水、输水等费用也会比较昂贵。

图9-9是2011—2020年各省(区、市)火电装机容量与地表水资源的相关性分析图。可以发现,两者的关系并不明显。虽然西藏、广西、江西等省(区、市)地表水资源比较丰富,但火电装机容量却比较低,究其原因,还是需求因素占主导的结果。而地表水资源较缺乏的地区,如山东、内蒙古、江苏的火电装机容量较为发达。虽然火电装机的发展离不开水资源,但数据显示煤矿丰富和经济发达的地区恰好是地表水资源比较缺乏的地区,因此,我国的火电装机空间分布呈现与地表水资源丰富度反向的情况。

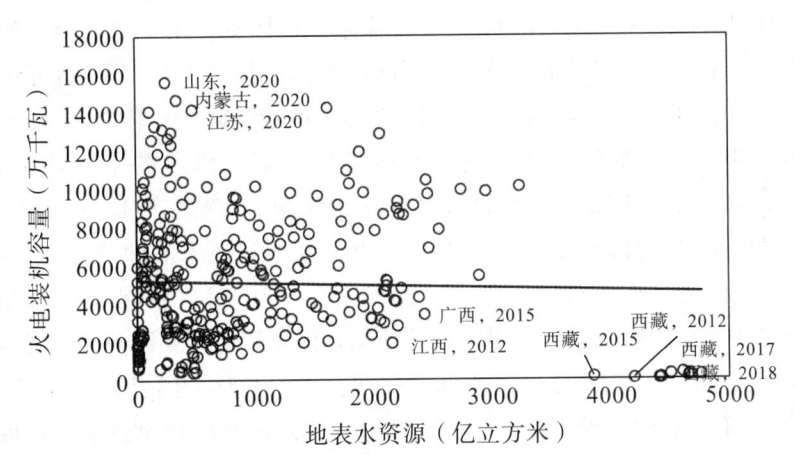

图9-9 2011—2020年各省(区、市)火电装机容量与地表水资源的相关性分析[①]

[①] 火电装机容量数据收集整理自历年电力工业统计资料汇编,铁路里程数据收集整理自历年中国统计年鉴,地表水资源数据收集整理自历年中国统计年鉴。

（二）环境监管

不同地区环境监管标准的严格程度对产业的空间分布具有重要影响，"污染避难所"假说甚至认为环境监管的严格程度是影响产业空间分布最主要的因素。Becker & Henderson（2000）、Greenstone（2002）、List & Mchone（2000）分别用美国或纽约州县级层面的企业数据对"污染避难所"假说进行了实证检验。他们发现，为了节约企业生产成本，污染密集型企业倾向于建立在环境标准相对较低的地区。Taylor（2005）虽然认为"污染避难所"假说不成立，但也表示环境监管的严格程度确实是决定企业空间分布的影响因素之一。

我国目前仍处于社会主义发展初期，经济水平与发达国家距离尚远，各地区的环境监管标准普遍不太严格，环境政策执行力度也比较低。因此，"污染避难所"假说在初期并不明显。但是，随着经济的发展以及环境污染的加剧，2011年后，我国的环保力度逐渐加大，监管标准越来越严，这必然会对高污染火电行业的发展带来影响。

2012年4月12日生态环境部公布《2012年度环境保护目标责任书》，其受国务院委托，与31个省（区、市）人民政府和新疆生产建设兵团，以及中石油、中石化、国家电网、华能、大唐、华电、国电、中电投等8家央企签订了《2012年度环境保护目标责任书》，以确保按期完成污染减排工作目标任务。同时明确，对于未按《2012年度环境保护目标责任书》落实重点减排项目的地区和企业，生态环境部将根据《国务院关于印发"十二五"节能减排综合性工作方案的通知》规定，实行阶段性项目环境影响评价审批。

2011年起，广东省珠江三角洲地区开启了第一阶段的空气清洁计划。2013年，《广东省珠江三角洲清洁空气行动计划——第二阶段（2013—2015年）空气质量持续改善实施方案》出台，继续加大对环境治理的力度。《广东省珠江三角洲清洁空气行动计划——第二阶段（2013—2015年）空气质量持续改善实施方案》提出要控制煤炭资源使用，深化工业污染源治理，尤其是火电厂的污染治理。2019年，广东火力发电量为3283亿千瓦时，同比下降1.86%[①]。不仅如此，沿海地区现正在经历一波蓝色经济建设热潮，环保意识不断加强，火电装机的发展很有可能会受到限制。由于数据和时间限制，这部分内容的研究暂时无法展开，是未来可以继续研究的方向。

---

① 中国电力企业联合会电力统计与数据中心：《二〇一九年电力工业统计资料汇编》，2020年。

第三节 主要结论

进入 21 世纪后,构建社会主义和谐社会是我国重要的战略任务。作为一种经济社会发展和人们生产生活不可或缺的能源,电力在推动社会发展进步的进程中发挥着重要作用。我国目前的产业格局仍以制造业为主,电力更是起到不可替代的核心支撑作用。本章的研究意义在于肯定了经济因素和环境因素对火电装机发展的影响作用,为政府制定经济政策和环境政策提供科学依据,帮助政府对火电装机的空间分布做出引导,以保证电力供应的安全性、经济性和清洁性。

通过研究我国 2011—2020 年各省(区、市)火电装机的空间分布,本章发现,2013 年以后,各省(区、市)火电装机容量普遍增加。空间分布上,山东、内蒙古、广东等初始装机容量就比较高的地区长期维持传统的火电装机大省(区)地位不变,新疆则是后来居上,实现了火电装机容量的飞跃式增长。时间上,2013 年以前,各省(区、市)的火电装机容量水平虽然存在差异,但增长趋势较为一致,都比较平缓。自 2013 年起,山东、内蒙古、广东等初始装机容量就比较高的地区火电装机容量迅猛增加,但其他地区仍保持低速增长的态势,导致各地区之间火电装机容量的差距不断加大。

为研究我国火电装机空间分布变化背后的驱动因素,本章首先对资源禀赋驱动假说进行了讨论和验证。研究结果发现,对大多数省(区、市)而言,资源禀赋并不是驱动火电装机发展的主要因素。除内蒙古和山西地区以外,大部分火电装机活跃的地区都是原煤比较缺乏的地区,而其他原煤丰富的地区也并没有呈现火电装机繁荣发展的现象。本章还发现,内蒙古等资源禀赋驱动地区火电装机容量长期保持高速增长的原因是电网建设的完善。因此,输电成本的大幅度降低是火电装机在内蒙古等地快速发展的关键因素。

随后,本章对需求因素驱动假说进行了验证。研究结果表明,需求因素驱动的作用较为明显。经济发达的沿海地区火电装机容量高,这些地区虽然原煤资源贫乏,但是用电负荷很高。虽然电网建设在不断完善,但对于绝大部分沿海地区来说,运煤成本仍是制约火电装机发展的重要考虑因素。运煤路线的不断扩展,政府主导下的大型铁运建设,对于缓解沿海地区的电荒问题具有重要的意义。

最后,本章还探索了地表水资源和环境监管对火电装机空间分布的影响。

结果发现水资源的影响作用并不明显,而严格的环境监管标准确实会影响火电装机的发展。在环境形势日益严峻的今天,环境污染问题必然会对新增火电装机的空间分布产生越来越大的影响。

第六篇

案例分析：甘肃风电消纳和广东电力市场

第十章 案例：甘肃风电消纳

在过去的几十年，以传统化石能源为主的电力供给体系极大地促进了我国国民经济的发展，但也导致了严重的环境问题。为此，开发风能、太阳能等新型清洁能源成为推动我国能源转型、实现低碳经济、改善气候问题的重要举措。近年来，我国在新能源电力生产领域取得了举世瞩目的成就。截至2020年底，我国新能源发电累计装机容量占比达到24.3%，装机总量位居世界第一。其中，风电累计装机容量达到2.8亿千瓦，占全国新能源发电累计装机总容量的52.7%；风力发电量为4665亿千瓦时，占新能源发电量的64.2%[①]。可见，风能已成为我国新能源电力生产领域的一大支柱。

然而，在新能源快速发展的过程中，弃风弃光等新能源消纳问题逐渐凸显。其中，弃风问题更为突出。根据国家能源局发布的数据（见图10-1），我国风电弃风率在2013—2020年间长期居高不下，最低弃风率也为3%，2016年高达16%，远高于德国、美国等发达国家3%的弃风率上限。

---

① 中国电力企业联合会电力统计与数据中心：《二〇二〇年电力工业统计资料汇编》，2021年。

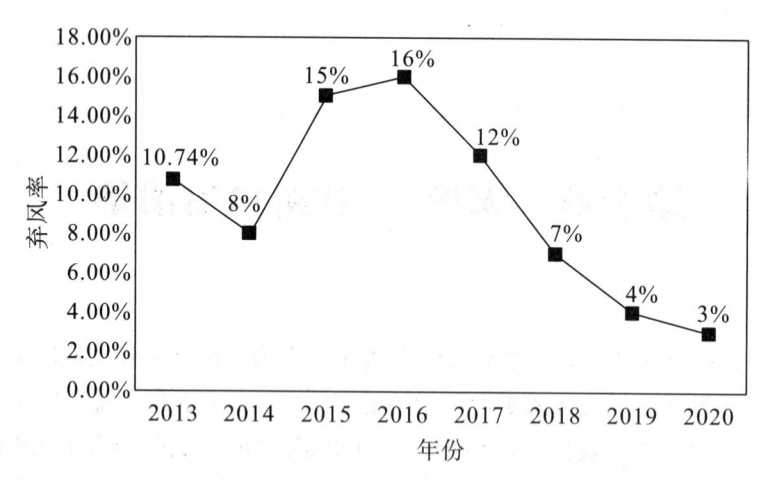

图 10−1　2013—2020 年全国风电弃风率①

在电力生产领域大力发展新能源是为了建设清洁低碳、安全高效的能源体系，但弃风弃光问题使得新能源发电厂无法按照设计小时数发电，导致资源浪费，企业投资收益受到影响，进而打击了投资者进入新能源领域的意愿。鉴于风能在我国新能源发电领域的主导地位，以及弃风问题的迫切性，研究风电消纳矛盾成因及对策对于缓解我国新能源消纳问题具有十分重要的意义。

本章选择甘肃作为案例研究新能源消纳问题主要基于以下三点考虑。首先，甘肃资源丰富，是我国重要的新能源生产基地。截至 2020 年底，甘肃新能源发电累计装机容量达 2355 万千瓦。其中，风电累计装机 1373 万千瓦，位居全国第八②。其次，甘肃是我国弃风问题最严重的地区之一。如图 10−2 所示，2013—2020 年甘肃弃风率远高于全国水平。2018 和 2019 两年甘肃风电弃风率连续大幅度降低，这一变化背后的因素值得我们探究。最后，甘肃电源结

---

① 2013 年数据来自国家能源局：《2013 年风电产业继续保持平稳较快发展势头》，http://www.nea.gov.cn/2014−03/06/c_133166473.htm。2014 年数据来自国家能源局：《2014 年风电产业监测情况》，http://www.nea.gov.cn/2015−02/12/c_133989991.htm。2015 年数据来自国家能源局：《2015 年风电产业发展情况》，http://www.nea.gov.cn/2016−02/02/c_135066586.htm。2016 年数据来自国家能源局：《2016 年风电并网运行情况》，http://www.nea.gov.cn/2017−01/26/c_136014615.htm。2017 年数据来自国家能源局：《2017 年风电并网运行情况》，http://www.nea.gov.cn/2018−02/01/c_136942234.htm。2018 年数据来自国家能源局：《2018 年风电并网运行情况》，http://www.nea.gov.cn/2019−01/28/c_137780779.htm。2019 年数据来自国家能源局：《2019 年风电并网运行情况》，http://www.nea.gov.cn/2020−02/28/c_138827910.htm。2020 年数据来自国家能源局：《国家能源局 2021 年一季度网上新闻发布会文字实录》，http://www.nea.gov.cn/2021−01/30/c_139708580.htm。

② 中国电力企业联合会电力统计与数据中心：《二〇二〇年电力工业统计资料汇编》，2021 年。

构复杂，市场主体多元化，又存在经济发展、资源开发、供电安全、电力体制改革和环境保护等多重政策诉求。如此复杂的背景条件能够让我们从多角度解析甘肃风电的消纳问题，将其作为案例分析有很大的现实意义和参考价值。

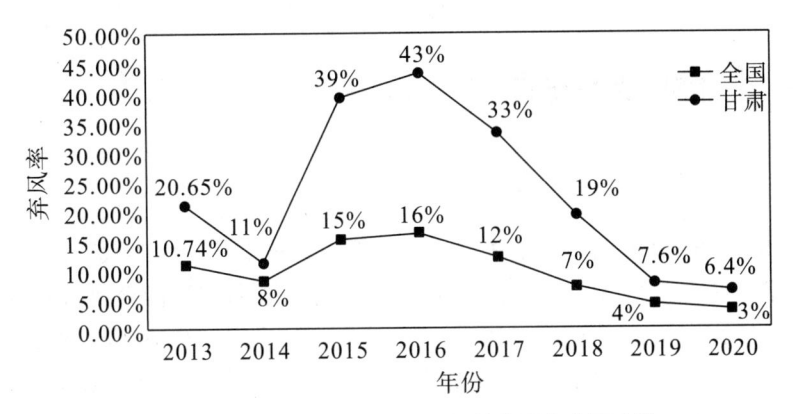

图 10-2　2013—2020 年全国与甘肃风电弃风率[①]

综上，本章旨在通过回顾甘肃风电发展历程，分析、归纳甘肃风电消纳问题的成因、应对措施及其成效，为未来更好地发展新能源提供政策建议。

---

① 2013 年数据来自国家能源局：《2013 年风电产业继续保持平稳较快发展势头》，http://www.nea.gov.cn/2014-03/06/c_133166473.htm。2014 年数据来自国家能源局：《2014 年风电产业监测情况》，http://www.nea.gov.cn/2015-02/12/c_133989991.htm。2015 年数据来自国家能源局：《2015 年风电产业发展情况》，http://www.nea.gov.cn/2016-02/02/c_135066586.htm。2016 年数据来自国家能源局：《2016 年风电并网运行情况》，http://www.nea.gov.cn/2017-01/26/c_136014615.htm。2017 年数据来自国家能源局：《2017 年风电并网运行情况》，http://www.nea.gov.cn/2018-02/01/c_136942234.htm。2018 年数据来自国家能源局：《2018 年风电并网运行情况》，http://www.nea.gov.cn/2019-01/28/c_137780779.htm。2019 年数据来自国家能源局：《2019 年风电并网运行情况》，http://www.nea.gov.cn/2020-02/28/c_138827910.htm。2020 年数据来自国家能源局：《国家能源局 2021 年一季度网上新闻发布会文字实录》，http://www.nea.gov.cn/2021-01/30/c_139708580.htm。

第一节 案例背景

一、甘肃风电发展历程

（一）发电装机的发展

甘肃省风能资源丰富，是我国陆上风能资源集中开发的典型省份，也是国内风电装机重镇。甘肃风电装机起始于1997年来自丹麦的四台风力发电机组，虽仅有20多年的发展历史，却实现了十分快速的发展。截至2020年底，甘肃风电累计装机容量达到1373万千瓦[1]。1997—2020年，甘肃风电累计装机容量年均增速高达36.9%。总结这20多年的历史，甘肃风电装机发展的主要特点是速度快、规模大、产业集中，大致可以划分为三个阶段：探索式发展阶段（1997—2005年）、高速发展阶段（2006—2011年）、增速放缓阶段（2012至今）。

1. 探索式发展阶段（1997—2005年）

1997年6月6日，四台来自丹麦NTK公司的风力发电机组在玉门并网发电，拉开了甘肃风电装机发展的序幕。2001年，"西部大开发"以及"西电东送"的战略规划为甘肃风电装机的发展提供了有利的政策背景。随后，2002年的"厂网分开"电力改革确定了"竞价上网"的电价制度。这一系列政策规划的实施在一定程度上推动了甘肃风电装机的发展，但长期以来以火电为主的电力供应结构使得甘肃风电装机扩张速度有限。再者，当时的技术难以有效解决风电具有的随机性和波动性特点给电网调度带来的困难。因此，投资者对风电的投资热情并不高，这一时期甘肃风电装机处于探索式发展阶段，每年新增装机容量不超过5万千瓦。直至2005年，甘肃风电累计装机容量仅为5.22万千瓦（见表10-1）。

---

[1] 中国电力企业联合会电力统计与数据中心：《二〇一九年电力工业统计资料汇编》，2020年。

表 10-1 2002—2020 年甘肃风电累计装机容量发展情况①

年份	风电累计装机容量（万千瓦）	较上一年增长（%）	年份	风电累计装机容量（万千瓦）	较上一年增长（%）
2002	1.62	92.85	2012	634.31	14.20
2003	2.16	33.33	2013	703	10.83
2005	5.22	41.67	2014	1008	43.6
2006	6.41	22.80	2015	1246.66	25.60
2007	25.98	305.30	2016	1277	2.4
2008	59.8	130.18	2017	1282	0.39
2009	85.6	43.14	2018	1282	0
2010	140.86	64.56	2019	1297	1.17
2011	555.46	294.33	2020	1373	5.86

2. 高速发展阶段（2006—2011 年）

2006 年正式实行的《中华人民共和国可再生能源法》（以下简称《可再生能源法》）推动我国风电装机进入高速发展阶段。《可再生能源法》中对可再生能源建立的全额保障性收购制度、可再生能源保障基金补贴、可再生能源发电项目上网电价等政策保证了风电投资项目的收益，提升了投资者的信心。同年，甘肃省委提出分三步实现 2020 年甘肃风电装机容量扩大到 3000 万千瓦以上的战略构想。在一系列利好政策以及明确发展规划的激励下，中国国电、龙源集团、大唐集团等 20 多家大型企业纷纷在甘肃建设风电厂。2006 年。大唐玉门风电场利用西班牙政府贷款扩建风电机组，装机达到 4.9 万千瓦，成为全国第五大风电厂。2007 年 9 月，以打造甘肃酒泉风电基地为目标的"陆上三峡"风电工程被正式提上议程，大批风电开发商入驻涌泉。仅 2006—2007 年，甘肃风电装机就实现近 20 万千瓦的增量（见表 10-1）。

2007—2009 年，龙源集团、华能、华锐等大型企业先后在瓜州建设风电基地；2009 年 8 月，我国第一个开工建设的千万千瓦级风电基地在酒泉正式启动。从表 10-1 可以看出，2006 至 2011 年，甘肃风电装机容量逐年增速虽有波动，但长期处于高位，2011 年增速达到 294.33%；到 2011 年底，甘肃风

---

① 数据收集整理自历年电力工业统计资料汇编。

电累计装机总量达 555.46 万千瓦，占全省累计发电装机容量的 20.23%，成为仅次于火电和水电的第三大电源。

3. 增速放缓阶段（2012 年至今）

随着风电装机规模的快速增加和弃风弃电问题的凸显，2012 年起，甘肃风电装机增速放缓。除 2014 和 2015 年出现短暂的上升外，其余年份风电装机增速保持下降，特别是在 2012 年和 2016 年，甘肃风电装机增速出现了断崖式的下跌。到 2020 年底，甘肃省风电装机容量虽达到 1373 万千瓦，但较上一年仅增长了 5.86%（见表 10-1），风电装机增速大不如前。

（二）风电装备制造业发展

甘肃风电装机容量的快速增长引致了对风电装机设备整机和零件的旺盛需求，带动了甘肃风电装备制造业的迅猛发展。

与风电装机发展同步，甘肃风电装备制造业也于 2006 年进入迅猛发展阶段。2006 年，《关于加快振兴甘肃装备制造业的意见》出台，明确规定了甘肃装备制造业发展的重点领域和政策措施。2007 年，甘肃省政府专门成立了"甘肃省风力发电装备制造领导小组"，负责制定甘肃省"十一五"乃至中长期风力发电及装备制造业发展规划，这不仅充分体现了甘肃省政府对风电装备制造业的重视程度之高，也为行业投资者打了一针强心剂。2007 年初，甘肃（酒泉）风电装备制造产业园建设项目也正式启动。此后两年间，中国第一个千万千瓦级风电基地一期工程在酒泉开工，第一座 330 千伏升压站在甘肃瓜州正式投运，甘肃风电装备制造业迎来了蓬勃发展的春天。大批国内外知名风电设备制造商入驻酒泉、兰州、白银等市，投资建设风机总装、风机叶片制造、风机机舱罩制造等项目。2010 年 5 月 12 日，甘肃酒泉国家风电装备高新技术产业化基地正式挂牌。同年 7 月，建行甘肃分行向金风科技、中航惠腾等风电装备制造企业现场发放贷款 7.15 亿元，并决定在酒泉工业园区设立分支机构，更好地为风光电装备制造企业服务[①]。至此，甘肃已逐渐形成一个以电机组、风轮叶片、塔架等风电装备制造为主，集研发、制造、配件供应、服务为一体的产业集群。

然而，从 2011 年起，甘肃风电装备制造业进入了缓慢发展期。由于风电装机规模增速过大、电网发展规划落后、风电行业脱网事故频发，再加上甘肃

---

① 张革文：《上百亿元信贷将投向装备制造企业》，《甘肃日报》，2010 年 7 月 17 日第 2 版。

远离电力负荷中心，电力无法完全本地消纳，国家能源局在 2011 年 3 至 5 月连发两道通知——《关于酒泉千万千瓦级风电基地二期工程建设工作的通知》（国能新能〔2011〕104 号）和《关于酒泉风电基地建设有关要求的通知》（国能新能〔2011〕145 号），整肃酒泉风电基地，以控制甘肃风电建设速度。甘肃风电相关装备制造业也进入萧条时期，这一年，甘肃风电装备制造订单下滑，价格下跌，企业利润下降。进入 2012 年，甘肃新增装机容量持续下降，风机等装备价格紧跟其后，风电装备制造业进入了发展的低谷期，整个行业形势严峻，部分企业处于亏损、停产状态。两年的萧条期虽然让甘肃装备制造业遭受了严重的损失，但也促使了部分企业决心攻克技术难关，提升产品研发能力和生产效率，为接下来的复苏做准备。

2013 年初，在弃风率有所下降的情况下，全国能源工作会议确定全国风电新增装机年底达到 1.8 万兆瓦，风电装备制造业也迎来了新的一轮增长。在经历两年的行业低迷期后，重振风电装备制造业，实现"十二五"规划目标[①]是甘肃甚至中央政府极为关注的重点。2013 年 5 月，风电项目审批权从能源局下放至地方能源主管部门，并网接入瓶颈得到改善，全国风机招标量大增，甘肃风电装备制造业由此步入复苏甚至上升通道，产能得到释放。2014 年，甘肃省风电装备制造全产业链联盟在武威市成立，吸引了国内外知名风电零部件配套供应厂商来威武发展，甘肃风电装备制造业的技术水平得到极大的提升。再者，甘肃装备制造业在经历了 2011—2012 年的休整后，科技创新能力有所提高。因此，甘肃风电轮毂、支架等风电机械基础产品在当时就达到了国内领先水平。2016 年 12 月，中共甘肃省委、甘肃省人民政府联合发布《关于加快优势产业链培育发展的指导意见》，指出要围绕全国千万千瓦级风电基地，依托甘肃产业优势，划分重点地建设大型风机研发平台，实现大型风电技术装备成套化、集成化、规模化，把甘肃建成全国重要的风电装备制造产业基地。目前，风电设备制造业已经成为甘肃六大装备制造领域之一，风电设备中多功能智能化检修、检测平台和塔架外用升降机也达到了国际领先水平。在弃风问题得到改善、政府高度支持、研发创新条件具备的背景下，甘肃风电装备制造业还将继续创造辉煌。

（三）风电产业助力甘肃经济发展

国内外研究表明，发展风电产业有助于带动地区经济发展，促进 GDP 与

[①] 风电装备制造产业是甘肃省"十二五"规划发展的重点战略性新兴产业之一。

就业的增长（Böhringer 等，2013；Blazejczak 等，2014）。甘肃省风能资源丰富，地势多处戈壁荒漠，风电开发成本低廉。风电装机的发展改善了当地电力结构，为企业的发展提供了能源动力，相关装备制造业的兴起也在一定程度上促进了甘肃经济的增长。

如图 10-3 所示，在甘肃风电装机蓬勃发展的 2006—2011 年间，虽然甘肃的人均 GDP 水平远低于全国平均，但增长率接近于全国水平，甚至在 2010—2014 年高于全国水平。

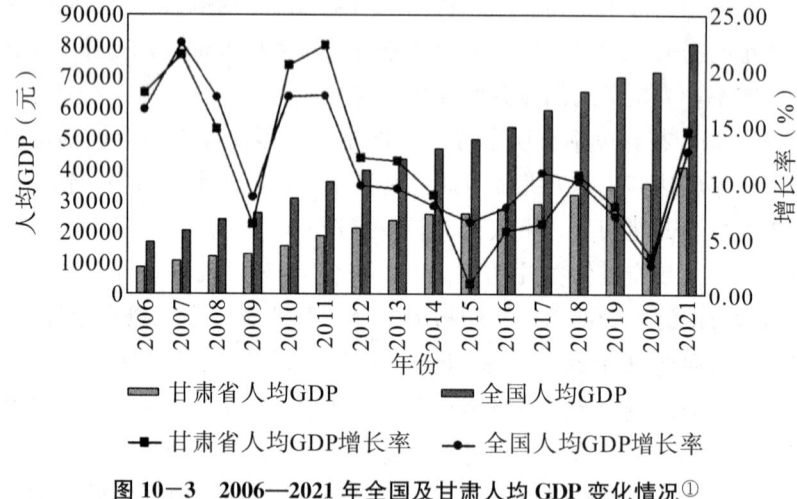

图 10-3 2006—2021 年全国及甘肃人均 GDP 变化情况①

风电产业的发展除了当地的资源优势，还得益于国家在所得税、增值税等方面对风电场实行的多重税收减免政策。所以，在甘肃风电产业蓬勃发展的期间，当地财政收入的表现并不如产值或者就业市场。图 10-4 表明，甘肃人均财政收入的增长率总体上呈下降趋势。

---

① 全国人均 GDP 数据来自国家统计局：《中国统计年鉴（2019）》，中国统计出版社，2019 年，第 57 页。甘肃人均 GDP 数据来自历年中国统计年鉴。

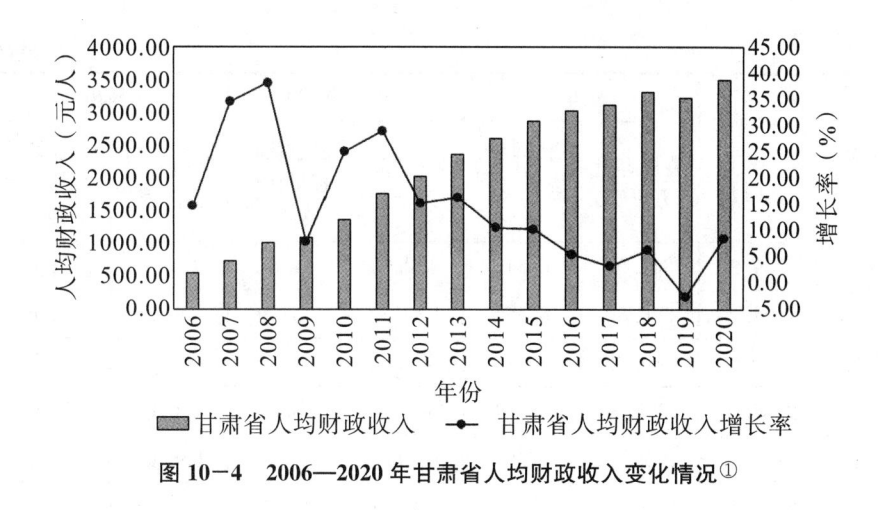

图 10-4　2006—2020 年甘肃省人均财政收入变化情况①

二、甘肃风电产业发展的成就

(一) 风电成为第二大电源

经过 20 多年的发展，甘肃风电装机容量实现了从无到有，再到位居全国前列的飞跃，如今风电也成为甘肃仅次于火电的第二大电源。

如表 10-2 所示，2006—2020 年间，甘肃风电增长了 200 多倍，风电装机容量仅次于火电。具体而言，2013 年及以前，甘肃风电装机容量占总装机容量的比例一直低于火电和水电，是甘肃的第三大电源。但从 2014 年起，风电累计装机容量及其占比仅次于火电，成为甘肃第二大电源。截至 2020 年底，甘肃全省电力总装机容量 5620.00 万千瓦，其中，火电装机容量约占 41.07%，风电、水电所占比例依次为 24.43%、21.22%。

表 10-2　2006—2019 年甘肃电力结构发展情况②

年份	总装机容量（万千瓦时）	火电 装机容量（万千瓦）	火电 占总装机容量比例（%）	水电 装机容量（万千瓦）	水电 占总装机容量比例（%）	风电 装机容量（万千瓦）	风电 占总装机容量比例（%）
2006	1084.89	667.20	61.50	411.28	37.91	6.41	0.59

---

① 该图数据来自历年中国财政年鉴。
② 数据收集整理自历年电力工业统计资料汇编。

续表

年份	总装机容量（万千瓦时）	火电 装机容量（万千瓦）	火电 占总装机容量比例（%）	水电 装机容量（万千瓦）	水电 占总装机容量比例（%）	风电 装机容量（万千瓦）	风电 占总装机容量比例（%）
2007	1269.90	801.90	63.15	442.02	34.81	25.98	2.05
2008	1496.00	906.80	60.61	529.40	35.39	59.80	4.00
2009	1810.00	1146.20	63.33	578.20	31.94	85.60	4.73
2010	2136.00	1388.80	65.01	604.78	28.31	140.86	6.59
2011	2745.08	1523.80	55.51	654.72	23.85	555.46	20.23
2012	2957.87	1550.90	52.43	729.61	24.67	634.31	21.44
2013	3489.27	1601.35	45.89	755.32	21.65	702.81	20.14
2014	4168.91	1852.55	44.44	813.71	19.52	992.56	23.81
2015	4637.43	1929.77	41.61	851.40	18.36	1246.66	26.88
2016	4825.00	2002.00	41.49	861.00	17.84	1277.00	26.47
2017	4995.00	2059.00	41.22	868.00	17.38	1282.00	25.67
2018	5113.00	2064.00	40.37	927.00	18.13	1282.00	25.07
2019	5268.00	2104.00	39.94	943.00	17.90	1297.00	24.62
2020	5620.00	2308.00	41.07	1193.00	21.22	1373.00	24.43

（二）独具特色的甘肃电网结构

甘肃电网处于西北电网的中心位置，是西北电网功率交换枢纽。在甘肃风电产业实现一个又一个成就时，甘肃电网也走上了独具特色的发展道路。

1969 年，甘肃电网第一个 330 千伏输变电工程刘家峡—天水—关中输变电工程建成，开启了甘肃 330 千伏电网主网架形成的时代。1985 年 11 月，甘肃靖远电厂至宁夏青铜峡变电站 330 千伏靖青线建成投运，实现了甘宁两省联网，也促进了陕、甘、宁、青四省区统一西北电网的形成。此后，各种 330 千伏电压等级的变电站、输电线路迅速在甘肃扩张，形成了 330 千伏为特色的甘肃电网结构。

2005 年 9 月 26 日，全国第一个 750 千伏电压等级的超高压输变电工程官亭—兰州东输变电示范工程正式建成投运，预示着甘肃电网向更高电压发展的进程。2006年底通过的《甘肃省"十一五"能源工业发展规划》明确指出建设西北750千伏超高压电网是"十一五"期间甘肃电网建设的重中之重。2006年后，750千伏新疆与西北联网第一、第二通道工程，750千伏兰天宝输电线路工程先后投入运行，形成了甘肃横贯东西、南北拓展的750千伏电网结构。

2014年1月，世界上输送功率最大的直流输电工程±800千伏新疆哈密至河南郑州直流输变电工程正式建成运行，为甘肃电网进入特高压输变电工程建设形成了一个良好的过渡。2015年，甘肃风电弃风率高达39%，建设一条外送风电、消纳富余电力的输电线显得尤为迫切。2015年6月，国内第一条以输送新能源电力为主的酒泉—湖南±800千伏特高压直流输电工程在湖南湘潭正式开建，设计配套输送风电700万千瓦、光电280万千瓦。2016年，世界上电压等级最高、输送容量最大的±1100千伏昌吉—古泉特高压输电线路甘肃段开工。紧接着，2017年甘陕、甘宁750/330千伏电磁环网解环，酒泉—湖南±800千伏特高压直流输电工程正式投运。至此，向各大地区输送清洁电能的甘肃绿色电网逐渐成形。

在甘肃新能源实现高速发展的同时，甘肃电网也取得了令人赞叹的发展成绩，形成了横贯东西、纵横南北，特高压线路、绿色电网繁荣，独具特色的甘肃电网结构。

（三）电力辅助服务市场运行良好

长期以来，调峰资源不足是制约甘肃风电发展的一个关键因素。2016年，甘肃调峰电源装机1060万千瓦，受到水电、火电机组运行方式以及季节等因素的影响，全省最大调峰能力为500万千瓦，用于新能源发电的调峰最大能力只有350万千瓦[1]，电网调峰十分困难。

缓解甘肃调峰资源不足、新能源装机利用率不高的问题迫在眉睫，为此，甘肃省政府积极向国家能源局争取将甘肃省电力辅助服务市场纳入试点范围。2017年12月29日，国家能源局正式同意启动甘肃电力辅助服务市场试点工作。2018年1月26日，《甘肃省电力辅助服务市场运营规则（试行）》正式印发，甘肃电力辅助服务市场也在3个月的模拟运行后于2018年4月正式运行。甘肃电力辅助服务市场正式运行两个月后便初见成效，新能源发电出力增加，弃风弃光损失下降，火电机组得到了合理的补偿。截至2018年5月底，甘肃

---

[1] 黄选平：《推进甘肃新能源产业可持续发展的对策建议》，《国家治理》，2016年第26期，第30~35页。

电力辅助服务市场启动深度调峰交易 36 次，启动火电应急启停 1 次，累计调峰贡献电量 2585 万千瓦时，辅助服务补偿金额 1297.4 万元[①]。

（四）省内外新能源电力需求侧资源

在风电蓬勃发展的同时，甘肃用电负荷却表现出增长乏力、本地消纳不足的问题。据统计，2014 年，甘肃最高用电负荷为 1383 万千瓦时，相较于上一年下降了 4.86%。同年，甘肃累计发电总装机容量达 4168.91 万千瓦，风电装机容量达 992.56 万千瓦[②]。同样，2019 年 1—9 月，甘肃最高用电负荷为 1456 万千瓦时，而同时期全省发电装机容量累计达到 5178 万千瓦，装机负荷比为 3.6∶1[③]。用电负荷不足、供需不平衡严重制约了甘肃风电产业的进一步发展，唯有深挖省内外新能源电力需求才能消纳富余电力。

甘肃经济欠发达，用电负荷小，挖掘本地新能源潜力的方法应以电能替代为主。首先，铁合金、电石、电解铝等是甘肃传统的高载能行业，也是甘肃的支柱行业，其用电量占全省用电量的 45% 左右。在经济下行压力以及节能减排要求等各种宏观背景下，与这些企业达成新能源直购电合作，可部分缓解风电消纳问题。其次，国家能源局甘肃监管办公室的调查显示，2014 年甘肃省内自备发电厂 33 家，总装机容量 2790.187 兆瓦。自备发电厂通常以小火电为主，能源利用率低且环境污染严重，开展新能源发电厂与自备发电厂发电权交易能避免直接关停自备发电厂产生的损失，实现双赢。此外，建设清洁供暖、重点领域以新能源替代传统能源均可以扩大本地新能源电力需求来源。

从省外需求来看，湖南、湖北、江西等用电大省是甘肃富余电力的外部需求来源。我国电力消费主要集中在东部沿海和中部地区，在甘肃特高压输电线路具备、电力交易市场逐渐完善的条件下，开展跨省跨区电力外送可消纳甘肃一部分富余电量。

三、甘肃风电发展的政策及市场环境

（一）可再生能源政策梳理

以《可再生能源法》的颁布为起点，我国陆续出台了一系列政策大力支持

---

① 田甜：《甘肃省电力辅助服务市场初见成效》，http://gsb.nea.gov.cn/view.asp?id=3570&typeid=228。
② 中国电力企业联合会规划与统计信息部：《二〇一四年电力工业统计资料汇编》，2015 年。
③ 中国电力企业联合会电力统计与数据中心：《二〇一九年电力工业统计资料汇编》，2020 年。

可再生能源的发展，逐步建立了以价格支持、全额性保障收购为基础，税收优惠、财政补贴政策为辅助，绿证交易、可再生能源消纳责任权重等为支撑的政策体系。

1. 《可再生能源法》为核心的基础保障政策

2006 年《可再生能源法》正式实施，推动我国可再生能源进入高速发展时期。其中，上网电价和全额保障性收购政策从根本上保障了可再生能源发电的收益，极大地鼓舞了社会投资者进入可再生能源发电领域。

《可再生能源法》中明确规定国务院价格主管部门根据不同类型的可再生能源发电特点以及不同地区的情况，规定可再生能源发电项目的上网电价，电网企业以规定的上网电价收购可再生能源电量所发生的费用，电力用户以可再生能源电价附加形式分摊这部分额外成本。2006 年 1 月 4 日，国家发展和改革委员会颁布的《可再生能源发电价格和费用分摊管理试行办法》（发改价格〔2006〕7 号）进一步明确了发电上网电价超出部分由全体用户分摊的原则，规定了分摊水平、具体的征收和支出的管理办法。2009 年 7 月国家发展和改革委员会出台政策，将全国分为四类资源区，各区执行不同的风电上网标杆电价。随后，上网电价经历了多次调整。表 10-3 和表 10-4 归纳了风电资源区划分情况以及上网电价调整情况。

表 10-3 各资源区划分表[①]

资源区	2009 年新建陆上风电标杆上网电价〔元/千瓦时（含税）〕	各资源区所包括的地区
Ⅰ类资源区	0.51	内蒙古自治区除赤峰市、通辽市、兴安盟、呼伦贝尔市以外其他地区，新疆维吾尔自治区乌鲁木齐市、伊犁哈萨克族自治州、克拉玛依市、石河子市
Ⅱ类资源区	0.54	河北省张家口市、承德市，内蒙古自治区赤峰市、通辽市、兴安盟、呼伦贝尔市，甘肃省嘉峪关市、酒泉市，云南省

---

① 该表资料收集整理自宋枫：《新能源消纳问题研究》，科学出版社，2019 年，第 16~17 页。

续表

资源区	2009年新建陆上风电标杆上网电价 〔元/千瓦时（含税）〕	各资源区所包括的地区
Ⅲ类资源区	0.58	吉林省白城市、松原市，黑龙江省鸡西市、双鸭山市、七台河市、绥化市、伊春市、大兴安岭地区，甘肃省除嘉峪关市、酒泉市以外其他地区，新疆维吾尔自治区除乌鲁木齐市、伊犁哈萨克族自治州、克拉玛依市、石河子市以外其他地区，宁夏回族自治区
Ⅳ类资源区	0.61	除Ⅰ类、Ⅱ类、Ⅲ类资源区以外的其他地区

表10—4 全国陆上风电上网标杆电价调整[①]

文件	发布日期	使用项目	上网电价（元/千瓦时）
发改价格〔2009〕1906号	2009/7/20	2009年8月1日后核准	各类资源区分别为0.51、0.54、0.58、0.61
发改价格〔2014〕3008号	2014/12/31	2015年1月1日后核准以及2015年前核准但于2016年后投运	各类资源区分别为0.49、0.52、0.56、0.61
发改价格〔2015〕3044号	2015/12/22	2016年1月1日后核准以及2016年前核准但2017年底前仍未开工建设的	各类资源区分别为0.47、0.50、0.54、0.60
发改价格〔2016〕2729号	2016/12/26	2018年1月1日后核准	各类资源区分别为0.40、045、0.49、0.57

《可再生能源法》还明确规定实行可再生能源发电全额保障性收购制度，即在保证电网安全运行的前提下，电网企业应全额收购合法成立的可再生能源发电企业的所有发电量。国家发展和改革委员会于2016年发布的《可再生能源发电全额保障性收购管理办法》进一步完善了全额保障性收购政策的定义：电网企业（含电网调度机构）根据国家规定的上网标杆电价和保障性收购利用小时数，结合市场竞争机制，在确保供电安全的前提下，通过落实优先发电制度，全额收购规划范围内的可再生能源发电项目的上网电量。各地区具体的风电最低保障小时数见表10—5。

---

① 该表资料收集整理自宋枫：《新能源消纳问题研究》，科学出版社，2019年，第17页。

表 10-5 风电最低保障小时数[①]

资源区	地区	最低保障小时数（小时）
Ⅰ类资源区	内蒙古自治区除赤峰市、通辽市、兴安盟、呼伦贝尔市以外其他地区	2000
	新疆维吾尔自治区乌鲁木齐市、伊犁哈萨克族自治州、克拉玛依市、石河子市	1900
Ⅱ类资源区	内蒙古自治区赤峰市、通辽市、兴安盟、呼伦贝尔市	1900
	河北省张家口市	2000
	甘肃省嘉峪关市、酒泉市	1800
Ⅲ类资源区	甘肃省除嘉峪关市、酒泉市以外其他地区	1800
	新疆维吾尔自治区除乌鲁木齐市、伊犁哈萨克族自治州、克拉玛依市、石河子市以外其他地区	1800
	吉林省白城市、松原市	1800
	黑龙江省鸡西市、双鸭山市、七台河市、绥化市、伊春市、大兴安岭地区	1900
	宁夏回族自治区	1850
Ⅳ类资源区	黑龙江省其他地区	1850
	吉林省其他地区	1800
	辽宁省	1850
	山西省忻州市、朔州市、大同市	1900

2. 以税收优惠、财政补贴为辅助的鼓励政策

《可再生能源法》颁布后，我国政府出台了一系列税收和财政政策促进风电装机及其相关装备制造业的扩大。

在税收优惠方面，对于风电企业，国家实行前三年运营期间完全免除所得税，之后的三年所得税减半以及增值税即征即退 50% 的优惠政策。2009 年的增值税改革通过将中间成本和固定成本作为税收扣除项的形式，进一步降低了

[①] 国家发展改革委、国家能源局：《国家发展改革委、国家能源局关于做好风电、光伏发电全额保障性收购管理工作的通知》，https://www.ndrc.gov.cn/xxgk/zcfb/tz/201605/t20160531_963079.html?code=&state=123。

风电厂的税收负担。对于风电装备产业，2008年财政部颁布《风力发电设备产业化专项资金管理暂行办法》（财建〔2008〕476号），明确指出财政部将采取"以奖代补"措施支持风电设备关键技术研发，促进风电设备产业化。

在财政补贴方面，《可再生能源法》设立了可再生能源发展基金以支持可再生能源的发电和开发利用活动。财政部、国家发展和改革委员会、国家能源局于2011年1月29日联合印发《可再生能源发展基金征收使用管理暂行办法》（财综〔2011〕115号），进一步规范了可再生能源发展基金的资金筹集、使用、监督检查等程序。

3. 以绿证交易、消纳责任权重为支撑的政策

在上网电价、全额保障性收购、税收优惠等政策的推动下，风电行业实现了快速的扩张，但也带来了短期内的产能过剩和风机的大面积闲置等问题，弃风问题突出。在这样的大背景下，以绿证交易、消纳责任权重为支撑的政策开始出台，在一定程度上缓解了可再生能源的消纳问题。

绿证交易一方面允许电力用户主动、自愿认购绿色电力，为可再生能源的发展做出积极贡献；另一方面也允许可再生能源发电企业及时兑现绿色电力的"环境溢价"，缓解由补贴发放拖欠带来的资金压力。2017年2月6日，国家发展和改革委员会、财政部和国家能源局三部委联合发布了《关于试行可再生能源绿色电力证书核发及自愿认购交易制度的通知》（发改能源〔2017〕132号）。同年7月1日，国家能源局组织召开绿色电力证书自愿认购启动仪式，标志着全国范围内的绿色电力证书认购交易正式开始。绿证交易的初衷是释放市场活力和消费者意愿，通过电力消费变革引导能源转型。但现阶段风电绿证的最高价为风电标杆电价与当地脱硫电价的差值，即绿证价格受限于补贴价格，导致高补贴风电项目不具有竞争优势。并且，不同地区风电标杆电价以及脱硫电价具有差异，使得风电在不同地区的价格差异较大，不利于绿证市场的公平竞争。

2019年5月10日，国家发展和改革委员会与国家能源局联合发布了《关于建立健全可再生能源电力消纳保障机制的通知》（发改能源〔2019〕807号），提出将按照省级行政区域设定可再生能源电力消纳责任权重，即可再生能源电力消费应达到其电力消费设定的比重。各省级能源主管部门负责制定本省级行政区域可再生能源电力消纳实施方案，将消纳责任分配至售电企业和电力用户两类市场主体：承担消纳责任的主体可通过向电网企业和发电企业购入可再生能源电力，自发自用可再生能源电量，向超额完成年度消纳量的市场主

体购买其超额消纳量，自愿认购绿证等方式完成消纳责任。同时，国务院能源主管部门对各省级行政区域消纳责任权重完成情况进行考核评价，对超额完成消纳责任权重的省级行政区域予以奖励，对未履行消纳责任权重的市场主体要求限期整改。《关于建立健全可再生能源电力消纳保障机制的通知》的出台标志着我国可再生能源政策由"供给侧激励"向"需求侧拉动"的转轨，不仅有助于补贴退坡和理顺价格，还能协助可再生能源发电的进一步市场化，最重要的是为可再生能源的消纳提供了制度保障。基于消纳义务履责的绿色电力证书交易，在售电市场放开的大背景下，将为我国可再生能源的开发利用注入新的活力。

（二）甘肃年度发电计划的制订

甘肃原有的电力运行以计划为主。其中，火力发电量不是基于发电成本最低的优先顺序进行，而是由省政府按照"三公"调度原则计划确定发电机组的年发电时间，给年代相仿同类型同容量机组大致相同的利用小时数（即"基数电量"）(Davidson，2018)。此外，火电厂可以利用市场交易机制，在政府计划分配之外获得额外发电量（即"市场电量"）。而风电厂则与太阳能发电厂共同分配一个固定的年度计划量，同容量机组获得基本相当的利用小时数。

从"十一五"规划时期起，节能减排成为重要的政策导向，多个省（区、市）开始试点节能发电调度。2017年4月26日，甘肃省人民政府办公厅印发《甘肃省新能源消纳实施方案》(甘政办发〔2017〕72号)，正式建立了新能源优先发电调度机制，即按照新能源、调峰调频和安全约束电源、供热机组、水电的顺序，安排优先发电计划。2018年3月22日，国家能源局甘肃监管办公室、甘肃省发展和改革委员会、甘肃省工业和信息化委员会联合印发《甘肃省电力中长期交易规则（暂行）》(甘监能市场〔2018〕57号)，明确规定公用火电企业无优先发电量以外的基数电量，同时将火电机组安全约束电量、调频调峰电量全部纳入直接交易以引导发电侧建立竞争机制。

新能源优先发电调度机制打破了甘肃按行政计划平均分配发电指标的模式，使得发电调度按照节能、环保、经济的原则进行排序。

（三）甘肃新能源电力交易市场的发展现状

甘肃风能丰富，电力供给远大于本省需求，富余电力只能通过省内外交易市场进行消纳。再加上新一轮电力体制改革的推动，甘肃电力交易市场逐渐完善，新能源电力交易品种多样化。具体而言，目前甘肃新能源电力交易市场包括省内交易市场和省外交易市场，省内交易市场主要包括直接交易和自备发电厂向新能源发电权转让交易，省外交易市场则以中长期交易、新能源跨省跨区增量现货市场交易以及西北日前实时交易为主。

1. 省内交易市场

第一，直接交易。2015年11月，甘肃省发展和改革委员会、甘肃省工业和信息化委员会、国家能源局甘肃监管办公室联合印发《甘肃省2016年电力用户与发电企业直接交易实施细则》，率先在省内部分地区将新能源参与大用户直购电列入年度计划，标志着新能源直购电工作正式在甘肃全面实施。截至2016年底，共有96家电力用户与87家新能源企业直接交易电量12.39亿千瓦时（杨青，2017）。2017年，甘肃省政府办公厅印发《甘肃省新能源消纳实施方案》（甘政办发〔2017〕72号），明确说明扩大新能源直购电交易规模，鼓励新能源发电企业与电力用户采取双边协商或集中撮合的方式进行交易。

第二，新能源替代自备发电厂发电权转让交易。在国内去产能、转变经济发展方式以及经济面临下行压力背景下，甘肃新增电力需求有限，相关部门不得不通过采取新能源替代自备发电厂发电以及重点领域电能替代等方式继续提升本省风电负荷。2015年5月甘肃省发展和改革委员会正式下发《新能源企业替代中国铝业兰州分公司自备电厂发电会议纪要》，同意开展新能源企业替代中国铝业兰州分公司自备发电厂发电工作，拉开了甘肃新能源替代自备发电厂发电工作的序幕。

2. 省外交易市场

甘肃本地风电需求有限，只能通过外送继续扩大新能源消纳。

第一，新能源与火电捆绑的中长期交易是甘肃消纳富余电力的重要举措。在2016年以前，甘肃电力外送以中长期交易为主，2017年，国家发展和改革委员会和国家能源局发布了《电力中长期交易基本规则（暂行）》（发改能源〔2016〕2784号）。《电力中长期交易基本规则（暂行）》明确说明电力中长期交易可以采取双边协商、集中竞价、挂牌等方式进行，进一步规范了电力中长期交易市场，甘肃新能源电力外送也迈入全新发展阶段。

随着国家节能减排政策的实施，再加上甘肃新能源的蓬勃发展，甘肃火电行业难以生存，长期处于亏损状态，逐渐不能接受新能源中长期交易竞价。2018年1月，因火电企业缺乏参与积极性而导致新能源电力交易受调峰制约无法外送，甘肃新能源发电企业在多笔中长期交易中出现零中标现象。随后，国家能源局甘肃监管办公室与甘肃电力交易中心有限公司共同研究商定了拆分打捆的方法，成功打破了甘肃新能源电力零外送的困境。与此同时，2018年3月22日，国家能源局甘肃监管办公室、甘肃省发展和改革委员会、甘肃省工业和信息化委员会联合印发《甘肃省电力中长期交易规则（暂行）》（甘监能市场〔2018〕57号）。至此，甘肃电力中长期交易在更加规范化、更加市场化的环境中运行。

第二，新能源跨省跨区增量现货市场交易是中长期交易的补充。风电存在波动性、随机性等特征，中长期交易需要配套火电调峰，在去除调峰成本和输电成本后，发电企业利润空间小。因此，现货市场应运而生。现货市场可以在不建设硬件设施的情况下，利用市场机制开展短期电力交易活动，从而更好地匹配可再生能源的实际发电能力。相较于中长期交易，甘肃新能源现货交易的发展历程短得多，却也实现了瞩目的成就。

2016年6月，甘肃新能源现货交易开始试运行，截至2017年5月，甘肃新能源增量现货交易送出电量就达到了8.4亿千瓦时[1]。2017年8月，甘肃新能源现货交易市场试点工作正式启动，与此同时，甘肃能源监管办出台了《甘肃富余新能源电力电量跨省跨区增量现货交易规则（试行）》，重点明确了新能源富余发电能力界定原则、市场成员组成及权利义务、交易组织流程等内容。新能源现货交易市场不仅有效促进了新能源电力省外消纳，还保障了发电企业合理的利润空间。2018年1—10月，甘肃新能源现货电力成交量30亿千瓦时，占全国现货交易的46.5%，占甘肃全省新能源发电量的11.5%，现货交易电量降低甘肃省弃风弃光率12%；新能源现货交易平均上网电价为153.62元/兆瓦时，在不包括补贴的情况下，发电企业增收4.6亿元（王春玮，2019）。

2018年底，甘肃启动了新能源现货市场试运行，截至2020年底就完成了3次结算试运行。可以预见的是，甘肃的新能源电力现货交易量还将持续增长，进一步提高甘肃新能源的出力和利用率，压缩火电的市场空间。

第三，西北日前实时交易。西北电力系统具有省（区、市）间联系密切、各省（区、市）特性不同、全网互补性强的特点。因此，在西北各省（区、市）之间开展短期交易工作，既实现了优势互补，又缓解了调峰资源不足的问题。

---

[1] 田甜：《甘肃能源监管办出台〈甘肃富余新能源电力电量跨省跨区增量现货交易规则（试行）〉》，http://gsb.nea.gov.cn/view.asp?id=2612&typeid=228。

第二节 案例分析

一、甘肃风电发展问题归纳

(一) 风电装机利用率低,弃风弃电现象严重

甘肃风电装机从 2006 年起就进入高速发展时期,2010 年甘肃风电累计装机容量就达到 140.86 万千瓦。伴随甘肃风电装机快速发展的一个现象是行业内投资过剩、风电装机利用率不高,弃风弃电现象严重。

一方面,甘肃风电装机利用率不高,资源浪费严重。图 10-5 描绘了 2013—2019 年全国及甘肃风电平均利用小时数的变化情况,可以看出,甘肃风电平均利用小时数一直低于全国同期水平。2013—2016 年,甘肃风电平均利用小时数持续下降,2016 年达到全国最低 1088 小时。而后,甘肃风电平均利用小时数才有所上升,但仍低于理论利用小时数。

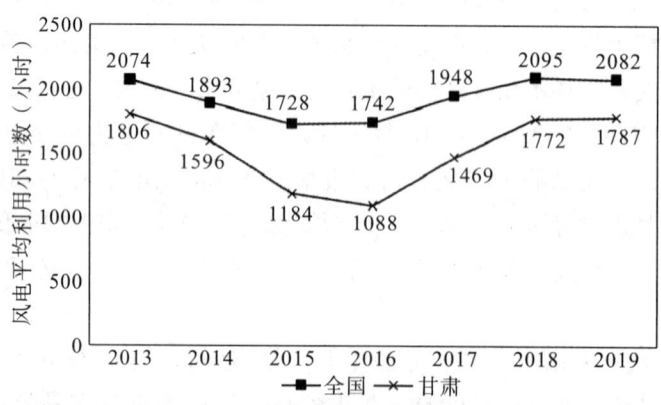

图 10-5 2013—2019 年全国及甘肃风电平均利用小时数[1]

---

[1] 2013 年数据来自国家能源局:《2013 年风电产业继续保持平稳较快发展势头》,http://www.nea.gov.cn/2014-03/06/c_133166473.htm。2014 年数据来自国家能源局:《2014 年风电产业监测情况》,http://www.nea.gov.cn/2015-02/12/c_133989991.htm。2015 年数据来自国家能源局:《2015 年风电产业发展情况》,http://www.nea.gov.cn/2016-02/02/c_135066586.htm。2016 年数据来自国家能源局:《2016 年风电并网运行情况》,http://www.nea.gov.cn/2017-01/26/c_136014615.htm。2017 年数据来自国家能源局:《2017 年风电并网运行情况》,http://www.nea.gov.cn/2018-02/01/c_136942234.htm。2018 年数据来自国家能源局:《2018 年风电并网运行情况》,http://www.nea.gov.cn/2019-01/28/c_137780779.htm。2019 年数据来自国家能源局:《2019 年风电并网运行情况》,http://www.nea.gov.cn/2020-02/28/c_138827910.htm。

另一方面，甘肃弃风率长期居高不下，但近几年有所好转。2013 年，甘肃风电弃风率达到 20.65%，约为全国平均水平的 2 倍，2016 年达到峰值 43%，远高于全国平均水平 16%。此后，甘肃风电弃风率才有所下降，截至 2020 年，甘肃风电弃风率已下降至 6.4%。

（二）消纳矛盾严重制约新能源发展，行业投资前景不明

前期，上网电价、全额保障性收购制度从根本上保证了投资者的收益，随后的税收优惠、财政补贴等激励措施进一步提升了行业吸引力，再加上甘肃风能资源丰富，开发成本低，导致社会投资者大规模进军甘肃风电行业。2011 年起，甘肃风电装机发展进入瓶颈期，由于装机规模增速过大、风机质量下降、风电行业脱网事故频发，再加上西北地区远离电力负荷中心、电力能源无法完全本地消纳，甘肃弃风弃电矛盾凸显。2015 年，甘肃大量风力发电设备被停用，风电限电率达到 39%。2016 年，甘肃因弃风造成的电量损失高达 104 亿千瓦时[①]，按当年甘肃所在资源区的风电上网标杆电价计算可得造成的直接损失高达 52 亿元。

为了控制甘肃风电过快的增速，国家能源局于 2011 年连发两则通知——《关于酒泉千万千瓦级风电基地二期工程建设工作的通知》（国能新能〔2011〕104 号）和《关于酒泉风电基地建设有关要求的通知》（国能新能〔2011〕145 号），整肃酒泉风电基地，以控制甘肃风电建设速度。2017 年 2 月 22 日，国家能源局发布《2017 年度风电投资监测预警结果的通知》，甘肃被列为风电开发建设红色预警区域，甘肃省内的电网企业不得再受理风电项目新增并网申请，包含在建、已核准和纳入规划的项目，派出机构也不得再对甘肃省内新建风电项目发放新的发电业务许可。

消纳矛盾严重制约了甘肃新能源发展，是否继续扩大甘肃的风电装机规模也成为困扰投资者、政府等相关利益者的一个难题。

二、甘肃风电消纳困境成因辨析

造成甘肃风电消纳矛盾的原因是多方面的，这些因素所造成的影响也有所差别。其中，支持政策激励过度、新能源发展速度远超用电负荷增速分别是导致甘肃风电消纳矛盾的起因和根本原因，输电通道容量和调峰资源不足等技术

---

① 国家能源局：《2016 年风电并网运行情况》，http://www.nea.gov.cn/2017-01/26/c_136014615.htm。

因素是造成风电消纳矛盾的直接原因,而电源与电网规划脱节、大规模集中开发风电等制度因素则通过输电通道容量和调峰资源不足间接影响了甘肃风电消纳。

(一) 经济因素

1. 支持政策激励过度

支持政策激励过度是甘肃风电消纳矛盾的起因。如我们前面的讨论,在初期,国家发布了一系列政策激励投资者进入风电行业,其中,固定上网电价和保障性收购政策保证了风力发电的收益,导致影响风电投资利润的因素就只有成本。甘肃风能资源理论储量为2.37亿千瓦,位居全国第五。其中,酒泉、白银、庆阳等风能资源丰富地区可利用和季节可利用区面积达到17.66万平方公里。并且,这些地区多为地势平坦的荒漠戈壁,开发利用成本低廉。鉴于可保障的收益以及低廉的成本,投资者纷纷选择入驻风力资源丰富、开发利用成本低廉的甘肃。数据表明,尽管2011—2016年甘肃弃风率高居不下,但风电装机容量继续保持增长态势。一个可能的原因是随着技术进步,风电开发成本逐渐降低,但相应的上网电价却没能及时调整。据统计,2008—2015年,全球陆上风电的平均成本下降了35%[①],而同期我国风电标杆上网电价没有任何调整。再加上后续的税收优惠、财政补贴等政策的扶持,较高的利润激发了企业的投资冲动(Xia等,2020)。随着风电装机规模的持续增长,伴随而来的是省内用电负荷过低、输电通道和调峰资源不足等问题。因此,政策激励过度导致投资者持续进入甘肃建设风电厂是甘肃风电消纳矛盾产生的诱因。

2. 新能源发展速度远超用电负荷增速

装机规模远超本省用电负荷是造成甘肃新能源消纳矛盾的根本原因。如果甘肃用电需求足够旺盛,即使装机规模快速扩张,但只要能完全消纳,资源便能实现有效利用,也就不存在弃风问题。然而,甘肃经济的一个特征是增速快,基数小。甘肃人均GDP增速长期保持在7.5%以上,规模却只有全国人均GDP的50%左右,经济体量在一定程度上决定了其用电负荷的大小。此外,甘肃用电负荷以有色、化工、黑金属冶炼等高载能企业为主,约占全省用电量的50%。在国内转变经济发展方式,优化经济结构的背景下,高载能行

[①] 何建坤、周剑、欧训民:《能源革命与低碳发展》,中国环境出版集团,2018年,第3页。

业受经济波动的影响较大,行业供给大于需求的矛盾日益凸显,这进一步拉低了甘肃省的用电量。"十二五"期间,甘肃省电源装机的年均增长率为14%,而风电装机年均增长22.4%,是同期甘肃全社会用电量年均增长率的5倍。在新能源发展速度远超省内用电负荷增速的情况下,甘肃大量风力发电设备被停用,弃风弃电矛盾凸显。2015年,甘肃风电限电率高达39%,整个"十二五"期间弃风率高居不下。

(二) 技术因素

我国电力负荷主要集中在东部沿海地区和中部地区,因此将省内富余电力外送可实现消纳。但输电通道容量和调峰资源不足直接限制了甘肃跨省跨区输送电力的能力。

1. 输电通道容量不足

与大多数能源不同,电力能源的特征是发电和用电几乎同时进行,难以实现高效储存,因此输电通道是制约电力发展的重要因素。截至2016年底,甘肃电网最高电压等级为750千伏的两条线路的最大输送容量只有500万千瓦,与之形成鲜明对比的是同期甘肃全省发电总装机容量高达4825万千瓦,其中风电装机1277.7万千瓦[①]。此外,甘肃的电力外送线路占据了电力富余的陕、宁、新三省(区)的输电通道,跨省跨区电力输送容量受制于人。因此,输电通道容量不足直接将甘肃每年外送的电量限制在120亿~150亿千瓦时(田茂军、薛惠锋,2016),与其装机规模极不匹配。

2. 调峰资源不足

除了数量,技术质量也是限制甘肃风电外送的直接因素。风电具有波动性、随机性等特征,在电力现货市场启动前,甘肃电力的外送以中长期交易为主,需要配套火电、水电等可调节能源调峰。在保证电力安全可靠供应的前提下,风力等新能源发电与调峰电源的装机容量比例应达到1∶4。然而,受到国家节能减排政策、煤电价格不断上升、新能源发电厂排挤等因素的影响,甘肃火电、水电装机容量占比长期保持下降趋势(见表10-2)。并且,甘肃目前还没有抽水蓄能等大型快速调节机组,只能依靠常规火电机组和水电机组。2014年,甘肃实际运行最大峰谷差为3085兆瓦,而电网调峰能力只有2500

---

① 中国电力企业联合会行业发展与环境资源部:《二〇一六年电力工业统计资料汇编》,2017年。

兆瓦。截至2017年底，甘肃调峰电源装机1060万千瓦，由于受到水电、火电机组运行方式以及季节等因素的影响，全省最大调峰能力只有500万千瓦，其中可用于新能源发电的调峰最大能力仅为350万千瓦[1]。

再者，虽然具有800万千瓦输电能力的"祁韶直流"增加了甘肃输电通道容量，但与之配套的常乐4×100万千瓦调峰火电因为恰逢国家严控煤电项目建设而延迟开工。其中的常乐电厂1号、2号机组分别已于2019年11月和2020年2月建成投产，其余两台机组则被推迟至"十四五"以后。

在调峰资源不足的情况下，甘肃风电难以单独外送。值得注意的是，据模拟数据显示，随着甘肃新能源电力的深入发展，调峰资源不足的问题会愈加严重，逐渐成为甘肃"弃风"问题的主导因素（见表10—6）。

表10—6　西北区域"弃风"原因模拟对比[2]

省（区）	"弃风"原因			
	调峰能力不足		传输容量受限	
	2015	2020	2015	2020
陕西	—	95.70%	—	4.30%
甘肃	52.10%	74.20%	47.90%	25.80%
宁夏	85.80%	94.20%	14.20%	4.80%
青海	—	96.50%	—	3.50%
新疆	74.10%	92.30%	25.80%	7.70%

（三）制度因素

既然输电通道容量和调峰资源不足直接限制了甘肃风电的外送，那么又是什么原因导致甘肃输电通道和调峰资源不足呢？由于其自然垄断属性，电网的建设受到严格的审批和监管，需要经过规划、可行性评估、立项等诸多环节。因此，我们认为制度层面的因素是导致输电通道容量和调峰资源不足的因素。具体而言，造成甘肃风电消纳困境的制度因素包括大规模集中开发风电、发电与电网规划脱节、发电计划及调度未能直接反映风电的环境效益、省间资源调

---

[1] 黄选平：《推进甘肃新能源产业可持续发展的对策建议》，《国家治理》，2016年第26期，第30~35页。

[2] 国家能源局西北监管局行业处：《西北区域新能源发展规划及运行监管报告》，http://xbj.nea.gov.cn/website/Aastatic/news-179404.html。

配存在壁垒。

1. 电源与电网规划脱节导致输电通道容量和调峰资源不足

电网规划涉及整个系统内电源、输送通道、变电容量等部分的规划,时间周期长、难度大。在甘肃风电连续 5 年(2006—2011 年)超常规发展的背景下,风电厂的建设速度与电网规划无法同步。

在输电通道容量方面,以"十二五"规划为例,在甘肃"十二五"风电发展规划早已颁布的同时,却不见"十二五"电网发展规划。从全国第一个 750 千伏电压等级的超高压输变电工程官亭—兰州东输变电示范工程于 2005 年 6 月正式建成投运起,直至 2016 年底,甘肃电网输送线路的最高电压等级也仅有 750 千伏,最大输送容量为 500 万千瓦。与此同时,甘肃全省发电总装机容量已达到 4825 万千瓦,其中风电装机容量 1277 万千瓦,是甘肃的第二大电源。

在调峰资源方面,风力固有的波动性、随机性等特征决定了必须建设相应的火电和水电以实现调峰。表 10-7 呈现了 2014 年甘肃的电源装机发展规划。可以看出,新能源装机增速过快,计划在 2020 年实现 44.2% 的装机容量,其中风电装机占 40.4%。相对而言,火电、水电的规划比重较低,2014 年,大型快速调节机组抽蓄水电的占比为 0,尚处在规划阶段,而在规划期内,燃气发电装机为 0,抽蓄水电的占比也仅有 2.1%。

表 10-7 甘肃电源装机规划构成[1]

电源类别		2014 年现状		2020 年规划	
		容量(10 兆瓦)	比例(%)	容量(10 兆瓦)	比例(%)
火电	煤电	1613	39.9	2178	38.2
	燃气发电	62	1.5	0	0
	光热	5	0.1	20	0.4
	合计	1680	41.5	21.98	38.6
水电	常规水电	831	20.5	860	15.1
	抽水蓄能	0	0	120	2.1
	合计	831	40.5	980	17.2

---

[1] 该表数据收集整理自魏刚、范雪峰、张中丹等:《风电和光伏发展对甘肃电网规划协调性的影响及对策建议》,《电力系统保护与控制》,2015 年第 24 期,第 135~141 页。

续表

电源类别		2014 年现状		2020 年规划	
		容量（10 兆瓦）	比例（%）	容量（10 兆瓦）	比例（%）
新能源	风电	1008	24.9	2300	40.4
	光伏	517	12.8	1200	21.0
	生物质	8	0.2	20	0.4
	合计	1533	37.9	2520	44.2
合计		4044		5698	

电力系统集发电、输电、配电、送电为一体，只有各部分协调发展才能实现效益。因此，输电通道和调峰资源规划严重滞后于风电厂的建设，间接导致了后期风电消纳的困境。

2. 省间资源调配壁垒限制输电容量

在电力交易市场进一步完善、酒泉—湖南±800千伏特高压直流输电工程全线带电投产等外部条件具备的情况下，省级壁垒却成为限制输电容量的因素。

我国以省（区、市）为单位进行电力市场建设的体制导致各省（区、市）在电力发展上存在利益博弈，形成了省间资源调配的壁垒。甘肃省主要通过陕、青、宁、新四省（区）的输线通道将电力输送销售至华中、华东等电力负荷较高地区。一方面，宁、陕、新三省（区）是电量富余地区，甘肃省占用其通道输电，在电力输送容量上会受到限制（杨青，2017），难以实现理想的输送计划。另一方面，各省（区）之间存在利益博弈，在电力发展上各自为政。2015年，随着煤炭价格的不断下降，各省大规模发展煤电建设，仅湖北、江西两省核准的煤电项目就超过了整个酒泉地区的风电装机容量。湖南也明确要保证本省水电的发展，不能为了外省的清洁能源就忽视自身清洁能源的发展。因此，省间壁垒的存在导致甘肃风电外送容量受限，风电消纳受阻。

3. 大规模集中开发风电增大调峰难度

在前期技术不发达的情况下，为了降低风险、获得盈利，当地的资源禀赋、开发成本成为风电厂选址的首要考虑因素。河西地区地处戈壁荒漠、风能资源丰富，开发成本低，特别适合风电整装集中式开发，因此大批开发商涌入酒泉建设风电厂，甘肃形成了以酒泉风电基地为中心的新能源发展特点。但是，大规模集中开发的问题也随之凸显。一方面，酒泉地区电力用户少，大量的风力发电量和较少的当地用电量难以保持平衡。另一方面，风电具有波动性、随机性等特征，短时间内大规模并网后会造成新能源发电同时出力以及波动性增大，极大地增加了甘肃甚至西北电网的调峰难度。因此，大规模集中开发风电在促进甘肃形成以风电基地为中心的风电装备制造产业集群的同时，也加大了调峰难度，使得甘肃调峰资源不足矛盾更加严重。

4. 发电计划并未直接反映风电的环境效益

根据国外的经验，发电的环境成本可以通过排放税等形式内部化，使得风电等清洁能源直接发挥边际成本低的优势，得到优先调度（如美国的电力市场，风电甚至可以报负价被调度）。

然而实际情况是，在新能源优先调度机制实施之前，甘肃的发电运行以行政计划和中长期交易为主。在这种机制下，决定风电利用率的因素是"投资收益保障"（即"保障性小时数"政策）和补贴下的度电让利空间（即风电相对于火电在中长期交易中的度电成本优势）。一方面，甘肃发电装机严重过剩使得可再生能源全额保障性政策落实困难，风电厂的合理收益难以保障。甘肃Ⅱ、Ⅲ类资源区的风电最低保障小时数分别为 1800 小时、1800 小时。然而，从 2014—2017 年，甘肃风电实际利用小时数均低于 1600 小时，风电厂难以参与竞价交易。另一方面，长期以来，甘肃各类发电厂发电量主要依靠发电计划落实，根据机组容量分配发电量的机制使得风力资源丰富、发电成本低的发电厂未能实现效益（Davidson，2018）。并且，在中长期交易中，新能源需要为火电厂的计划电量"调峰让路"。因此，火电机组挤占了本应属于新能源的优先发电空间。

三、措施及成效

根据之前的分析，甘肃 2011—2016 年"弃风率"居高不下、风电消纳陷入困境的根本原因在于新能源发展速度快于省内用电需求增速。因此，外送成为甘肃风电消纳的重要渠道，但输电通道容量和调峰资源不足直接限制了风电外送，并且，导致输电通道容量和调峰资源不足的原因是制度层面的因素。

为此，中央及甘肃省政府在省内和省外两方面进行了丰富的探索，并取得了显著的成效。自 2017 年起，甘肃弃风率逐渐好转。因此，本节总结归纳了甘肃为解决风电消纳困境而采取的措施，并对这些措施的成效进行评估。

（一）深入挖掘省内风电市场

在省内，甘肃政府分别针对经济、技术、制度三个方面的成因深入挖掘风电市场。在经济上，针对用电负荷不够开发了清洁供暖系统，采取了重点领域电能替代、新能源直购电等措施；在技术上，建设电力辅助服务市场以增加调峰资源；在制度上，变革发电调度计划。

1. 提升本省风电负荷

2017年初以来，清洁供暖在甘肃部分市县逐步推开。甘肃省电力公司最先在金昌、瓜州等地开展清洁供暖项目试点，利用弃风弃光电量供暖，合计共签订新能源供暖合同电量1.35亿千瓦时。随后，清洁供暖项目在张掖、兰州、平凉、武威等地陆续发展起来。2017年7月1日，甘肃省出台了新能源供暖电价支持政策，通过降低企业用电成本以鼓励新能源的发展。2018年5月4日，甘肃省发展和改革委员会等部门印发《甘肃省冬季清洁取暖总体方案（2017—2021年）》，力求充分调动企业和用户的积极性，鼓励社会资本进入电采暖等清洁取暖领域。该方案提出，用5年左右时间，甘肃全省争取电代煤达到200万户，可再生能源取暖总面积争取达到3000万平方米[①]。

除了清洁供暖外，甘肃还鼓励大企业与新能源发电厂开展直购电交易。甘肃新能源直购电项目始于2015年11月11日。甘肃省发展和改革委员会、甘肃省工业和信息化委员会以及国家能源局甘肃监管办公室联合印发的《甘肃省2016年电力用户与发电企业直接交易实施细则》一出台，就实现了56.2亿千瓦时的新能源竞价电量。截至2016年底，共有96家电力用户与87家新能源发电厂直接交易12.39亿千瓦时（杨青，2017）。2017年，甘肃省政府办公厅印发《甘肃省新能源消纳实施方案》（甘政办发〔2017〕72号），明确说明扩大新能源直购电交易规模，鼓励新能源发电企业与电力用户采取双边协商或集中撮合的方式进行交易。

甘肃省政府通过风电厂替代自备发电厂发电、重点领域电能替代等方式继续提升本省风电负荷。

一方面，甘肃开展新能源发电厂替代自备发电厂发电工作。2015年5月

[①] 甘肃省发展和改革委员会、甘肃省住房和城乡建设厅、甘肃省环境和保护厅、甘肃省农牧厅：《甘肃省冬季清洁取暖总体方案（2017—2021年）》，http://fzgg.gansu.gov.cn/fzgg/c106093/201306/bfe5d428cc834a6d814aa70f72e3cb74.shtml。

甘肃省发展和改革委员会（能源局）正式下发《新能源企业替代中国铝业兰州分公司自备电厂发电会议纪要》，同意开展新能源发电厂替代中国铝业兰州分公司自备发电厂发电工作，拉开了甘肃新能源替代自备电厂发电工作的序幕。不到半年的时间，就有127家新能源发电厂申报参与替代中国铝业兰州分公司自备电厂发电，总电量达6.278亿千瓦时，其中，风电厂57家。根据相关数据，2020年，甘肃自备发电厂发电权置换发电侧执行规模87.89亿千瓦时，同比增长23.22%，助力消纳新能源电量66.28亿千瓦时，同比增长17.52%[1]。

另一方面，甘肃在农业生产、交通运输等终端用煤、用油领域积极推进电能替代。如《甘肃省新能源消纳实施方案》明确通知，在交通领域，因地制宜地在机场、铁路、隧道等区域配套新能源供电设施；在旅游领域，景区建设新能源公共设施；在农业领域，用新能源电能开展农业生产活动等。

2. 建设电力辅助服务市场

甘肃省政府积极报请国家能源局将甘肃省电力辅助服务市场纳入试点范围，2017年12月29日，国家能源局正式同意开展甘肃电力辅助服务市场试点工作。

2018年1月26日，《甘肃省电力辅助服务市场运营规则（试行）》正式印发，甘肃电力辅助服务市场也在历经3个月的模拟运行后于2018年4月正式启动。仅两个月的正式运行，甘肃电力辅助服务市场便启动深度调峰交易36次，深度调峰贡献电量2410万千瓦时；启动火电应急启停1次，贡献电量175万千瓦时，辅助服务补偿金额1297.4万元[2]。截至2018年底，甘肃省累计贡献调峰电量4.03亿千瓦时，火电企业获得调峰收益共1.64亿元[3]，新能源与火电企业实现了共赢。

随着电力辅助服务市场的逐渐完善，相应的效果是甘肃新能源发电出力增加，弃风弃光损失下降，火电机组也得到了合理的补偿。截至2020年底，甘肃累计发电装机容量5620万千瓦，以风电和太阳能为代表的新能源装机占比

---

[1] 《2020年甘肃电力外送和新能源消纳水平均创历史新高》，http://gansu.gansudaily.com.cn/system/2021/01/23/030261456.shtml。

[2] 田甜：《甘肃省电力辅助服务市场初见成效》，http://gsb.nea.gov.cn/view.asp?id=3570&typeid=228。

[3] 国家能源局：《大力推进电力辅助服务市场建设，促进电力清洁、安全、高效、可持续发展》，http://www.nea.gov.cn/2019-01/28/c_137780511.htm。

41.9%，成为省内第一大电源，包括水电在内的清洁能源装机占比达59%。全省发电量1787亿千瓦时，新能源发电量占比21.5%，远高于全国9.5%的平均水平；新能源利用率达到95.28%，创历史最高水平；累计完成电能替代电量432亿千瓦时[①]，电力占终端能源消费比重不断提升。

2019年9月20日，甘肃能源监管办在对原《甘肃省电力辅助服务市场运营规则（试行）》进行完善修订的基础上，正式印发了《甘肃省电力辅助服务市场运营规则（暂行）》（甘监能市场〔2019〕147号）。《甘肃省电力辅助服务市场运营规则（暂行）》对原有调峰市场的部分规定进行了修订，并在原有调峰市场的基础上新增了调频辅助服务市场，对甘肃调频辅助服务市场的运营管理、交易组织、补偿标准及费用分摊等内容做出了明确规定。

3. 变革发电调度计划

除了在经济和技术层面上采取措施，甘肃还从制度层面上变革了发电计划和调度方式。

2016年8月15日，甘肃省工业和信息化委员会发布《关于下达2016年优先发电计划的通知》，明确规定2016年甘肃省必须实现新能源优先发电量100亿千瓦时，2016年风电最低保障收购年平均利用小时为500小时。2017年4月26日，甘肃省人民政府办公厅印发《甘肃省新能源消纳实施方案》（甘政办发〔2017〕72号），正式建立了新能源优先发电调度机制，即按照新能源、调峰调频和安全约束电源、供热机组、水电的顺序，安排优先发电计划。

新能源优先发电调度机制打破了此前按行政计划平均分配发电指标的模式，使得发电调度按照节能、环保、经济的原则进行排序，为新能源发电预留了较充足的空间。根据2019年甘肃省优先发电计划的数据，甘肃新能源优先发电量158亿千瓦时，其中风电113亿千瓦时，其余是太阳能发电[②]。

（二）扩大省外风电市场

甘肃本地风电需求有限，只能通过外送实现风电消纳。为此，甘肃省政府通过建设特高压线路输电、构建跨省跨区中长期交易市场、开展电能现货交易和西北日前实时交易等工作，缓解了甘肃输电通道容量不足、省间资源配置存

---

① 卫韦华、王铭禹：《"风光大省"甘肃开启新能源升级之路》，《经济参考报》，2021年7月19日第7版。

② 胡旺弟：《我省调整二〇一九年优先发电计划》，《甘肃经济日报》，2019年12月16日第1版。

在壁垒的问题,扩大了甘肃风电外送量。

1. 特高压线路输电

甘肃风电外送受限的一个重要直接原因是输电通道容量不足。2017 年甘肃省政府印发的《甘肃省新能源消纳实施方案》明确通知要增加甘肃新能源外送量。2017 年 6 月,酒泉—湖南±800 千伏特高压直流输电工程全线带电投运(即"祁韶直流"),工程自酒泉市瓜州县出发,途径陕西、重庆、湖北、湖南,最后止于湖南省湘潭市湘潭县。"祁韶直流"满负荷运行每年可输送清洁电量 400 亿千瓦时,在很大程度上缓解了此前甘肃占据外省通道、电力外送容量有限的问题。此后,随着我国自主设计建设的世界首个±1100 千伏特高压直流输电工程——昌吉—古泉±1100 千伏特高压工程于 2018 年 12 月 30 日正式启动运行,甘肃省外送电量实现了进一步的扩张。

2. 中长期电力交易打破省级壁垒

跨省跨区交易是甘肃消纳富余电力的重要举措。国家发展和改革委员会和国家能源局于 2017 年初发布的《电力中长期交易基本规则(暂行)》(发改能源〔2016〕2784 号)明确说明电力中长期交易可以采取双边协商、集中竞价、挂牌等方式进行,激发了市场活力,也提升了交易双方的积极性,打破了省间壁垒的藩篱。

然而,随着火电利用小时数持续走低,甘肃火电企业整体亏损,省间利益协调问题再次出现。2018 年 1 月,北京电力交易中心组织的西北年度外送湖北、重庆、河南跨区交易及西北季度外送银东集中竞价交易等多笔交易的价格超出甘肃火电企业承受能力,火电企业缺乏参与积极性,新能源企业受中长期交易调峰制约无法单独外送,导致甘肃发电企业在上述交易中出现零中标现象。同年 3 月 13 日,国家能源局甘肃监管办公室与甘肃电力交易中心有限公司共同研究,商定通过拆分打捆的方法,破解零外送的困境。具体为:火电和新能源企业在北京电力交易平台进行自愿申报,由交易中心对成交电量按照火电与新能源 6∶4 的比例进行拆分配比,拆分后将火电执行电价控制在 250 元/兆瓦时基准以上,新能源执行电价控制在 80 元/兆瓦时基准以上,低于基准价格则不成交,量价分别确定后再将火电和新能源打捆外送,而火电和新能源基准价格可以根据实时电煤价格水平和购电省份价格变化进行灵活调整①。这种先拆分再打捆的方法可以在最大程度上撮合火电与新能源获取外送市场份额,既可解决外送零中标的问题,又可在一定程度上保护火电和新能源企业的利益。

3. 现货交易与西北日前实时交易缓解调峰资源不足问题

风电具有波动性特征,中长期交易需要火电配比调峰,在去除各项火电调峰成本、输电费用后,新能源上网价格很低,发电企业利润空间有限。为此,新能源现货交易应运而生,成为中长期交易的重要补充。

在甘肃新能源电力现货交易机制中,甘肃省级电力调度中心工作人员根据各省级电力调度中心每隔15分钟发布的供给、需求电量以及电价信息,结合次日风况预测情况,在确认省内已没有调峰空间后,就会将本省已无法消纳的"弃风弃光"电量提交到平台匹配交易。因此,新能源现货交易可在不建设硬件设施的基础上,利用市场机制交易本省已经无法消纳的"弃风弃光"电量,边际成本几乎为零(Song 等,2019),不仅使市场配置资源的机制得以展现,还降低了发电企业的调峰、输电成本,极大地提升了各省参与交易的积极性。

自2016年6月开始新能源电力现货交易试运行至2017年5月,不到一年的时间,甘肃新能源增量现货交易送出电量8.4亿千瓦时②。2017年8月甘肃新能源现货交易市场试点工作正式启动。根据《2018年甘肃电力市场交易信息报告》,2018年1—10月,甘肃新能源现货电力成交30亿千瓦时,占全国现货交易的46.5%,占甘肃全省新能源发电量的11.5%,降低甘肃省"弃风弃光率"12%;新能源现货交易平均上网电价为153.62元/兆瓦时,使得发电企业在不包括补贴的情况下增收4.6亿元③。

2017年以前,甘肃每年的新能源外送增量不超过20亿千瓦时。2017年后,通过采取先拆分再打捆进行新能源电力中长期交易、新能源现货交易试点工作、西北日前实时交易等措施,甘肃新能源外送电量在2017年突破100亿千瓦时,平均外送电价也实现了增长(见表10-8)。

---

① 周晴:《坚持市场导向 着眼健康发展——甘肃能源监管办多措并举力促新能源消纳》,《中国电业》,2018年第4期,第48~49页。
② 田甜:《甘肃能源监管办出台〈甘肃富余新能源电力电量跨省跨区增量现货交易规则(试行)〉》,http://gsb.nea.gov.cn/view.asp?id=2612&typeid=228。
③ 王春玮:《甘肃省新能源现货市场应对策略研究》,《节能与环保》,2019年第4期,第84~85页。

表 10-8 近年来甘肃省外送电量、电价统计[①]

年份	外送电价（元/兆瓦时）	甘肃省外送电量（亿千瓦时）	火电外送电量（亿千瓦时）	新能源外送电量（亿千瓦时）
2013	354.75	128	104	24
2014	335.10	155	111	44
2015	313.11	136	74	61
2016	197.56	156	90	66
2017	200.60	203	99	104
2018	226.17	309	166	143

第三节 主要结论

一、总结

本章通过回顾甘肃风电发展历程，归纳了甘肃风电发展存在的问题及其成因。具体而言，在各种政策和经济激励下，甘肃由于风能资源丰富、开发成本低实现了风电装机规模的迅速扩大，并由此形成了集研发、制造、配件供应、服务为一体的风电装备制造产业集群。但伴随甘肃风电产业高速发展的一个现象是 2011—2016 年甘肃"弃风率"高居不下，风电装机平均利用小时低于全国水平，资源浪费严重。通过深入分析，本章认为造成甘肃风电消纳矛盾的原因是多方面的。其中，支持政策激励过度、新能源发展速度远超用电负荷增速分别是导致甘肃风电消纳矛盾的起因和根本原因；输电通道容量和调峰资源不足是造成风电消纳矛盾的直接原因；而电源与电网规划脱节、大规模集中开发风电等制度因素通过输电通道容量和调峰资源进一步影响甘肃风电消纳。

为此，甘肃通过一系列丰富的制度探索来解决风电消纳问题。具体来讲，通过开展清洁供暖、大企业与新能源发电企业直购电、新能源替代自备发电厂发电、建设电力辅助服务市场、变革发电调度计划等措施深入挖掘省内风电市场，通过采取先拆分再打捆进行新能源电力中长期交易、开启新能源现货交易

---

① 该表数据收集整理自杨培杰：《甘肃省电力市场现状分析》，《中小企业管理与科技（下旬刊）》，2019 年第 6 期，第 102~104 页。

试点工作以及西北日前实时交易等措施扩大省外交易市场。2017年以来，甘肃实现了风力发电量和发电利用小时数"双升"，弃风率和弃风电量"双降"的显著成效（见表10—9）。

表10—9 甘肃省近年"弃风"情况[①]

年度	风电平均利用小时数（小时）	弃风电量（亿千瓦时）	弃风率（%）
2013	1806	31.02	20.65
2014	1596	—	11.00
2015	1184	82.00	39.00
2016	1088	104.00	43.00
2017	1469	91.80	33.00
2018	1772	54.00	19.00
2019	1787	18.80	7.60

二、政策建议

我国已进入"十四五"发展规划期，为了进一步发展风电，减少弃风，实现电力行业的可持续发展，我们建议国家及地区相关部门采取以下措施：

（1）经济层面。第一，有序推进产能过剩地区的风电建设。政策激励过度是甘肃风电消纳问题的诱因，前期大规模的投资导致后期许多风电设备处于闲置状态，造成资源的浪费。因此，我们建议暂缓在西北和东北地区建设风电厂，利用当前过剩的产能实现规划期内的发展目标，在产能得到充分消纳的基础上再进行进一步的风电建设。第二，加大项目扶持，促进资源丰富地区内的用电负荷增长。在我们的案例中，通过开展清洁供暖、大企业与新能源发电厂

[①] 2013年数据来自国家能源局：《2013年风电产业继续保持平稳较快发展势头》，http://www.nea.gov.cn/2014—03/06/c_133166473.htm。2014年数据来自国家能源局：《2014年风电产业监测情况》，http://www.nea.gov.cn/2015—02/12/c_133989991.htm。2015年数据来自国家能源局：《2015年风电产业发展情况》，http://www.nea.gov.cn/2016—02/02/c_135066586.htm。2016年数据来自国家能源局：《2016年风电并网运行情况》，http://www.nea.gov.cn/2017—01/26/c_136014615.htm。2017年数据来自国家能源局：《2017年风电并网运行情况》，http://www.nea.gov.cn/2018—02/01/c_136942234.htm。2018年数据来自国家能源局：《2018年风电并网运行情况》，http://www.nea.gov.cn/2019—01/28/c_137780779.htm。2019年数据来自国家能源局：《2019年风电并网运行情况》，http://www.nea.gov.cn/2020—02/28/c_138827910.htm。

直购电、新能源替代自备发电厂发电等措施，甘肃省内用电负荷实现了有限的增长。因此，国家应该在西北、东北各省（区）内深入开展新能源发电厂直购电、新能源替代自备发电厂发电等项目，适当扶持利益受损方，逐步增加地区内的用电负荷，扩大新能源消纳空间。

（2）技术层面。一方面，风力资源中心和电力负荷中心不匹配一直是我国风电消纳矛盾的一大难题。特别是华东地区距离资源中心较远，因此发展远距离输电技术，实现电力从资源中心向负荷中心的输送，是解决输电通道容量不足的首要举措。另一方面，风电的外送需要配套相应的调峰资源。平衡好火电、抽水蓄能电站以及燃气发电等调峰资源与新能源电源的配比，允许风电降额运行或以弃风方式主动参与调峰，有利于提高电网调峰能力和降低调峰成本。

（3）制度层面。第一，深化电力市场改革，建立全国范围内的电力交易市场。省间利益博弈是制约甘肃电力外送的一个重要原因。通过先拆分再打捆进行新能源电力中长期交易、开启新能源现货交易试点工作和西北日前实时交易等工作，既在一定程度上解决了甘肃风电消纳问题，又切实兼顾了各方的利益。为此，国家应该深化电力体制改革，推进电力现货市场交易工作，建立全国范围内的电力交易市场，充当利益协调者，破除省间壁垒，从而激发交易双方的积极性，促进电力在资源集中地与用电负荷地之间的交易。第二，同步电网规划，实现电力系统的协调发展。风电的大规模发展增加了电网的不确定性，影响输电线路、系统调峰等规划之间的协调性。在电网规划程序复杂、历时较长的情况下，各地区应该提前规划好输电线路、调峰电源的建设问题，避免后续有电输不出的问题。同时，可根据实际情况进行调整，适当简化程序，缩短时间，提高效率。第三，完善优先发电调度计划。在全国范围内深入开展新能源优先发电调度机制，给新能源发电预留充足的空间。结合电力市场建设和各地区的具体情况，鼓励和允许优先发电机组探索进入市场。同时，各省（区、市）政府主管部门做好本地区优先发电计划编制及组织实施工作，保障优先发电计划的有效落实。

第十一章　案例：广东电力市场

电力工业是国民经济和社会发展的重要基础产业。改革开放以来，我国从经济和社会发展实际出发，不断推进电力体制改革，促进我国电力事业发展和进步。

自 1985 年集资办电起，我国解除了对电力行业实行严格中央计划和独家办电的约束，逐步实现了政企分开、厂网分开、竞价上网，并初步建立了多元化市场主体的电力行业竞争格局。同时，我国电力行业的长期健康发展还面临许多挑战，包括市场体系尚不完善、关键交易机制尚未建立、行业监管有待强化、市场对资源配置的作用仍然有限等。为解决以上问题，《中共中央　国务院关于进一步深化电力体制改革的若干意见》（中发〔2015〕9号）于 2015 年 3 月 15 日发布，启动了我国新一轮电力体制改革。

在新一轮电力体制改革中，广东省的改革进度在全国处于领先地位。作为我国第一批售电侧改革试点和现货市场建设试点省份，广东对建设具有中国特色的竞争性电力市场进行了深度的探索。2021 年，广东电力市场累计交易电量 2951.7 亿千瓦时，同比增长 18%，占全省全社会用电量的比例为 37.5%[1]。广东电力市场主体活跃多元，交易机制灵活丰富，行业监管务实有效，是我国电力体制改革的典范，其经验成果对于其他省（区、市）建设电力市场有很高的借鉴价值。

本章以广东电力市场为例，通过总结其设计特征和建设运行情况，以诠释我国新一轮电力体制改革中电力市场建设的总体思路和发展路径，分析现阶段我国电力市场的主要特征和潜在问题，并为进一步完善我国电力市场提供政策建议。

---

[1] 广东电力交易中心：《广东电力市场 2021 年年度报告》，https://pm.gd.csg.cn/views/page/xwzxCont-10902.html。

第一节　广东电力市场化改革的背景

2002年,《电力体制改革方案》(国发〔2002〕5号)的下发打破了我国电力垂直垄断经营的体制束缚,完成了政企分开、厂网分开和电力企业的公司制改革,并初步形成了多元竞争的发电侧市场。这些制度变革促进了我国电力行业的快速发展,普遍提升了电力服务水平。截至2014年,我国发电装机容量达到13.7亿千瓦,发电量达到5.6万亿千瓦时,电网220千伏及以上输电线路长度达到57.2万千米,220千伏及以上变电容量达到30.3亿千伏安[1],发电装机容量和电网规模均居世界首位。

与日益提升的电力生产力相比,我国电力行业的制度革新相对迟缓,尤其在实现厂网分开和有限竞价上网之后趋于停滞,结构性矛盾逐渐积累,制约了我国电力行业的长期健康发展。一是电力的投资、定价和运行长期由行政主导,缺乏竞争压力和对市场机制的充分利用,导致资源利用效率不高,生产力偏离了经济和社会的需求(高效、清洁、低碳等)。二是电力的规划缺乏系统性和整体性,难以适应逐渐多元化、市场化、信息化的产业生态。三是电力的监管有待加强,监管手段单一、多部门协同难度大、与企业间的信息不对称、相关法律法规不完善等问题阻碍了我国建设统一开放、竞争有序的电力市场。

深化电力体制改革是一项关乎我国能源安全和经济社会发展全局的紧迫任务。党的十八大对全面深化改革进行了战略部署,提出以使市场在资源配置中起决定性作用为目标深化经济体制改革。在电力行业,通过深化改革提高市场竞争程度和资源配置效率,打破行业垄断和利益固化对产业进步的束缚,激发各种经济成分的活力和创造力,既是我国经济发展的需要也是多数行业主体的共识。再加上相对宽松的外部环境和以往改革的经验基础,新一轮电力体制改革应运而生。

广东在我国的新一轮电力体制改革中走在了前列。广东是我国人口大省和经济大省,基础设施较好,工业实力雄厚,全社会用电需求大,对电力体制改革有多年的探索。分析广东的电力市场化改革,有助于了解我国电力市场的前沿实践,并为其他省(区、市)建设电力市场提供经验借鉴。

---

[1] 中国电力企业联合会规划与统计信息部:《二〇一四年电力工业统计资料汇编》,2015年。

一、我国新一轮电力体制改革的总体部署

2015年3月15日,《中共中央 国务院关于进一步深化电力体制改革的若干意见》(中发〔2015〕9号)的下发,标志着新一轮电力体制改革正式起步。《中共中央 国务院关于进一步深化电力体制改革的若干意见》明确指出了我国电力体制改革的重要性和紧迫性,确定了深化电力体制改革的总体思路和基本原则。新一轮电力体制改革的总体思路是"三放开、一独立、三强化"。"三放开"是指在进一步完善政企分开、厂网分开、主辅分开的基础上,按照管住中间、放开两头的体制架构,有序放开输配电以外的竞争性环节电价,有序向社会资本放开配售电业务,有序放开公益性和调节性以外的发用电计划。"一独立"是指推进交易机构相对独立,规范运行。"三强化"是指进一步强化政府监管,进一步强化电力统筹规划,进一步强化电力安全高效运行和可靠供应。

如表11-1所示,《中共中央 国务院关于进一步深化电力体制改革的若干意见》及其系列配套文件为我国电力体制改革中的电力市场化建设做出了总体部署,铺开了我国电力市场化建设的宏伟蓝图。新一轮电力体制改革以《中共中央 国务院关于进一步深化电力体制改革的若干意见》为核心,围绕放开发用电计划、电力市场建设、售电侧改革、输配电价改革和组建交易中心五个方面开展电力市场化改革:

(1) 有序放开发用电计划,逐步提高市场化电量的规模和比例,合理解除各类市场主体参与市场交易的限制,实现由计划到市场的平稳过渡。

(2) 致力构建全国统一规划、分级运作、竞争充分、开放有序的电力市场体系,并以中长期交易为主、现货交易为辅实现市场化的电力电量平衡。

(3) 通过放开售电业务提高售电服务质量和用户用能水平,同时培育电力需求侧的市场意识,鼓励售电公司和用户参与批发市场,进而提升批发市场的竞争性和流动性。

(4) 以输配电价改革为突破口,改变电网的运营模式和监管机制,建立有利于市场公平有效竞争、系统安全稳定运行的输配电体制。

(5) 建立相对独立、规范运行的电力交易机构负责电力市场的运营和管理,为市场主体提供交易组织、合同管理、结算、信息披露等服务。

表 11-1 新一轮电力改革总体部署[①]

时间	文件	主要内容
2015 年	《中共中央 国务院关于进一步深化电力体制改革的若干意见》（中发〔2015〕9 号）	提出了深化电力体制改革的总体思路：有序放开输配电以外的竞争性环节定价；有序向社会资本开放配售电业务；有序放开公益性和调节性以外的发用电计划；推进交易机构相对独立、规范运行；进一步强化政府监管；进一步强化电力统筹规划；进一步强化电力安全高效运行和可靠供应。
2015 年	《关于推进输配电价改革的实施意见》	理顺电价形成机制，还原电力商品属性，按照"准许成本加合理收益"原则核定电网企业准许总收入和分电压等级输配电价。改革和规范电网企业运营模式，电网企业按照政府核定的输配电价收取过网费，不再以上网电价和销售电价的价差作为主要收入来源。
2015 年	《关于推进电力市场建设的实施意见》	在全国范围内逐步形成竞争充分、开放有序、健康发展的市场体系，电力供应使用从传统方式向现代交易模式转变。逐步建立以中长期交易为主、现货交易为补充的市场化电力电量平衡机制；逐步建立以中长期交易规避风险，以现货市场发现价格，交易品种齐全、功能完善的电力市场。有序放开用电计划、竞争性环节电价，不断扩大参与直接交易的市场主体范围和电量规模，逐步建立市场化的跨省跨区电力交易机制。
2015 年	《关于电力交易机构组建和规范运行的实施意见》	推进构建有效竞争的市场结构和市场体系，建立相对独立、规范运行的电力交易机构。交易机构主要负责市场交易平台的建设、运营和管理；负责市场交易组织，提供结算依据和相关服务，汇总电力用户与发电企业自主签订的双边合同；负责市场主体注册和相应管理，披露和发布市场信息等。
2015 年	《关于有序放开发用电计划的实施意见》	推进发用电计划改革，更多发挥市场机制的作用，积极推进直接交易，有序放开发用电计划，逐步扩大市场交易比例，建立竞争有序、保障有力的电力运行机制。通过建立优先购电制度保障无议价能力的用户用电，通过建立优先发电制度保障清洁能源发电、调节性电源发电优先上网，通过直接交易、电力市场等市场化交易方式，逐步放开其他的发用电计划。

---

① 根据表中公开政策文件整理所得。

续表

时间	文件	主要内容
2015年	《关于推进售电侧改革的实施意见》	向社会资本开放售电业务,培育多元化售电主体,促进售电侧市场竞争,鼓励混合所有制方式发展配电业务,赋予用户更多选择权,提升售电服务质量和用户用能水平。不再实行行政审批,建立主体准入退出机制。
2016年	《电力中长期交易基本规则(暂行)》	适时启动电力现货市场建设,建立以电力中长期交易和现货交易相结合的市场化电力电量平衡机制。划分市场成员,规定市场准入与退出机制以及交易品种、周期和方式。电力中长期交易的成交价格由市场主体通过自主协商等市场化方式形成;计划电量应随着政府定价的放开采取市场化定价方式。
2017年	关于有序放开发用电计划的通知(发改运行〔2017〕294号)	加快组织发电企业与购电主体签订发购电协议(合同),规范和完善市场化交易电量价格调整机制,有序放开跨省跨区送受电计划,允许优先发电计划指标有条件市场化转让,参与市场交易的电力用户不再执行目录电价。
2017年	关于开展电力现货市场建设试点工作的通知(发改办能源〔2017〕1453号)	选择南方(以广东起步)、蒙西、浙江、山西、山东、福建、四川、甘肃等8个地区作为第一批试点,推动电力现货市场建设。电力现货市场组织市场主体开展日前、日内、实时电能量交易,实现调度运行和市场交易有机衔接,形成体现时间和位置特性的电能量商品价格,为市场主体提供反映市场供需和生产成本的价格信号。
2018年	关于积极推进电力市场化交易进一步完善交易机制的通知(发改运行〔2018〕1027号)	提高市场化交易电量规模,取消市场主体参与跨省跨区电力市场化交易的限制,促进清洁能源消纳;推进各类发电企业进入市场,放开符合条件的用户进入市场;完善市场化交易电量价格形成机制,协商建立"基准电价+浮动机制"的市场化定价机制;完善市场主体注册、公示、承诺、备案制度,加快推进电力市场主体信用建设。
2019年	关于规范优先发电优先购电计划管理的通知(发改运行〔2019〕144号)	严格界定适用范围,科学编制和执行优先发电、优先购电计划;建立优先发电计划指标转让机制。
2019年	关于全面放开经营性电力用户发用电计划的通知(发改运行〔2019〕1105号)	全面放开经营性电力用户发用电计划,明确经营性电力用户范围;支持中小用户参与市场化交易,中小用户由售电公司代理参加市场化交易;健全全面放开经营性发用电计划后的价格形成机制。

续表

时间	文件	主要内容
2019年	《关于深化电力现货市场建设试点工作的意见》的通知（发改办能源规〔2019〕828号）	完善市场化电力电量平衡机制和价格形成机制，促进形成清洁低碳、安全高效的能源体系。合理设计电力现货市场建设方案，包括市场模式、市场组成、市场主体等；统筹协调电力现货市场衔接机制，包括省间交易与省（区、市）现货市场，电力中长期交易与现货市场，电力辅助服务市场与现货市场；建立健全电力现货市场运营机制，提升运营能力；规范建设电力现货市场运营平台，完善相关配套机制。

二、广东电力市场化改革的历史

早在2005年，广东省就开始了对电力市场交易的探索。2004年4月，国家电力监管委员会、国家发展和改革委员会联合下发《电力用户向发电企业直接购电试点暂行办法》（电监输电〔2004〕17号），提出"在具备条件的地区，开展大用户向发电企业直接购电的试点"。随后，在2005年，广东省经济和信息化委员会与国家能源局南方监管局研究开展小规模电力直接交易试点。2006年，广东大用户直购电试点正式启动，由台山电厂与当地六家企业直接交易，年交易电量约2亿千瓦时，让利约0.1元/千瓦时。而后由于电力供应偏紧，考虑到供电安全及电价压力，广东省并未扩大大用户直购电试点规模。

第一轮电力改革沉寂多年后，广东率先重启电力市场化改革。2013年，《广东省电力大用户与发电企业直接交易暂行办法》（南方电监市场〔2013〕162号）和《广东省电力大用户与发电企业直接交易扩大试点工作方案》（粤经信电力〔2013〕355号）等文件相继出台，初步搭建了广东电力市场的交易制度框架，并启动了年度双边协商和季度集中竞价交易。2014年11月7日，广东电力交易中心成立。同年12月，广东省经济和信息化委员会发布《广东省电力大用户与发电企业集中竞争交易实施细则（征求意见稿）》和《广东省电力大用户与发电直接交易深化试点工作方案（征求意见稿）》，正式启动广东省电力直接交易试点工作。2015年，《中共中央 国务院关于进一步深化电力体制改革的若干意见》颁布，广东电力市场进入新的发展阶段，电力市场化交易规模不断增长。仅2018年，广东市场化交易总成交电量就高达1705.8亿千瓦时，占全省发受电量的27.39%[①]。

[①] 广东电力交易中心：《广东电力市场2018年年度报告》，https://pm.gd.csg.cn/views/page/xwzxCont-10447.html。

三、广东电力市场化改革的主要任务

在新一轮电力体制改革中,广东肩负售电侧改革和电力现货市场建设两个重点任务。《中共中央 国务院关于进一步深化电力体制改革的若干意见》提出,稳步推进售电侧改革,有序向社会资本放开配售电业务,同时鼓励社会资本投资配电业务,逐步向符合条件的市场主体放开增量配电投资业务。2015年11月,广东获得国家发展和改革委员会的批复,成为我国首批启动售电侧改革试点的省份。2016年3月,广东首次将售电公司引入中长期集中竞价交易。售电公司参与中长期集中竞价交易,是电力需求侧参与批发市场的重要突破。2017年1月,《广东省售电侧改革试点实施方案》印发,明确电力市场化改革路径为逐步向社会资本开放售电业务,多途径培育售电侧市场主体,提高用户的参与度,并赋予电力用户用电选择权。

2017年8月,国家发展和改革委员会印发《关于开展电力现货市场建设试点工作的通知》,明确在全国八个省(区)开展电力现货市场建设试点,南方(以广东起步)成为试点地区之一。2018年8月,广东省经济和信息化委员会、广东省发展和改革委员会和国家能源局南方监管局联合发布电力现货市场"1+8"规则体系,并面向社会征求意见。其中,"1"是指《广东电力市场运营基本规则》;"8"是指以这一基本规则为基础编制的八份相关实施细则,包括中长期交易、现货电能量市场、调频市场交易、市场结算、信息披露、市场准入退出和信用管理等。"1+8"规则体系公布当天,南方(以广东起步)电力现货市场在全国范围内首个启动试运行。2019年5月及6月,南方(以广东起步)电力现货市场连续成功实施交易试结算。

四、广东电源电网基础设施情况

(一)全社会用电量

广东省供电面积18万平方公里,供电人口约1.1亿。如表11-2所示,2021年广东全社会用电量7866.63亿千瓦时,同比增长13.58%,总体用电需求平稳增长。其中,第二产业是广东用电需求量最大的部门,占比接近60%;而增速最快的是第三产业。

表 11-2　2021 年广东全社会用电量情况①

用电类别	用电量（亿千瓦时）	同比增速（%）	占全社会用电量比重（%）
全社会用电量	7866.63	13.58	100.00
第一产业用电量	141.75	13.10	1.80
第二产业用电量	4712.74	12.07	59.91
第三产业用电量	1695.56	19.79	21.57
城乡居民生活用电量	1315.58	11.54	16.72

（二）发供电能力

如表 11-3 所示，截至 2021 年底，广东统调装机容量 15855.6 万千瓦，同比增长 12.6%，其中煤电装机容量 6786.9 万千瓦，新能源（风电和太阳能）装机容量 2227.4 万千瓦。表 11-4 给出了 2021 年广东省的电力供应情况。2021 年，广东全省发受电量合计 7694 亿千瓦时，同比增长 13.3%。其中，省外受电量 1842 亿千瓦时，同比下降 8.3%；省内太阳能发电和风电的同比增速最大。

表 11-3　2021 年底广东各类机组统调装机容量②

装机类型		装机容量（万千瓦）	同比增速（%）	装机容量占比（%）
总装机		15855.6	12.6	100.0
其中	煤电	6786.9	3.1	42.8
	气电	3054.6	14.0	19.3
	水电	946.4	0.9	6.0
	核电	1613.6	0.0	10.2
	并网风电	1223.5	100.3	7.7
	并网太阳能发电	1003.9	74.0	6.3
	其他	1226.8	14.2	7.7

---

① 广东电力交易中心：《广东电力市场 2021 年年度报告》，https://pm.gd.csg.cn/views/page/xwzxCont-10902.html。

② 广东电力交易中心：《广东电力市场 2021 年年度报告》，https://pm.gd.csg.cn/views/page/xwzxCont-10902.html。

表11-4　2021年广东电力供应情况[1]

电源类型		发受电量（亿千瓦时）	发受电量占比（%）	同比增长（%）
全省发受电量合计		7694	100.0	13.3
其中	外受电量	1842	23.9	-8.3
	省内煤电	3314	43.1	34.7
	省内气电	891	11.6	19.0
	省内水电	139	1.8	-31.8
	省内核电	1079	14.0	4.5
	省内风电	135	1.8	39.0
	省内太阳能发电	82	1.1	82.5
	省内生物质及其他	213	2.8	9.7

（三）电网概况[2]

广东电网以珠江三角洲地区500千伏主干环网为中心向东西两翼及粤北地区延伸，逐步形成了500千伏内、外双环网的供电结构。截至2021年底，广东共有220千伏及以上输电线路47822千米（含电缆），变电站610座，主变容量40373万千伏安（含深圳电网）。

广东地区电网与外区电网联络紧密。截至2021年底，广东电网通过"八交十直"高压输电线路与中西部电网联网。其中，通过6回直流与云南电网联网，通过8回交流、3回直流与贵州、广西电网联网，北部通过1回直流与国家电网联网。此外，广东电网通过2回500千伏交流海底电缆与海南电网相联，通过4回400千伏线路与香港电网相联，通过6回220千伏线路与澳门电网相联。

---

[1] 广东电力交易中心：《广东电力市场2021年年度报告》，https://pm.gd.csg.cn/views/page/xwzxCont-10902.html。

[2] 本节对广东电网的说明参考广东电力交易中心：《广东电力市场2021年年度报告》，https://pm.gd.csg.cn/views/page/xwzxCont-10902.html。

第二节　广东电力市场的总体设计

本节从成分结构与运行机制两个方面介绍广东电力市场的总体设计。

一、成分结构[①]

（一）市场成员

广东电力市场已形成全国领先的多元化市场格局，其市场成员包括市场主体、电网企业和市场运营机构三类。

市场主体包括各类发电企业、电力用户、售电公司、独立辅助服务提供者等。参加交易的发电企业、售电公司和电力用户应是具有独立法人资格、独立财务核算、信用良好、能够独立承担民事责任的经济实体。市场主体资格采取注册制度，进入准入目录的电力用户、符合市场准入条件的发电企业、售电公司和独立辅助服务提供者，均需在电力交易机构进行市场注册。电力交易机构应建立市场注册管理工作制度，由广东电力市场管理委员会审议通过后，报能源监管机构和政府部门备案后执行。各市场主体按规则参与电力市场交易，签订和履行购售电合同，并按规定披露和提供相关信息，服从电力调度机构的统一调度，保障电力运行平稳安全。

市场运营机构包括电力交易机构和电力调度机构。电力交易机构负责拟定交易实施细则、组织管理各类交易、提供交易结算依据、按规定披露和发布信息等。电力调度机构负责对交易结果进行安全校核、保障系统实时平衡和电网安全、按规定披露和提供电网运行信息。

电网企业主要指中国南方电网有限责任公司及超高压输电公司、广东电网有限责任公司、广州供电局有限公司、深圳供电局有限公司。电网企业负责提供公平的输配电服务和电网接入服务、保障输配电设施安全稳定运行、提供电量电费的计量收缴、承担保底供电服务等。

[①] 本节对广东电力市场成分结构的说明参考国家能源局南方监管局、广东省经济和信息化委员会、广东省发展和改革委员会：《南方能源监管局　广东省经济和信息化委　广东省发展改革委关于征求南方（以广东起步）电力现货市场系列规则意见的通知》，http://nfj.nea.gov.cn/adminContent/initViewContent.do?pk=402881e56579be6301658d99ac57001f。

（二）市场模式

广东电力市场交易模式分为批发交易和零售交易。电力批发交易是指发电企业、售电公司、电力大用户等市场主体通过市场化方式开展的中长期电能量市场交易和现货（日前、实时）电能量市场交易以及辅助服务交易。电力零售交易是指售电公司与电力用户之间开展的电力交易活动。

现阶段，广东电力批发市场采用"电能量市场+辅助服务市场"的市场架构。其中，电能量市场包含基于差价合约的日以上周期的中长期电能量市场和全电量竞价的现货电能量市场，辅助服务市场包括集中竞价的调频辅助服务市场以及备用、有偿无功调节、自动电压控制、黑启动等辅助服务补偿机制。

- 中长期电能量市场基于差价合约开展交易，差价合约具有财务结算意义，不需物理执行。中长期电能量市场采用场外双边协商交易和场内集中竞争交易相结合、常用曲线合约和自定义曲线合约相结合的交易方式，通过多次组织的年、月、周交易品种，灵活实现差价合约的签订和调整。中长期电能量市场的交易标的包括基数合约电量和市场合约电量，基数合约电量由政府部门下达，可以通过中长期电能量市场转让。

- 现货电能量市场包括日前电能量市场和实时电能量市场，采用全电量申报、集中优化出清的方式开展，通过集中优化计算，得到机组开机组合、分时发电出力曲线以及分时现货电能量市场价格。

- 在现货电能量市场交易阶段开展调频辅助服务的集中交易，与电能量市场分开独立运行。备用、有偿无功调节、自动电压控制、黑启动等辅助服务沿用现行的补偿机制。

广东电力零售市场由售电公司与电力用户通过市场化交易形成零售合同。签约的电力用户由售电公司代理参与电力批发市场。此外，电力用户分为市场用户和非市场用户，其中市场用户参与电力市场化交易。市场用户又分为大用户和一般用户。大用户指进入广东省电力大用户准入目录的用电企业，可直接参与批发市场交易或参与零售市场交易。一般用户指除电力大用户以外、允许进入市场的其他类别用电企业，只能参与零售市场交易。

（三）管理体系

广东电力市场管理体系包括合同管理、市场评估、信用管理、风险管控。

合同管理为电力市场交易、结算提供合同依据。合同管理体系应用于经政府有关部门批准，在广东电力交易中心有限责任公司注册，参与电力市场交易的发电企业、电网企业、售电公司、电力用户（包括大用户和一般用户）等电力市场主体。管理的电力市场交易合同，主要包括售电公司或电力大用户与发电企业电力交易及电网企业输配电服务的合同（长协合同）和售电公司与电力用户电力交易及电网企业结算服务的合同（零售结算合同）。

市场评估以微观经济学和管制经济学为理论指导，参考国外成熟电力市场评估方法，并结合广东电力市场发展现状，建立广东电力市场评估指标体系。该指标体系既能够从微观角度分析市场的运行状况，又能对市场整体的合理性和有序性做出评价。评估的具体指标包括供需情况、交易情况、市场结构、市场效率、开放程度、交易公平性等。

信用管理是指建立电力市场主体信用指标体系与激励相容的"失信惩戒，守信激励"的机制。其主要内容包括信用等级评价、信用额度管理、市场交易风险评估、信用额度余缺管理、交易信用审核、履约担保管理、违约处置管理。

风险管控旨在搭建风险管理体系、明确风险管理核心要素，实现对风险的控制。具体包括五部分内容，分别是风险管理的文化体系、组织体系、报告体系、流程及内容、风险管理信息系统。

（四）监管体系

国家能源局南方监管局、广东省经济和信息化委员会、广东省发展和改革委员会依法履行广东电力市场监管职责。

监管对象包括发电企业、售电公司、电网企业、电力用户、电力交易机构、电力调度机构等电力市场所有成员。其中，对竞争性市场主体（发电企业、售电公司、电力用户）的监管内容包括：行使市场力的情况、进入和退出市场的情况、合同履约情况、不正当竞争和违规交易情况等；对电网企业的监管内容包括：公平无歧视开放电网情况、电量电费的计量收缴情况、提供保底供电服务情况、输配电价格执行情况、电网投资运营效率情况等；对电力调度机构的监管内容包括：按规则实施电力调度的情况、发电调度计划的执行情况、履行电力交易安全校核责任的情况、信息披露情况等；对电力交易机构的监管内容包括：电力交易实施细则拟定情况、市场主体注册管理情况、组织市场交易并提供结算依据和相关服务的情况、对市场实施干预的情况、配合市场管理委员会履职情况等。

在监管措施上，国家能源局南方能监局可以通过停止交易活动、索取文件资料、信息系统接入、责令信息披露、现场检查、通报警告、社会公布等方式对广东电力市场实施监管。

二、运行机制

（一）计划与市场解耦并行

在政府计划与市场交易并存的现状下，广东电力市场巧妙地处理了计划电量与市场电量的关系。其中，基数合约电量（即计划电量）由政府主管部门制定下达，落实优先发电、优先购电政策，保障清洁能源全额消纳，同时保障不参与市场交易的用户用电。广东地区的发电机组按照发电计划放开情况分为A类机组和B类机组。A类机组指暂未获得电能量市场交易资格的发电机组，只拥有基数电量；B类机组指获得电能量市场交易资格的发电机组，可同时拥有基数电量和市场电量。A类机组年度基数合约电量在年内分解执行，作为电能量市场交易开展的边界条件；B类机组的分月基数合约电量根据市场规则以差价合约形式参与市场。

（二）批发与零售协同运行

广东电力市场呈现批发和零售市场协同运行的格局。在批发市场上，发电企业与售电公司或电力大用户之间通过市场化方式进行电力交易，交易方式包括交易主体通过双边协商、集中竞争等方式开展的中长期电能量交易和现货市场开展的电力现货交易。辅助服务市场开展调频辅助服务，形成市场化的调频价格。在零售市场上，售电公司与大用户和中小型终端电力用户（又称"一般用户"）开展电力交易活动。并且，售电公司与电力用户通过市场化交易形成零售合同，签约的电力用户由售电公司代理参与电力批发市场。

零售市场是批发市场的合理延伸，是挖掘电力需求侧资源，综合提升电力市场效率的点睛之笔。售电公司既与发电企业、大用户一同直接参与批发市场交易，也通过零售市场代理大用户和一般用户参与批发市场交易，是连接批发市场和零售市场的纽带。

（三）中长期与现货相互依存

经过长时间的探索，广东电力市场已形成了中长期与现货交易相互依存的电力交易模式。

中长期电能量市场以中长期电能量合约为交易标的，通过常用曲线或自定义曲线约定合约周期内分时电量，并约定结算价格参考点。中长期电能量合约为差价合约，根据交割日的日前市场价格进行差价结算，不作为调度物理执行依据。中长期电能量市场分为场内交易和场外交易两种模式。场外交易为双边协商交易，交易双方自主协商交易电量、交易价格、分解曲线和交割节点等合同要素，签订场外协商交易合约，并上报交易中心登记生效；场内交易包括年度、月度和周集中竞争以及挂牌等交易品种，由交易中心通过交易平台统一开展。

现货电能量市场包括日前电能量市场以及实时电能量市场。其中，日前电能量市场以"发电侧报量报价、用户侧报量不报价"的模式起步，逐渐向"发电侧报量报价、用户侧报量报价"的模式转变。实时电能量市场采用日前电能量市场封存的发电侧申报信息进行出清，除与日前电能量市场相比发生较大变化的物理参数外，发电侧另行申报，用户侧无需进行申报。

中长期市场与现货市场是不同时间跨度下的电能量市场，在高效稳定运行的电力市场中，两个电能量市场相互依存，缺一不可。中长期市场通过长期差价合约锁定发用电意愿、对冲现货价格风险。现货市场通过全局优化产生反映供需关系和物理约束的电能价格，实时对电能资源实现最优配置。中长期市场是现货市场的稳定器，现货市场是中长期市场的导向标。

（四）省内与省间巧妙衔接

对于以政府间框架协议、国家分电计划等主导的外省（区）来电，广东通过综合考虑年度合同、省间市场化交易结果、清洁能源消纳需求以及电网安全运行要求，将其转化为省内现货电能量市场交易的边界条件。同时，视市场发展情况，逐步将框架协议外的增送电量纳入现货市场交易。

第三节 广东电力市场的建设运行情况

一、发展路径

广东电力市场分四个阶段建设完成。

第一阶段是准备与发动阶段（2013—2017年）。主要任务是组建交易中心、建立中长期直接交易试点、明确双轨制下市场电量和购售电市场主体的试点范围、启动核定输配电价工作等。

第二阶段是扩大市场范围、增加交易品种阶段（2017—2018年）。主要任务是建立并扩大辅助服务试点，准备现货交易试点；扩大双轨制下市场电量比重、市场主体范围，扩大交易品种，丰富交易方式；培育多元化购售电侧市场主体；启动配电环节混合所有制改革；扩大市场交易区域范围；启动市场交易信用体系建设；核定分电压等级配电价格，启动各类输电价格核定工作等。

第三阶段是深化改革阶段（2018—2019年）。主要任务是启动电力现货市场模拟运行，逐步开展延伸到终端用户（综合能源园区、微网等）的配电价格核定，各类输电价格核定，深化配电改革，启动辅助服务交易（调频），进一步建设完善市场交易信用体系等。

第四阶段是市场化体制机制基本确立阶段（2019年之后）。主要任务是启动现货交易试点正式运行，建立发电容量市场，完善电能量市场以及中长期、辅助服务交易市场，实施输电、配电价格核定后评价机制，探索形成广东起步的南方区域电力市场及试运行等。

二、市场成员情况

（一）市场主体

随着广东电力市场的发展，其市场交易主体数量不断增多，交易规模不断扩大，交易活动日益活跃。

如图11-1所示，截至"十三五"期末，共有25072家市场主体获得市场准入资格，同比增长38.52%。其中已完成注册登记23666家，注册率94.39%。表11-5显示，2020年末广东电力市场获得准入的市场主体中，售电公司477家，同比增长9.4%；发电企业97家（含核电即退役电组），同比增长2.1%；大用户778家，同比增长0.3%；一般用户23720家，同比增长41.2%。

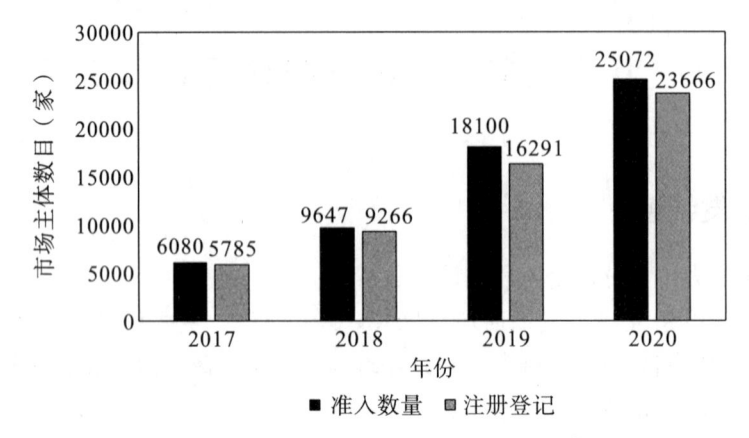

图11-1 广东电力市场主体数目变化①

---

① 该图数据来自历年广东电力市场年度报告，https://pm.gd.csg.cn/views/page/page.html。

表 11－5 2020 年末广东电力市场各类市场主体参与市场交易情况[①]

市场主体		准入数量（家）	参与交易数量（家）	参与交易比例（％）
售电公司	总计	477	144	30.2
	国有	69	36	52.2
	集体	2	1	50.0
	民营	334	95	28.4
	三资	21	12	57.1
	未注册	51	—	—
发电企业		97	86	88.7
电力用户	总计	24498	21424	87.5
	大用户	778	676	86.9
	一般用户	23720	20748	87.5
合计		25072	21510	85.8

（二）运营机构

广东电力市场运营机构包括电力交易机构和电力调度机构。电力交易机构（即广东电力交易中心有限责任公司，简称"广东电力交易中心"）以股份制公司形式组建，由广东电网有限责任公司控股，第三方机构及发电企业、售电公司、电力用户等省内市场主体参股。广东电力交易中心是广东电力市场业务的组织实施机构，履行电力市场交易管理职能。广东电力交易中心不以营利为目的，在政府监管下为市场主体提供规范、公开、透明的电力交易服务。广东电力交易中心负责交易规则拟定、交易平台建设和运维、市场成员注册管理、交易组织、市场交易计划管理、市场交易结算工作、交易合同管理、信息披露与报送、市场主体关系管理、市场秩序管理等。

广东电力市场的电力调度机构包括南方电网电力调度控制中心、广东电网电力调度控制中心、广州供电局电力调度控制中心和深圳供电局电力调度控制中心。电力调度机构按管理权限负责安全校核，根据调度规程实施电力调度，保证系统实时平衡，确保电网安全。调度机构向电力交易机构提供安全约束条

---

① 广东电力交易中心：《广东电力市场 2020 年年度报告》，https://pm.gd.csg.cn/views/page/xwzxCont－10660.html。

件和基础数据，配合电力交易机构履行市场运营职能。同时，电力调度机构要合理安排电网运行方式，保障发电调度计划的执行。

（三）电网企业

广东电网企业主要包括中国南方电网有限责任公司、超高压输电公司、广东电网有限责任公司、广州供电局有限公司、深圳供电局有限公司。电网企业负责保障输配电设施的安全稳定运行，为市场主体提供公平的输配电服务和电网接入服务。服从电力调度机构的统一调度，建设、运行、维护和管理电网配套技术支持系统。同时，向市场主体提供报装、计量、抄表、收催缴电费、维修等各类供电服务。

三、中长期市场情况

广东在电力中长期电能量市场上做了很多探索。在现货市场正式运行前，中长期交易是广东电力市场的主要模式。

（一）交易情况

如图11-2，2017—2020年，在广东中长期电能量市场中，一级市场（年度双边协商、年度集中竞争、月度集中竞争）总成交电量逐年增加，平均成交价差的绝对值总体上呈下降趋势，说明越来越多的发电量参与竞争让利，导致度电让利空间缩小；二级市场（发电合同转让）总成交电量逐年增加，平均成交价逐年下降，说明越来越多的发电合同通过二级市场进行转让，转让价格也在随供需条件变化。

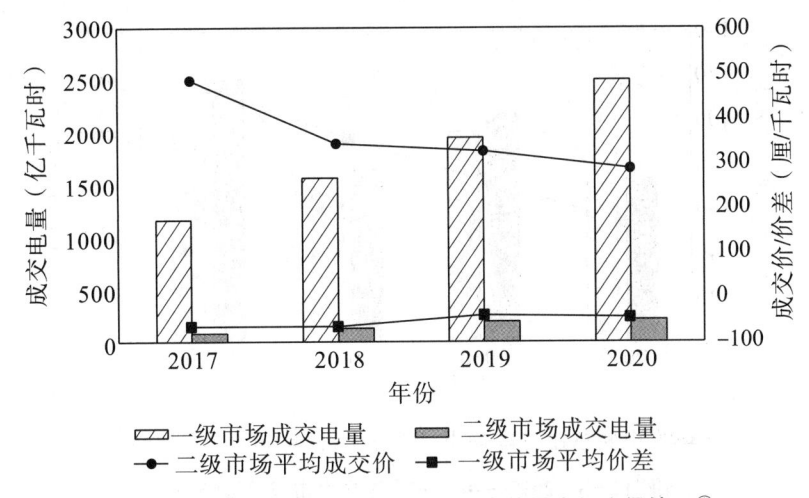

图 11-2　2017—2020 年广东中长期电能量市场交易情况[①]

2020 年，广东中长期电力市场累计交易电量 2716.4 亿千瓦时。其中，一级市场总成交量 2501.4 亿千瓦时，同比增长 28.2%，平均成交价差 -45.3 厘/千瓦时；二级市场总成交电量 215 亿千瓦时，平均成交价 287.6 厘/千瓦时。

（二）结算情况

如图 11-3，2017—2020 年，广东电力市场结算电量逐年增加，交易电量完成率分别为 99.1%、98.9%、100.4%、98.7%，说明中长期交易的发用电预测较为准确，调度机构对交易结果落实到位；除 2019 年外发电侧总让利和用户侧总获利基本上呈上升趋势，说明零售市场竞争激烈，售电公司的商业模式在逐渐成熟。

[①] 该图数据来自历年广东电力市场年度报告，https://pm.gd.csg.cn/views/page/page.html?type=xwzxlist。

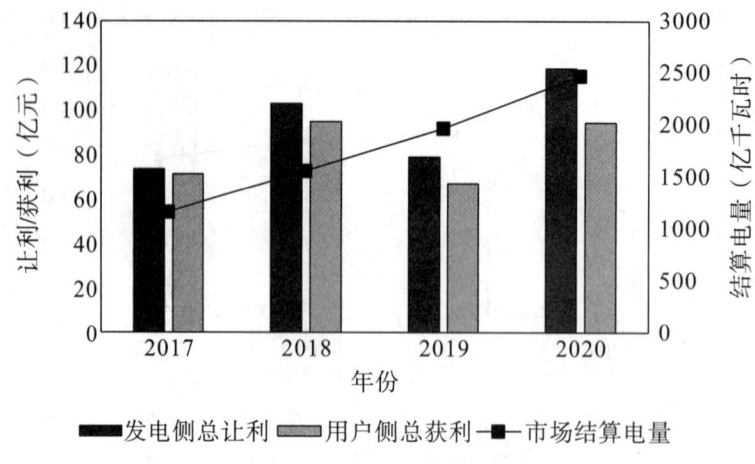

图 11-3　2017—2020 年广东电力市场结算情况①

2020 年，广东累计结算市场电量 2468 亿千瓦时，电量完成率 98.7%，发电侧结算总让利 118.8 亿元，按结算市场总电量算平均价差 -48.1 厘/千瓦时；用户侧（含批发市场用户和零售市场用户）总获得 94.4 亿元，按结算市场总电量算平均价差 -38.2 厘/千瓦时；售电公司净获利 24.4 亿元（其中获利电费 24.6 亿元，考核费用 0.2 亿元），按结算市场总电量算平均价差 -9.9 厘/千瓦时。2020 年，广东电力市场总考核费用 2.7 亿元，必开电量支出 0 亿元，市场结余资金 0 亿元。

如图 11-4，2017—2020 年，广东电力市场需求侧年平均偏差率先下降后上升，说明不同交易主体用电管理能力存在差异，整体仍存在提升空间。

---

① 该图数据来自历年广东电力市场年度报告，https://pm.gd.csg.cn/views/page/page.html?type=xwzxlist。

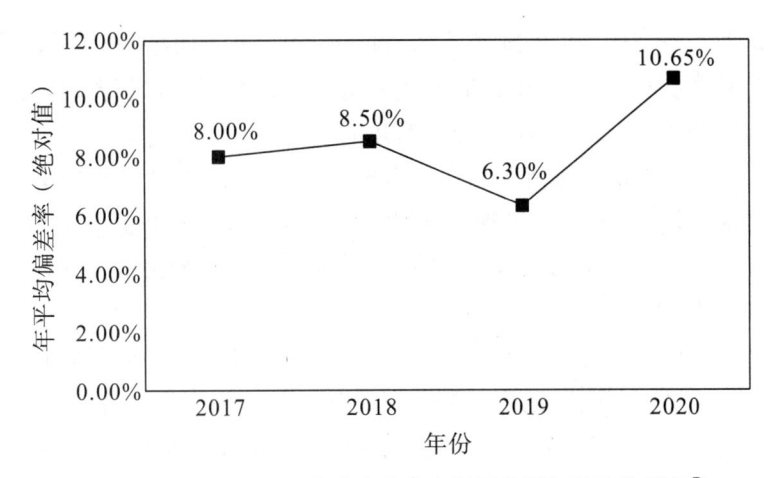

图 11-4　2017—2020 年广东电力市场需求侧年平均偏差率[①]

2020 年，广东电力市场需求侧偏差率（绝对值）平均为 10.65％。其中，二、三月份偏差率较大，其他月份都在 10％以内。

四、现货市场情况[②]

2018 年，广东电力市场率先建立"中长期＋现货"市场体系，并在全国最早进入现货模拟试运行；2019 年，南方（以广东起步）电力现货市场在全国率先进入结算试运行；2020 年，广东启动现货全月结算试运行；2021 年，南方（以广东起步）电力现货市场开展了 5 月、11—12 月结算试运行，实现了由"月度"向"不间断"的更长结算周期的过渡。从广东电力现货市场建立至今，市场主体参与积极、市场出清价格合理、技术支持系统运行稳定、结算规模不断扩大，为全国现货市场建设的建立和运营提供了宝贵经验。

（一）结算试运行情况

2019 年 5—6 月份广东电力现货市场共组织 6 天结算试运行，5—6 月结算试运行发电侧出清均价分别为 0.281 元/千瓦时和 0.320 元/千瓦时。2019 年 10 月 21—27 日，广东电力市场组织开展周结算的现货交易试运行，采取将原价差中长期合同转换为绝对价格中长期合同的措施，同时开展了现货环境下的中长期交易和七天现货市场交易模式。10 月结算试运行期间，发电侧加权日

[①] 该图数据来自历年广东电力市场年度报告，https://pm.gd.csg.cn/views/page/page.html?type=xwzxlist。

[②] 本小节关于广东电力现货市场的说明参考历年广东电力市场年度报告。

前均价 0.251 元/千瓦时，实时均价 0.241 元/千瓦时，明显低于广东省煤电机组标杆上网电价 0.453 元/千瓦时和当年 5—6 月份结算试运行发电侧出清价格，说明广东电力现货市场竞争活跃程度有所提高。

2020 年，广东电力现货市场全月结算试运行期间，共 199 台机组、136 家售电公司和 1 家大用户参与了现货申报。发电侧日前出清电量平均 9.54 亿千瓦时（含基数电量），日前均价 0.197 元/千瓦时，实时出清电量平均 9.40 亿千瓦时，实时均价 0.205 元/千瓦时。

2021 年，广东电力现货市场开展了 5 月、11—12 月结算试运行，实现了从"月度"向"不间断"的更长周期的突破。11—12 月，共有 212 台机组、163 家售电公司和 2 家大用户参与现货申报。从结算情况分析：11 月，现货日前、实时均价分别为 0.693 元/千瓦时、0.698 元/千瓦时；12 月，现货日前、实时均价分别为 0.673 元/千瓦时、0.694 元/千瓦时。

（二）市场结算情况

虽然广东电力现货市场启动时期间不长，但实现了稳步的发展，结算规模不断扩大。2020 年，发电侧市场机组全月总上网电量 291.6 亿千瓦时，收入总电费 128.5 亿元，市场机组总电量均价 0.441 元/千瓦时；需求侧结算电量 243.8 亿千瓦时，支出总电费 95.03 亿元，全电量综合电价 0.390 元/千瓦时。2021 年，11 月份发电侧市场机组全月总上网电量 324.9 亿千瓦时，收入总电费 162.0 亿元，市场机组总电量均价 0.499 元/千瓦时；用电侧结算电量 239.3 亿千瓦时，市场电费 108.2 亿元，结算平均电价 0.452 元/千瓦时。12 月份发电侧市场机组全月总上网电量 377.6 亿千瓦时，收入总电费 185.1 亿元，市场机组总电量均价 0.490 元/千瓦时；用电侧结算电量 245 亿千瓦时，市场电费 111.8 亿元，结算平均电价 0.456 元/千瓦时。

（三）现货环境下的中长期交易

广东电力现货市场于 2019 年 10 月 18—19 日组织开展了现货环境下的中长期交易，交易标的为 2019 年 10 月 21—27 日的电量，交易类型包括周集中竞争交易、双边协商交易和两轮挂牌交易。此次中长期交易涉及市场主体 115 家，总成交电量 2.498 亿千瓦时。其中，周集中竞争交易成交电量 1.5 亿千瓦时，成交均价 0.33 元/千瓦时；双边协商交易成交电量 2694 万千瓦时，成交均价 0.459 元/千瓦时；挂牌交易成交电量 7278 万千瓦时，成交均价 0.326 元/千瓦时。

五、辅助服务市场情况

广东电力市场建立了基于调频里程、调频精度等的调频辅助服务市场机制，2017年12月开始模拟试运行。2018年8月，国家能源局南方监管局印发了《广东调频辅助服务市场交易规则（试行）》，明确规定由电力交易机构负责广东调频市场主体的注册与结算管理，电网企业根据结算依据进行调频服务费用结算，市场主体按规则参与广东调频市场，提供调频服务并获得补偿收益。

广东电力市场调频市场于2018年9月开始实现结算试运行，截至2019年12月底，交易调频里程累计5015.21万兆瓦，调频里程收益累计91396.78万元。

六、零售市场情况

如表11-6所示，2021年，共有166家售电公司参与零售市场交易，代理电量2936亿千瓦时，占全市场交易电量的99.8%。其中，具有发电背景的售电公司代理电量最高，其次是独立售电公司。2021年，零售用户分成比例95%，售电公司总体获利，平均度电获利1.7厘/千瓦时。其中，只有独立售电公司实现了获利，而具有发电背景和电网背景的售电公司均亏损。

表11-6　2021年广东电力市场售电公司交易情况[①]

售电公司类型	参与交易家数（家）	1—12月代理总电量（亿千瓦时）	代理电量占比（%）	代理用户度电净获利（厘/千瓦时）	售电企业度电获利（厘/千瓦时）	零售用户分成比例（%）	总代理用户数（家）
发电背景	29	1425	48.6	39.4	−0.7	102	7651
独立售电	131	1310	44.6	22.0	5.2	81	17118
电网背景	6	201	6.8	35.1	−3.2	110	2450
合计	166	2936	100.0	31.4	1.7	95	27219

七、市场化改革的经济、社会及环境效益

在新一轮电力体制改革中，广东省积极求进、勇于探索，担起了改革领军人的角色。在集中竞争市场建设、售电侧改革、现货市场试点等方面取得了一

[①] 广东电力交易中心：《广东电力市场2021年年度报告》，https://pm.gd.csg.cn/views/page/xwzxCont-10902.html。

系列成果，为建设中国特色的电力市场做出了很大贡献。

作为全国标杆，广东初步建立起竞争充分、开放有序的电力市场。截至2020年底，共有25072家市场主体获得市场准入资格，获得准入的市场主体中，参与交易的有21510家，占准入市场主体总数的87.79%。根据月度集中竞争市场集中度指标，2020年广东电力市场发电侧市场集中度指数（HHI指数）处于1219~3877之间，平均值1676.4，总体上属于"低集中寡占型"市场结构；需求侧HHI指数处于314~682之间，平均值423.4，属于"竞争型"市场结构，竞争较为充分[1]。

数据显示，广东省通过电力市场化改革实现了资源的优化配置，降低了实体经济的用电成本，同时促进了节能减排。2020年，广东电力市场累计交易电量2501.4亿千瓦时，同比增长28.3%，平均成交价差－44.7厘/千瓦时，累计节约用户用电成本114.4亿元，降低社会发电成本46.5亿元，节省煤耗581.2万吨，减少二氧化碳排放1545.9万吨，减少二氧化硫排放11.2万吨[2]。此外，借助南方区域电网基础设施的优势，广东电力市场助力消纳西南水电，2019年全年累计消纳西电2175亿千瓦时，超计划224亿千瓦时。其中清洁能源占比达86.1%，相当于有效节约广东标准煤约7692万吨，减少碳排放约5231万吨，新增森林面积约为1060万亩[3]。2021年6月22日，广东电力市场正式启动可再生能源电力交易，交易方式为双边协商交易。截至2021年12月底，共组织完成1次年度交易与3次月度交易。共有8家可再生能源发电企业和13家售电公司参与交易，总成交电量3005万千瓦时，平均成交价差＋26.1厘/千瓦时。其中，风电成交2364万千瓦时，平均成交价差＋25.0厘/千瓦时；太阳能发电成交441万千瓦时，平均成交价差＋30.0厘/千瓦时；生物质发电成交200万千瓦时，平均成交价差＋30.0厘/千瓦时[4]。

---

[1] 广东电力交易中心：《广东电力市场2020年年度报告》，https://pm.gd.csg.cn/views/page/xwzxCont-10660.html。

[2] 广东电力交易中心：《广东电力市场2020年年度报告》，https://pm.gd.csg.cn/views/page/xwzxCont-10660.html。

[3] 广州电力交易中心：《广州电力交易中心企业社会责任报告（2018）》，https://www.gzpec.cn/main/indexnew.do?method=load&INFOID=3844268027953408&INFOTYPE=3&SUBTYPE=。

[4] 广东电力交易中心：《广东电力市场2021年年度报告》，https://pm.gd.csg.cn/views/page/xwzxCont-10902.html。

第四节　问题与挑战

我国的电力市场化改革应与我国特有的政治、社会和文化背景相适应。在电力市场的设计、建设和运营过程中，除了考虑电源、电网、负荷等技术经济特性外，还需要考虑到我国的政治体制、治理架构、环保及发展清洁能源的战略，以及通过降电价来降低实体经济成本的政策要求。当前广东的电力市场化改革取得了不菲的成绩，但也进入了深水区，面临着一些潜在的问题和挑战。

一、计划电的过渡与退出

当前，广东电力市场通过"计划与市场解耦并行"的方式，既满足了政府把控部分发用电空间的需求，又提高了市场对资源配置的决定作用。但是，计划电需要物理落实，在交易电量规模逐渐扩大、交易品种日益复杂的情况下，电力调度部门灵活安排计划电量的空间有限，工作难度加大。长期来看，保持多少比例的计划电量、是否坚持对计划电物理执行、计划电能否转变为差价合约等，都是需要研究解决的问题。

二、现货市场的完善与成熟

现货市场是电力市场的核心，是决定电能资源优化配置的关键环节。目前，广东电力现货市场在阻塞管理、需求侧相应、信息披露、容量成本回收、双边报价模式等方面需要进一步完善。更重要的是，新一轮电力改革中"以中长期交易为重"的惯性和地方政府"以降电价为经济输血"的激励，均为现货市场的健康发展带来了不必要的束缚。如何在巩固中长期市场建设成果的前提下协调现货市场的发展成熟（例如通过进一步发展金融合同市场）是需要研究解决的问题。

三、零售市场的理性竞争与健康发展

广东电力零售市场开放程度高、交易主体积极活跃，但是售电公司的市场占有率和盈利能力分化严重。此外，零售市场不确定性大、信息不充分，不同资源背景的售电公司间存在一定程度的不公平竞争，相应的市场管理与监管有待加强。在发电侧让利空间有限，零售市场竞争日益激烈的情况下，售电公司需要更多的产业政策支持以摆脱单纯赚取差价的盈利模式，发展以技术为动

力、以需求侧增值服务为核心的"售电+"商业模式。

四、由省级市场向区域市场的过渡

南方区域目前已形成了"两级市场、协同运作"的市场模式。作为南方区域电力市场的亮点工程，广东电力市场需要进一步探索由省级市场向区域统一市场过渡的途径。南方区域电力现货市场从广东起步，如何从广东向区域市场迈进，整合资源特征、经济基础、社会条件不同的各省现货市场，是广东电力市场发展需要面对的长远问题。

五、协调各类电源发展

制度的变革和竞争的引入必然带来行业主体利益的调整。对广东电力市场而言，利益调整最大的应属发电企业，这其中包括化石能源与清洁能源，两者似乎既此消彼长、存在矛盾，又都并未完全融入新的市场环境，这给广东电力市场的长期发展带来一些阻力和风险。

一方面，火电企业是新一轮电力改革的失利者。各种外部因素的作用下，火电企业生存压力空前加大，行业整体亏损面已经过半。而火电企业承担的社会责任较多，既要保持职工队伍稳定，又要负担扶贫、环保、调峰、降实体经济成本等政策性任务，可以说是难上加难，举步维艰。

另一方面，清洁能源参与市场竞争的模式仍不够明朗。目前，广东电力市场内的清洁能源，无论是省内新能源发电还是外省来电，都是通过行政加持、以优先发电的方式保证消纳。放眼长远，当补贴取消、平价项目优先上网、省级消纳义务履责成为常态后，清洁能源必将更多通过市场实现消纳。

因此，为火电企业设计合理的补偿和退出机制，同时为清洁能源的参与优化市场交易和系统调度机制，是广东电力市场必要采取的措施。

第五节 主要结论

本章分析讨论了广东的电力市场化改革实践。在我国新一轮电力体制改革中，广东同时承担售电侧改革和电力现货市场建设两个重点任务。经过几年的不懈努力，广东建立起了功能完善、协调统一的电力市场体系。其对计划与市场、批发与零售、中长期与现货、省内与省间四个重要关系的妥善处理，既体现了广东电力市场本身的微观精细设计，又诠释了我国电力市场建设的宏观总体思路。

广东在电力市场的设计、运行、管理、监管、评估各方面勇敢创新、先试先行，为全国各省（区、市）的电力市场建设树立了榜样标杆。其中，中长期电能量市场平稳运行四年有余，现货电能量市场试运行近三年，市场化程度高、主体积极活跃、监管务实有效。广东的改革不仅实现了市场对电能资源的优化配置，还在降低社会用电成本、节能减排、清洁能源消纳等方面取得了显著的成绩，更为进一步推动全国电力市场建设提供了经验和借鉴。

广东电力市场化改革的核心经验在于对电力经济理论的扎实运用、对现状和国情的充分考量、对市场设计的勇敢创新以及对改革影响的充分评估。成效之外，广东的电力市场仍需面对一些制约和挑战。其中最关键的是在巩固已有成绩的基础上从长计议，设计好电力市场的长期发展路径。需要解决的问题包括计划电的退出、现货市场核心作用的发挥、零售市场的健康发展、南方区域市场整合以及各类电源间利益的协调。为解决这些问题，改革的决策者既要有智慧和决断，又有广泛听取相关主体的意见和诉求。

改革非易事，团结以致远。电力的市场化改革归根结底是社会经济的变革，是一个全社会、全方位、系统性的创新实践，只有考虑全局、思虑长远，才能真正实现全社会福祉的提升。

参考文献

[1] 白让让. 买方主垄断：政府规制与电煤价格的长期扭曲 [J]. 世界经济, 2009 (8)：83-96.

[2] 白雪洁, 宋莹. 环境规制、技术创新与中国火电行业的效率提升 [J]. 中国工业经济, 2009 (8)：68-77.

[3] 陈诗一. 工业二氧化碳的影子价格：参数化和非参数化方法 [J]. 世界经济, 2010, 33 (8)：93-111.

[4] 陈永伟, 胡伟民. 价格扭曲、要素错配和效率损失：理论和应用 [J]. 经济学（季刊）, 2011, 10 (4)：1401-1422.

[5] 龚关, 胡关亮. 中国制造业资源配置效率与全要素生产率 [J]. 经济研究, 2013, 48 (4)：4-15+29.

[6] 江艇, 孙鲲鹏, 聂辉华. 城市级别、全要素生产率和资源错配 [J]. 管理世界, 2018, 34 (3)：38-50+77+183.

[7] 李眺. 生产要素投入、电价规制改革与火电企业的效率——来自A股上市公司的随机前沿证据 [J]. 财经研究, 2009, 35 (4)：107-118.

[8] 刘希颖, 林伯强. 改革能源定价机制以保障可持续发展——以煤电联动政策为例 [J]. 金融研究, 2013 (4)：112-126.

[9] 吕云峰, 费龙. 基于GIS的火电厂选址的适宜性研究 [J]. 长春师范学院学报（自然科学版）, 2008 (4)：59-64.

[10] 聂辉华, 贾瑞雪. 中国制造业企业生产率与资源误置 [J]. 世界经济, 2011, 34 (7)：27-42.

[11] 秦少俊, 张文奎, 尹海涛. 上海市火电企业二氧化碳减排成本估算——基于产出距离函数方法 [J]. 工程管理学报, 2011, 25 (6)：704-708.

[12] 田茂君, 薛惠锋. 甘肃省新能源发展问题及对策 [J]. 甘肃社会科学, 2016, (6)：208-213.

[13] 涂正革. 工业二氧化硫排放的影子价格：一个新的分析框架 [J]. 经济学（季刊）, 2010, 9 (1)：259-282.

[14] 万伦来，陶建国. 煤炭资源开采环境污染物影子价格的估计——基于安徽煤炭企业的调查数据［J］. 中国人口·资源与环境，2012，22（8）：71-75.

[15] 汪慧玲，卢锦培，白婧. 中国农业污染物影子价格及其污染成本研究［J］. 吉林大学社会科学学报，2014，54（5）：40-48+172.

[16] 王春玮. 甘肃省新能源现货市场应对策略研究［J］. 节能与环保，2019（4）：84-85.

[17] 王科，刘永艳. 2020年中国碳市场回顾与展望［J］. 北京理工大学学报（社会科学版），2020，22（2）：10-19.

[18] 王占武，唐凯，严良. 基于熵权TOPSIS法的火电厂选址综合决策［J］. 安全与环境工程，2011，18（5）：103-106.

[19] 王志轩. 火电厂二氧化硫减排的若干问题［J］. 中国电力，2008（2）：44-47.

[20] 谢龙. 我国火力发电能耗状况研究及展望［J］. 通信电源技术，2016，33（1）：165-166.

[21] 薛立强. 政策群理论及其应用——以"十一五"期间成功关停小火电为例［J］. 理论与改革，2011（6）：91-95.

[22] 杨超. 煤电一体化下时空替代效应与火电厂选址决策关系的研究［J］. 电力勘测设计，2012（1）：53-55+76.

[23] 杨青. 甘肃：风电过剩困局［J］. 国家电网，2017（7）：21-24.

[24] 杨振，陈甬军. 中国制造业资源误置及福利损失测度［J］. 经济研究，2013，48（3）：43-55.

[25] 易纲，樊纲，李岩. 关于中国经济增长与全要素生产率的理论思考［J］. 经济研究，2003，（8）：13-20+90.

[26] 于左，孔宪丽. 政策冲突视角下中国煤电紧张关系形成机理［J］. 中国工业经济，2010（4）：46-57.

[27] 袁鹏，程施. 我国工业污染物的影子价格估计［J］. 统计研究，2011，28（9）：66-73.

[28] 周黎安，赵鹰妍，李力雄. 资源错配与政治周期［J］. 金融研究，2013（3）：15-29.

[29] AIKEN D V, PASURKA J R C A. Adjusting the measurement of US manufacturing productivity for air pollution emissions control［J］. Resource and energy economics，2003，25（4）：329-351.

[30] ANG B W, ZHANG F Q. A survey of index decomposition analysis in energy and environmental studies [J]. Energy, 2000, 25 (12): 1149-1176.

[31] BANERJEE A V, DUFLO E. Growth theory through the lens of development economics [J]. Handbook of economic growth, 2005 (1): 473-552.

[32] BECKER R, HENDERSON V. Effects of air quality regulations on polluting industries [J]. Journal of political economy, 2000, 108 (2): 379-421.

[33] BLAZEJCZAK J, BRAUN F G, EDLER D, et al. Economic effects of renewable energy expansion: A model-based analysis for Germany [J]. Renewable and sustainable energy reviews, 2014, 40: 1070-1080.

[34] BRANDT L, VAN BIESEBROECK J, ZHANG Y. Creative accounting or creative destruction? Firm-level productivity growth in Chinese manufacturing [J]. Journal of development economics, 2012, 97 (2): 339-351.

[35] BöHRINGER C, KELLER A, VAN DER WERF E. Are green hopes too rosy? Employment and welfare impacts of renewable energy promotion [J]. Energy economics, 2013, 36: 277-285.

[36] CAI S, MA Q, WANG S, et al. Impact of air pollution control policies on future PM2.5 concentrations and their source contributions in China [J]. Journal of environmental management, 2018, 227: 124-133.

[37] CHAMBERS R G, CHUNG Y, FäRE R. Profit, directional distance functions, and Nerlovian efficiency [J]. Journal of optimization theory and applications, 1998, 98 (2): 351-364.

[38] CHARNES A, COOPER W W, RHODES E. Measuring the efficiency of decision making units [J]. European journal of operational research, 1978, 2 (6): 429-444.

[39] CHEN H, KANG J-N, LIAO H, et al. Costs and potentials of energy conservation in China's coal-fired power industry: A bottom-up approach considering price uncertainties [J]. Energy policy, 2017, 104: 23-32.

[40] CHEN Y J, LI P, LU Y. Career concerns and multitasking local

bureaucrats: Evidence of a target-based performance evaluation system in China [J]. Journal of development economics, 2018, 133: 84-101.

[41] CIWEI G, YANG L. Evolution of China's power dispatch principle and the new energy saving power dispatch policy [J]. Energy policy, 2010, 38 (11): 7346-7357.

[42] COGGINS J S, SWINTON J R. The price of pollution: a dual approach to valuing SO_2 allowances [J]. Journal of environmental economics and management, 1996, 30 (1): 58-72.

[43] DAVIDSON M R. Creating markets for wind electricity in China: case studies in energy policy and regulation [D]. Massachusetts: Massachusetts Institute of Technology, 2018.

[44] DING Y, YANG H. Promoting energy-saving and environmentally friendly generation dispatching model in China: Phase development and case studies [J]. Energy policy, 2013, 57: 109-118.

[45] DU L, HE Y, YAN J. The effects of electricity reforms on productivity and efficiency of China's fossil-fired power plants: an empirical analysis [J]. Energy economics, 2013, 40: 804-812.

[46] DU L, MAO J, SHI J. Assessing the impact of regulatory reforms on China's electricity generation industry [J]. Energy policy, 2009, 37 (2): 712-720.

[47] ELLIOTT R, SUN P, ZHU T. Electricity prices and industry switching: evidence from Chinese manufacturing firms [J]. Energy economics, 2019, 78: 567-588.

[48] FOSTER L, HALTIWANGER J, SYVERSON C. Reallocation, firm turnover, and efficiency: Selection on productivity or profitability? [J]. American Economic Review, 2008, 98 (1): 394-425.

[49] FäRE R, GROSSKOPF S, LOVELL C K, et al. Derivation of shadow prices for undesirable outputs: a distance function approach [J]. The review of economics and statistics, 1993, 75 (2): 374-380.

[50] FäRE R, GROSSKOPF S, NOH D-W, et al. Characteristics of a polluting technology: theory and practice [J]. Journal of econometrics, 2005, 126 (2): 469-492.

[51] FäRE R, GROSSKOPF S, NORRIS M, et al. Productivity growth,

technical progress, and efficiency change in industrialized countries [J]. The American economic review, 1994, 84 (1): 66-83.

[52] FäRE R, GROSSKOPF S, PASURKA JR C A, et al. Substitutability among undesirable outputs [J]. Applied economics, 2012, 44 (1): 39-47.

[53] FäRE R, GROSSKOPF S, WEBER W L. Shadow prices of Missouri public conservation land [J]. Public Finance Review, 2001, 29 (6): 444-460.

[54] GAO H, VAN BIESEBROECK J. Effects of Deregulation and Vertical Unbundling on the Performance of China's Electricity Generation Sector [J]. The journal of industrial economics, 2014, 62 (1): 41-76.

[55] GONG X, ZHOU S X. Optimal production planning with emissions trading [J]. Operations research, 2013, 61 (4): 908-924.

[56] GREENSTONE M. The impacts of environmental regulations on industrial activity: Evidence from the 1970 and 1977 clean air act amendments and the census of manufactures [J]. Journal of political economy, 2002, 110 (6): 1175-1219.

[57] HAMPF B, RøDSETH K L. Carbon dioxide emission standards for US power plants: An efficiency analysis perspective [J]. Energy economics, 2015, 50: 140-153.

[58] HANG L, TU M. The impacts of energy prices on energy intensity: evidence from China [J]. Energy policy, 2007, 35 (5): 2978-2988.

[59] HE G, LU Y, MOL A P, et al. Changes and challenges: China's environmental management in transition [J]. Environmental development, 2012 (3): 25-38.

[60] HENDERSON D J, RUSSELL R R. Human capital and convergence: a production - frontier approach [J]. International economic review, 2005, 46 (4): 1167-1205.

[61] HSIEH C-T, KLENOW P J. Misallocation and manufacturing TFP in China and India [J]. The quarterly journal of economics, 2009, 124 (4): 1403-1448.

[62] HSIEH C-T, SONG Z M. Grasp the large, let go of the small: The transformation of the state sector in China [R]. National Bureau of

Economic Research, 2015.

[63] HUBBARD P. Where have China's state monopolies gone? [J]. China economic journal, 2016, 9 (1): 75-99.

[64] KANEKO S, FUJII H, SAWAZU N, et al. Financial allocation strategy for the regional pollution abatement cost of reducing sulfur dioxide emissions in the thermal power sector in China [J]. Energy policy, 2010, 38 (5): 2131-2141.

[65] KARPLUS V J, ZHANG S, ALMOND D. Quantifying coal power plant responses to tighter SO_2 emissions standards in China [J]. Proceedings of the national academy of sciences, 2018, 115 (27): 7004-7009.

[66] KUMAR S, RUSSELL R R. Technological change, technological catch-up, and capital deepening: relative contributions to growth and convergence [J]. American economic review, 2002, 92 (3): 527-548.

[67] LAM P-L. Pricing of electricity in China [J]. Energy, 2004, 29 (2): 287-300.

[68] LAU L J, QIAN Y, ROLAND G. Reform without losers: An interpretation of China's dual-track approach to transition [J]. Journal of political economy, 2000, 108 (1): 120-143.

[69] LEE C F, LIN S J, LEWIS C. Analysis of the impacts of combining carbon taxation and emission trading on different industry sectors [J]. Energy policy, 2008, 36 (2): 722-729.

[70] LEE J-D, PARK J-B, KIM T-Y. Estimation of the shadow prices of pollutants with production/environment inefficiency taken into account: a nonparametric directional distance function approach [J]. Journal of environmental management, 2002, 64 (4): 365-375.

[71] LEE M, ZHANG N. Technical efficiency, shadow price of carbon dioxide emissions, and substitutability for energy in the Chinese manufacturing industries [J]. Energy economics, 2012, 34 (5): 1492-1497.

[72] LEE M. The shadow price of substitutable sulfur in the US electric power plant: a distance function approach [J]. Journal of environmental management, 2005, 77 (2): 104-110.

[73] LEI Y, ZHANG Q, NIELSEN C, et al. An inventory of primary air

pollutants and CO_2 emissions from cement production in China, 1990—2020 [J]. Atmospheric Environment, 2011, 45 (1): 147—154.

[74] LI H C, LEE W C, KO B T. What determines misallocation in innovation? A study of regional innovation in China [J]. Journal of macroeconomics, 2017, 52: 221—237.

[75] LI Q. Nonparametric testing of closeness between two unknown distribution functions [J]. Econometric reviews, 1996, 15 (3): 261—274.

[76] LI X, YU C, LUO F, et al. Impacts of emission trading schemes on gencos' decision making under multimarket environment [J]. Electric power systems research, 2013, 95: 257—267.

[77] LI Y, HUANG G, LI M. An integrated optimization modeling approach for planning emission trading and clean-energy development under uncertainty [J]. Renewable energy, 2014, 62: 31—46.

[78] LIST J A, MCHONE W W. Measuring the effects of air quality regulations on "dirty" firm births: Evidence from the neo-and mature-regulatory periods [J]. Papers in regional science, 2000, 79 (2): 177—190.

[79] LIU X, FAN Y. Business perspective to the national greenhouse gases emissions trading scheme: a survey of cement companies in China [J]. Energy policy, 2018, 112: 141—151.

[80] LIU Y, TAN X-J, YU Y, et al. Assessment of impacts of Hubei Pilot emission trading schemes in China-A CGE-analysis using Term CO_2 model [J]. Applied energy, 2017, 189: 762—769.

[81] MA C, ZHAO X. China's electricity market restructuring and technology mandates: Plant-level evidence for changing operational efficiency [J]. Energy economics, 2015, 47: 227—237.

[82] MELITZ M J. The impact of trade on intra-industry reallocations and aggregate industry productivity [J]. Econometrica, 2003, 71 (6): 1695—1725.

[83] MURTY M N, KUMAR S, DHAVALA K K. Measuring environmental efficiency of industry: a case study of thermal power generation in India [J]. Environmental and resource economics, 2007, 38 (1): 31—50.

[84] NORDHAUS W D. The cost of slowing climate change: a survey [J]. The energy journal, 1991, 12 (1): 37-65.

[85] PEARSON M M. State-owned business and party-state regulation in China's modern political economy [C] // NAUGHTON B, TSAI K S. State capitalism, institutional adaptation, and the Chinese miracle, 2015: 27-45.

[86] PITTMAN R W. Issue in pollution control: Interplant cost differences and economies of scale [J]. Land economics, 1981, 57 (1): 1-17.

[87] RESTUCCIA D, ROGERSON R. Policy distortions and aggregate productivity with heterogeneous establishments [J]. Review of economic dynamics, 2008, 11 (4): 707-720.

[88] SANTIBANEZ-GONZALEZ E D. A modelling approach that combines pricing policies with a carbon capture and storage supply chain network [J]. Journal of cleaner production, 2017, 167: 1354-1369.

[89] SHARMA P, SHARMA P, JAIN S, et al. An integrated statistical approach for evaluating the exceedence of criteria pollutants in the ambient air of megacity Delhi [J]. Atmospheric environment, 2013, 70: 7-17.

[90] SHEPHARD R. The Theory of Cost and Production Functions [M]. Princeton, New Jersey: Princeton University Press, 1970.

[91] SIEGEL I H. The generalized "ideal" index-number formula [J]. Journal of the American statistical association, 1945, 40 (232): 520-523.

[92] SONG F, BI D, WEI C. Market segmentation and wind curtailment: An empirical analysis [J]. Energy policy, 2019, 132: 831-838.

[93] STREETS D, WALDHOFF S. Present and future emissions of air pollutants in China: SO_2, NOx, and CO [J]. Atmospheric environment, 2000, 34 (3): 363-374.

[94] SWINTON J R. Phase I completed: an empirical assessment of the 1990 CAAA [J]. Environmental and resource economics, 2004, 27 (3): 227-246.

[95] TANG L, WU J, YU L, et al. Carbon emissions trading scheme exploration in China: A multi-agent-based model [J]. Energy policy,

2015, 81: 152—169.

[96] TAYLOR M S. Unbundling the pollution haven hypothesis [J]. Advances in economic analysis & policy, 2005, 4 (2): 1—29.

[97] VARDANYAN M, NOH D-W. Approximating pollution abatement costs via alternative specifications of a multi - output production technology: a case of the US electric utility industry [J]. Journal of environmental management, 2006, 80 (2): 177—190.

[98] WANG C. Changing energy intensity of economies in the world and its decomposition [J]. Energy Economics, 2013, 40: 637—644.

[99] WANG K, TIAN H, HUA S, et al. A comprehensive emission inventory of multiple air pollutants from iron and steel industry in China: Temporal trends and spatial variation characteristics [J]. Science of the total environment, 2016, 559: 7—14.

[100] WANG P, DAI H-C, REN S-Y, et al. Achieving Copenhagen target through carbon emission trading: Economic impacts assessment in Guangdong Province of China [J]. Energy, 2015, 79: 212—227.

[101] WANG Q, CUI Q, ZHOU D, et al. Marginal abatement costs of carbon dioxide in China: a nonparametric analysis [J]. Energyprocedia, 2011 (5): 2316—2320.

[102] WANG Y, LI H, SONG Q, et al. The consequence of energy policies in China: A case study of the iron and steel sector [J]. Resources, conservation and recycling, 2017, 117: 66—73.

[103] WEI C, LöSCHEL A, LIU B. An empirical analysis of the CO_2 shadow price in Chinese thermal power enterprises [J]. Energy Economics, 2013, 40: 22—31.

[104] WEI C, NI J, DU L. Regional allocation of carbon dioxide abatement in China [J]. China economic review, 2012, 23 (3): 552—565.

[105] XIA F, LU X, SONG F. The role of feed-in tariff in the curtailment of wind power in China [J]. Energy economics, 2020, 86: 104661.

[106] XU J, HYDE W F, JI Y. Effective pollution control policy for China [J]. Journal of productivity analysis, 2010, 33 (1): 47—66.

[107] ZHANG H, CAO L, ZHANG B. Emissions trading and technology adoption: An adaptive agent-based analysis of thermal power plants in

China [J]. Resources, conservation and recycling, 2017, 121: 23-32.

[108] ZHANG K-M, WEN Z-G. Review and challenges of policies of environmental protection and sustainable development in China [J]. Journal of environmental management, 2008, 88 (4): 1249-1261.

[109] ZHANG L. Electricity pricing in a partial reformed plan system: The case of China [J]. Energy policy, 2012, 43: 214-225.

[110] ZHANG N, KONG F, CHOI Y, et al. The effect of size-control policy on unified energy and carbon efficiency for Chinese fossil fuel power plants [J]. Energy policy, 2014, 70: 193-200.

[111] ZHANG X, XU Q, ZHANG F, et al. Exploring shadow prices of carbon emissions at provincial levels in China [J]. Ecological indicators, 2014, 46: 407-414.

[112] ZHAO X, MA C. Deregulation, vertical unbundling and the performance of China's large coal-fired power plants [J]. Energy Economics, 2013, 40: 474-483.

[113] ZHAO X, YIN H, ZHAO Y. Impact of environmental regulations on the efficiency and CO_2 emissions of power plants in China [J]. Applied energy, 2015, 149: 238-247.

[114] ZHAO Y, WANG S, NIELSEN C P, et al. Establishment of a database of emission factors for atmospheric pollutants from Chinese coal-fired power plants [J]. Atmospheric environment, 2010, 44 (12): 1515-1523.

[115] ZHOU P, ANG B, WANG H. Energy and CO_2 emission performance in electricity generation: a non-radial directional distance function approach [J]. European journal of operational research, 2012, 221 (3): 625-635.

[116] ZHOU P, ZHANG L, ZHOU D, et al. Modeling economic performance of interprovincial CO_2 emission reduction quota trading in China [J]. Applied Energy, 2013, 112: 1518-1528.

[117] ZHU L, ZHANG X-B, FAN Y. A non-linear model for estimating the cost of achieving emission reduction targets: The case of the US, China and India [J]. Journal of systems science and systems engineering, 2012, 21 (3): 297-315.

[118] ZHU L, ZHANG X-B, LI Y, et al. Can an emission trading scheme promote the withdrawal of outdated capacity in energy - intensive sectors? A case study on China's iron and steel industry [J]. Energy economics, 2017, 63: 332-347.